# Mein afrikanischer Himmel

Kadiatou Diallo
mit Craig Wolff

# Mein afrikanischer Himmel

*Eine Muslimin befreit sich von den Fesseln ihrer Familie*

Aus dem Amerikanischen
von Siglinde Müller

Marion von Schröder Verlag

Die Originalausgabe erschien unter dem Titel
*My Heart Will Cross This Ocean* bei Ballantine Books, New York


Der Marion von Schröder Verlag ist ein Verlag der
Ullstein Heyne List GmbH & Co. KG
This translation published by arrangement with Ballantine Books,
a division of Random House, Inc.
Redaktion: Angelika Lieke
Gesetzt aus der Berling bei
Franzis print & media GmbH, München
Druck und Bindung: Clausen & Bosse, Leck

Printed in Germany

ISBN 3-547-71039-1

*Für Amadou und Fifi, meine beiden wunderbaren Engel, die nun zusammen sind. Wenn der Morgen kommt, werden wir euch wartend am Tor zum Al-Jannah vorfinden.*
*Für die Menschlichkeit: Liebe und Weisheit.*

# *Inhalt*

## Teil vier:
## Wohin er gehört

# *Vorwort*

Als Erstes muss man über mich wissen, dass ich in meinem Leben schon unzählige Male weggegeben wurde. Menschen, die mich einst auf dem Arm trugen, waren in der Lage, mich der Einsamkeit zu überlassen. Ich wurde so oft geopfert, weitergeschickt und abgegeben, dass ich das Gefühl, hochgehoben und fortgetragen zu werden, nur zu gut kenne.

Ich weiß aber auch, dass ich aufrecht stehen und Dinge ändern kann. Zu dieser Erkenntnis gelangte ich jedoch erst sehr viel später. Lange Zeit sah ich mich selbst nur als lebende Ware, die man wie ein Paket verschicken konnte.

Mein Vater gab mich fort, als ich drei Wochen alt war. Das war das erste Mal. Er wickelte mich in eine Decke und schwenkte mich über das Balkongeländer im vierten Stock des Krankenhauses von Conakry. Die Decke löste sich und schwebte hinunter zur Straße. Ich baumelte in der Luft. Eine französische Ärztin trat von hinten an meinen Vater heran und konnte ihn überreden, mich nicht auf die Straße zu werfen.

»Dann nimm mein Kind«, sagte er zu ihr. »Bitte nimm sie und zieh sie auf. Ich kann ihr das, was sie braucht, nicht geben.« Die Frau nahm das Geschenk an und war bereit, mich zu behalten; bis meine Mutter sie fand.

»Mein Mann weiß nicht, was er tut«, weinte meine Mutter. »Gib mir mein Kind zurück. Bitte. Es ist meine Tochter, sie gehört mir.«

Als ich dreizehn war, gab mich mein Vater erneut weg – er verheiratete mich. Mein zukünftiger Mann wirkte bei unserer ersten Begegnung ernsthafter auf mich, als es dem Foto nach, das er vor seinem Besuch geschickt hatte, den Anschein gehabt hatte. Er erschien mir sehr groß. Er hatte bereits eine Frau, so viel wusste ich. Wir saßen uns gegenüber. Ich sagte nur wenig. Ein paar Stunden später spielte ich in einer Schulaufführung die Hauptrolle, die Frau des Königs.

Lange Zeit wünschte ich meinem Vater den Tod, und ich weigerte mich, zu Allah zu beten. Ich widersetzte mich Baba. Ich wusch eine Hand, aber die andere nicht. Einen Fuß, aber den anderen nicht. Ich betete zu Gott, er möge mich aus meiner Verzweiflung retten, mich töten, wenn es sein müsste. Ich wollte nicht heiraten.

In der Woche darauf lag ich in der verdunkelten Hütte meiner Großmutter, mein Körper umhüllt mit weißem Leinen. Das Tuch reichte vom Gesicht bis zu den Füßen und bedeckte meine Arme, die bewegungslos an meinen Seiten ruhten. Meine Großmutter und mehrere andere Frauen standen um mich herum und sangen. Ich fühlte mich eher wie eine Mumie als wie eine Braut.

Das Wichtigste war, dass meine Füße nur ja nicht den Boden berührten. Ein Mann, an dessen Namen ich mich nicht erinnere, trug mich über der Schulter hinaus, während um mich herum die Leute sangen und tanzten und meine Jungfräulichkeit priesen. Hätte ich in dem Moment zu sprechen versucht, ich weiß nicht, ob meine Stimme kräftig genug gewesen wäre, um Gehör zu finden. Aber man hatte mir ohnehin befohlen zu schweigen, also sagte ich nichts.

Ich wurde auf die Ladefläche eines Lastwagens gelegt,

und wir fuhren fünf Stunden zu dem Dorf, in dem mein Mann seine Kindheit verbracht hatte. Dort legte man mich auf einen Teppich mitten auf die Straße. Es war noch immer Regenzeit. Die Dorfbewohner strömten herbei. Sie waren neugierig auf mich, aber mein Gesicht blieb verdeckt. Während der Zeremonie sprachen meine Schwester und meine Tante für mich. Ich blieb stumm am Boden liegen.

Später erfuhr ich, dass ich eine ganz Woche lang nicht hätte sprechen oder meinen Schleier ablegen dürfen, doch niemand hatte mir etwas davon gesagt. Als die Nachbarn meines Mannes kamen, um mich zu besuchen, hob ich meinen Schleier und sagte: »Hallo, ich bin Kadi.«

Die Frauen lachten. »Sie kommt aus der Stadt«, meinten sie. »Sie weiß es nicht besser.«

Bald darauf nahm mich mein Mann mit nach Liberia, ins Buschland im Südosten, und dort ließ er mich allein zurück. Mein Kind kam im Spätsommer zur Welt. Kein Ehemann stand an meiner Seite. Weder meine Mutter noch meine Schwestern waren bei mir. Ich hatte keine Möglichkeit gehabt, meiner Familie eine Nachricht über meine Schwangerschaft zukommen zu lassen. Ich ging zu einer Ärztin und stellte mir vor, sie wäre meine Mutter.

»Oh, mein Gott«, schrie ich. »Frauen müssen hart arbeiten.«

Die Ärztin weinte ebenfalls. Sie legte ihre Wange an die meine, und ich fühlte ihre Tränen. Sie küsste mich. »Ja, Kind, es ist nicht leicht, eine Frau zu sein«, tröstete sie mich, »aber mach dir keine Sorgen, es wird dir bald wieder besser gehen.«

Als das Kind da war, hielt die Ärztin es an den Füßen hoch, und ich war besorgt, denn das Baby weinte nicht. Das Kind war mit einer hellen Schicht bedeckt, als es auf die Welt kam, so als wäre es in Wasser und Baumwolle gehüllt. Zuerst dachte ich, mein Kind sei durchsichtig, aber dann kniff ich die Augen zusammen und sah, dass es in einem Beutel zur Welt gekommen war. Eine Seltenheit, wie ich später erfuhr.

»Wenn Engel auf die Erde zurückkommen, dann sehen sie so aus«, erzählte mir meine Mutter später.

Die Ärztin rieb die Schicht von der Haut meines Kindes, und mein Sohn Amadou stieß seinen ersten Schrei aus.

Er war ein sehr sanftmütiger Junge. Amadou konnte nicht schwimmen und fürchtete sich vorm Wasser. Als Kind, und auch später noch, als er schon größer war, badete er lieber, als dass er duschte. Es verursachte ihm Unbehagen, wenn Wasser über seinen Körper lief. Wir fuhren oft zum Sugar Beach, wo der Sand tatsächlich aussah wie Zucker und sich auch so anfühlte. Das Wasser war ruhig; ich kann mich nicht erinnern, viele Wellen gesehen zu haben. Amadous Freunde spielten ohne Scheu im Meer, während er mit mir auf die andere Seite der Sandbank ging, wo sich Wasser in einem kleinen Becken angesammelt hatte. Er zeigte dort zwar keine Angst, war aber auch nicht besonders ausgelassen. Es gefiel ihm, sich mit verschränkten Armen hinzustellen und aufs Meer hinauszublicken. Von den Sanddünen beschützt, konnte er sich leicht wie der König des Strandes fühlen. Wenn ich jetzt so an ihn denke, spüre ich noch immer die Gelassenheit, die er ausstrahlte.

Er war ein Junge von ungewöhnlicher Schönheit. Diese Schönheit ließ sich an nichts Konkretem festmachen, und sie war auch nicht überwältigend. Amadou war klein, hatte schmächtige Schultern und ein unaufdringliches Gesicht. Seine Augen waren freundlich und wirkten sehr ruhig für einen Jungen. Er ruhte in sich. Er war keiner, der in die Welt hinausstürmte, er hatte es lieber, wenn die Welt zu ihm kam.

Als Amadou noch sehr klein und ich nicht bei ihm war, bekam er die Windpocken. Seine Zähne wurden schwarz, und ich war selbst noch ein Kind und begriff nicht, was geschah. Ich dachte, er würde sterben, weil ich ihn allein gelassen hatte, deshalb weinte ich beim Beten. Aber er war nur ein Baby, das wie jedes andere auch Kinderkrankheiten bekam. Ich war sicher, dass ich zu spät heimgekehrt war, aber schon einen Tag nach meiner Ankunft ging es ihm besser, und danach wurde er niemals wieder ernstlich krank.

Mit dem Einschlafen hatte er keine Probleme, aber oft wurde er von Albträumen verfolgt.

»Amadou, warum redest du im Schlaf? Was erzählst du? Was willst du deiner Mutter sagen?«

Ich streichelte seine Hand, und nach einer Weile wurde sein Atem wieder ruhiger, und ich konnte ihn kaum mehr hören.

Ich war selbst noch ein Kind, knapp sechzehn Jahre alt, als er geboren wurde, aber ich wusste, wie ich Amadou trösten konnte. Ich brauchte nur seine Hand zu halten, und zart über seinen Nasenrücken zu streichen, brauchte nur einen Finger an seine Lippen zu legen, und schon flossen seine wirren Traumworte in meine Arme, meine Brust und in mein wehes Herz. *»Ich bin es, deine Mutter. Ich bin bei dir. Gib mir deine Ängste.«*

Wenn in Guinea ein junger Mensch seine Heimat verlässt, wird er zum *Setté*, zum Entdecker und Gesandten, der den Familiennamen in die unbekannte Welt hinausträgt. In den Dörfern und Städten werden die Bewohner über ihn reden und über seine Triumphe und neu gewonnenen Reichtümer fabulieren. Bei seiner Rückkehr werden sie genau auf die Art achten, wie er spricht, oder wie er einen Raum betritt. Auf seinen Gang werden sie schauen und nach Anzeichen in seinen Augen suchen, die verraten, ob seine

Reise erfolgreich war. Neben seinen Eroberungen werden sie natürlich auch auf die Geschichten warten, die er mit nach Hause bringt. Auch wenn ein Mann seine Taschen nicht mit Gold zu füllen vermochte, so hat er doch etwas erlebt. Noch Jahre später kann er von dem fremden Land erzählen, das er betreten hat, darüber, was ihn überrascht oder verängstigt, ihn belustigt oder traurig gestimmt hat.

Amadou war für seine Brüder, Schwestern, Cousins und Cousinen, Freunde und auch für mich ein solcher *Setté*, dem eine ruhmreiche Rückkehr bevorstand.

Er kehrte zurück, ein stummer Körper mit einer nicht erzählten Geschichte. Wenn es etwas noch Grausameres gibt, als einem Menschen das Leben zu stehlen, dann ist das, ihn seiner Geschichte zu berauben, die ihn zu etwas Besonderem macht. Eine Mutter, die davon träumt, den Schaden, der ihrem Kind zugefügt wird, ungeschehen zu machen, träumt vergeblich. Das Einzige und Letzte, was sie tun kann, ist zu versuchen, ihrem Kind seine Geschichte zurückzugeben. Das ist das Mindeste und zugleich die höchste Pflicht, die sie zu erfüllen hat.

TEIL EINS

# Die Zeit des selbst erworbenen Wissens

## KAPITEL 1

# *Die Entdeckung des Wassers*

Gegen alle Vernunft sehe ich ihn durch den Wald laufen. Er klopft sanft auf die Rinde der Nehri-Bäume, um sie aufzuwecken. Er rollt Würmer um das Ende eines Stockes, betrachtet sich in schimmernden Bächen und wirft einen Stein ins Wasser, um zuzusehen, wie die Sonnenstrahlen in tausend Stücke zersplittern. Dann wieder steht er nur auf einem Hügel, schließt die Augen und gibt sich ganz dem Wind hin, der über das Bergland des Fouta Djalon weht und seine Wangen streichelt.

Welch ein merkwürdiger Traum. Diese Vorstellung ist vollkommen willkürlich, es gibt keine Begründung für die Annahme, dass er sich so verhalten hätte.

Man muss wissen, dass die Landschaft hier seltsame Formen angenommen hat. Ein Bergpfad biegt nach links ab, wohingegen der Berg selbst sich rechts davon aufrichtet. Der Horizont enthüllt Ebenen und Täler, die in entgegengesetzten Winkeln ansteigen und abfallen. Gottes Werk ist in diesem Land noch immer sichtbar: jäh aufragende Gebirgskämme, ein seltsames Gewirr aus Flüssen und roten Felsen, große Bewegungen gen Himmel. Wenn ein Mensch an einem solchen Ort den Blick nicht sorgsam nach unten gerichtet hält, kann er leicht einer Sinnestäuschung erliegen, vom Schwindel erfasst werden und straucheln.

*Er* hatte jedoch keine Zeit zu fallen. Er musste in die Schule.

An trockenen Tagen verließ er Diontou um sechs Uhr morgens. Er brach auf, wenn der Wald noch im Schatten der Nacht lag und es noch von den imaginären Umrissen der umherstreifenden Ungeheuer wimmelte. Meistens nahm er eine Orange mit, zwei Bananen, eine Mango, ein großes Stück Brot, zwei kleine Beutel mit roten Goro-Nüssen und einige Maniokwurzeln, die seine Mutter für ihn zerkleinert hatte. Außerdem trug er ein Mathematikbuch bei sich, ein Lesebuch und ein Buch über die Geschichte anderer Völker, zwei Hemden, sein Gebetsgewand, auch Boubou genannt, und eine Gebetsmatte. Er balancierte die Sachen geschickt in einem Beutel auf dem Kopf. Das Essen reichte für den fünfstündigen Weg von Dorf zu Dorf. Bei der Ankunft in Diari übergab er seinem Gastgeber eines der Säckchen mit Goro-Nüssen als Geschenk, weil er ihm erlaubte, bei ihm zu wohnen. Sie setzten sich zusammen auf den Boden und erbaten gemeinsam den Segen für seine Studien. Sie aßen die Nüsse und unterhielten sich aufgeregt mit vollen Mündern und roten Zungen.

Im Laufe eines Schuljahres ging er diesen Weg ein Dutzend Mal oder auch öfter, jedes Mal eine Strecke von dreißig Kilometern. Er blieb stets drei Wochen in Diari, manchmal auch länger, bevor er nach Hause zurückkehrte. Im ersten Jahr war er acht Jahre alt, zwölf im letzten. Er besaß keine Schuhe. Er riss sich große Pohpoh-Blätter ab und band sie sich um die Füße. Sie waren so dick, dass sie seine Sohlen vor den schmerzhaften Blasen bewahrten, die er sich sonst auf den harten, offenen Ebenen geholt hätte. Die Blätter halfen ihm auch, in der Regenzeit voranzukommen; ohne sie wäre er heillos im Schlamm versunken.

Es gab aber auch strahlend helle Tage. Dann wanderte er durch hohes, gelbes Gras und durch Bananenhaine, in denen die reifen Früchte dick und prall herunterhingen wie von überladenen Tischen. Freche Affen starrten seinem schlanken Körper nach, der in einer Öffnung des dichten Busches auftauchte und in der nächsten wieder verschwand. Ganze Hügelketten dufteten nach reifen Orangen.

Er brach um sechs Uhr morgens auf, in der Regenzeit noch früher. Dort im trüben Morgen, wenn die Nacht noch spürbar ist und der Tag noch nicht begonnen hat, soll der richtige Ort sein für den Anfang dieser Geschichte.

Er schleicht sich an den Gespenstern des Waldes vorbei. Es ist mein Vater, der Sohn eines weisen Mannes, Enkel eines Königs – Amadou der Erste.

Zu jener Zeit fegten wilde Fantasien durch das Land. Die anderen Familien in Diontou bemerkten die lange Abwesenheit meines Vaters und raunten sich zu, die Franzosen hätten ihn in der Nacht gestohlen. Die Frauen im Dorf besuchten meine Großmutter und erzählten ihr, dass eine Verschwörung im Gange sei, die Entführung des kleinen Amadou sei erst der Anfang. Die Franzosen wussten genau, dass die Kinder der einzige Reichtum der Familien waren. Sie würden all ihre Söhne holen, und ohne diese hätten die Frauen nicht die Hilfe, die sie auf den Feldern dringend brauchten. Die Reis- und Maisernte würde verkommen. Die anderen Mütter wachten nervös über ihre Kinder und legten sie nachts zusammen unter Decken.

Die Frauen des Dorfes hatten jedoch nur teilweise Recht. Die Franzosen hatten verkündet, dass jede Familie einen Sohn auszuwählen hatte, der in die europäische Schule der Regierung gehen sollte; das beunruhigte die Menschen. Es war in Ordnung, wenn die Franzosen die Banken und weit entfernten Regierungspaläste in den großen Städten beherrschten, aber wenn die Menschen über ihre Traditionen, ihre Sprache und ihre Kinder redeten, nahmen ihre Stimmen einen verängstigten Tonfall an. Diese Dinge gingen die Franzosen nichts an.

Auf dem Weg zum Gebet kamen die Männer stets am Haus meines Großvaters Alfa Oumar Diallo vorbei. Den Namen Diallo, ›Dschallo‹ ausgesprochen, teilten sich die Abkömmlinge einer der vier Familien, die sich ursprünglich im Fouta Djalon, der Bergregion im Norden Guineas, angesiedelt hatten. Die Menschen in Diontou sprachen meinen Großvater mit dem Titel Karamoko Alfa an, den der Lehrer und geistige Führer des Dorfes erhielt. Dort am Fuß des kleinen Hügels unter den zwei gelben Türmen der Moschee konnten sie sicher sein, den Ruf des *Salee* zu hören, der wie Musik in ihren Ohren klang. Mit dem Wasser, das mein Großvater ihnen in Tonkrügen reichte, hockten sich die Männer von Diontou auf das Land meines Großvaters und vollzogen das tägliche Ritual, *Saliqui* genannt: Sie wuschen sich Hände, Mund, Nase, Gesicht, Ohren und Füße. Dann pilgerten sie in einer stummen Reihe hinauf auf den Hügel zur Moschee. Wenn das Gebet zu Ende war, kamen sie zurück, um bei meiner Großmutter Joghurt zu essen und ihre Sorgen zu teilen.

Die Menschen wandten sich gerne an Karamoko Alfa. Schon viele Male hatten sie ihre Söhne und Töchter zu ihm geschickt, damit er sie in den Lehren des Koran unterwies. Mein Großvater schlichtete Eifersüchteleien und Streit zwischen Nachbarn und hörte sich ihre ganz privaten Sehnsüchte und Zweifel an. Männer und Frauen kamen zu ihm, damit er sich ihrer Probleme untereinander annahm. Er behielt alles für sich. Er war der Lehrer des Dorfes, der gerechteste Mann weit und breit.

Aber die Entscheidung, ob ein Vater seinen Sohn fortschicken sollte oder nicht, war ihm zu heikel, als dass er sie hätte beantworten wollen. Alle anderen Familien im Dorf schenkten diesem Erlass der Regierung keine Beachtung, mein Großvater indes zählte seine Reichtümer – drei

Frauen und dreizehn Kinder –, und dann entschied er, dass sein ältester Sohn, mein Vater, der mit den ernsten Augen, in diese Schule gehen sollte. Vielleicht hielt mein Großvater es für keine schlechte Idee, wenn einer von ihnen wusste, was in dieser Schule vor sich ging, wenn wenigstens einer das Leben in einem anderen Dorf kennen lernte. Vielleicht würde sein Amadou bislang unbekannte Geschichten von der anderen Seite des Ozeans in Erfahrung bringen, vielleicht lernte er Fahrrad fahren oder schliefe unter einem Wellblechdach.

Eines Morgens im Spätsommer des Jahres 1936 verließ mein Vater sein Heimatdorf Diontou mit einem Beutel auf dem Kopf und ward für einige Zeit nicht mehr gesehen.

Das Leben ging langsam vonstatten, man hatte das Gefühl, ein Bogen spannte sich über lange Zeit hinweg, und dann veränderte sich plötzlich alles mit dem gewaltigen Herausschnellen des Pfeils.

Nach vier Jahren an der europäischen Schule war eine Prüfung abzulegen, die die Tür zu einer vierjährigen höheren Schule öffnete, die noch weiter entfernt lag. Nach dem Abschluss dieser höheren Schule schritt mein Vater stolz durchs Dorf, und alle starrten ihn mit offenem Mund an. Er trug einen dunklen Anzug und einen weißen europäischen Hut mit breiter Krempe, so wie er es bei den französischen Geschäftsleuten in der Stadt gesehen hatte. Er bekam seine eigene kleine Hütte, abseits der Haupthütte mit den jüngeren Kindern, und die Nachricht verbreitete sich, dass Karamoko Alfas ältester Sohn nach einer Frau Ausschau hielt.

Mein Großvater hatte jedoch schon längst das richtige Mädchen für ihn gefunden. Sie hieß Diaraye und wohnte nicht weit entfernt im Dorf Tinkin. Sie war ihm aufgefallen, als sie mit einem weißen Kleid und einer goldenen Halskette auf dem blanken Rücken eines Ponys ritt. Das war vor einigen Jahren bei der Feier zum Ende des Ramadan gewesen. Sie war über eine große, offene Weide geritten, behängt mit Geschenken, die ihr Vater ihr aus dem Senegal mitgebracht hatte. Mein Großvater war vermutlich von ihrem geraden Rücken angetan gewesen, dem langen, jugendlichen Hals und dem geheimnisvollen Blick ihrer Augen. Also packte er die Gelegenheit gleich beim Schopfe.

»Ich will sie für meinen Sohn, der weit fort in der Schule ist«, hatte er zu ihrem Vater gesagt.

Und als die Zeit gekommen war, eröffnete er seinem Sohn: »Ich kenne da ein Mädchen, das vielleicht von Interesse für dich sein könnte.«

Natürlich trug mein Vater den Anzug, als er und meine Mutter sich das erste Mal trafen. Der Anzug machte sich gut an seinem schmalen Körper. Meine Mutter trug eine Halskette mit einer Nadel in der Mitte, und mein Vater betrachtete sie nervös, denn er dachte, sie könnte sich damit in die zarte Vertiefung genau über dem Brustbein stechen.

»Darf ich sie halten?«, fragte er.

Sie zögerte, denn sie verstand nicht gleich, und dann lachte sie bei dem Gedanken, dass er sich derartige Sorgen um sie machte. Und sie lachte erneut, wenn auch diesmal etwas verhalten, als ihr bewusst wurde, dass er dort, wo die Nadel ruhte, ihre Haut wahrgenommen hatte. Sie fühlte, wie seine Augen über ihren Körper wanderten.

Sie war ein Mädchen, das wohl behütet und gut versorgt von ihrem Vater, Thierno Mamadou Bobo Diallo, aufgewachsen war. Er hatte Socken, Schuhe und Uhren aus dem Ausland mit nach Tinkin gebracht. Dies hatte ihm den Status eines Entdeckers verliehen und ihr die Aura einer kleinen Prinzessin. Aber nicht lange nachdem sie meinem Großvater aufgefallen war, starb ihr Vater während eines Aufenthalts in Guinea-Bissau. Man hatte ihn mit dem Koran und Gedichten in der Hand gefunden, die er zur Lobpreisung Gottes und der Natur geschrieben hatte.

Die Familie ging nach Guinea-Bissau, um ihn zu begraben. Auf dem Rückweg – sie wanderten an einem besonders heißen Tag durch trockenes Tiefland – gingen ihre Wasservorräte zu Ende, und sie wurden krank vor Durst. Meine Mutter konnte sie jedoch alle retten. Sie scharrte mit einem Stock ein wenig in der Erde und stellte fest, dass der Boden weicher war als erwartet, also grub sie weiter. Je tiefer sie vordrang, desto feuchter wurde die Erde, bis sie, ihre Mutter und ihre zwei Brüder das Wasser mit vollen Händen schöpfen konnten.

Rasch wandelte sich das Leben der Familie. Zuvor hatten sie im Überfluss gelebt, nun mussten sie viele Entbehrungen hinnehmen. Diarayes Mutter, meine Großmutter, wurde Kadiatou Diallo genannt. Sie musste ihre Felder allein, nur mit der Unterstützung ihrer Kinder, bestellen. Die anderen aus dem Dorf sahen, wie sie sich abmühte, und kamen ihr zu Hilfe. Diaraye wurde zu ihrer Tante nach Diontou geschickt, um eine Zeit lang bei ihr zu leben. An dem Tag, an dem sie meinen Vater kennen lernte und an dem meinem Vater bewusst wurde, dass er seinen Blick nicht mehr von ihr abwenden konnte, war meine Mutter schön und begehrenswert gewesen, und zugleich auch sehr geheimnisvoll.

Zartheit und Begeisterungsfähigkeit paarten sich bei ihr mit Schmerz und Mitgefühl, Sorge und Verwirrung. Und all diese Gefühle standen in ihrem Gesicht geschrieben. Sie trug Sandalen, die ihre wunderschönen Zehen zeigten. Mein Vater wusste, dass er ohne sie nicht mehr leben wollte.

Und sie, sie bewunderte seinen schlanken Körper. Seine Finger waren so lang wie die ihren. Er wirkte so drahtig, dass es den Anschein hatte, er könnte alles durchbrechen. Die Zeit im Busch hatte seinen Körper verändert, hatte ihm neue Konturen verliehen, ihm Kraft und Geschicklichkeit gegeben.

Diaraye war eigentlich einem anderen Jungen versprochen gewesen, dessen Mutter eine angehende Hexe war. Als der Junge von der Heirat erfuhr, ging er zur Familie meiner Mutter und verlangte ihre Rückkehr. Mein Onkel – der Bruder meiner Mutter und nach dem Tod des Vaters nun das Oberhaupt der Familie – überbrachte meinem Vater völlig verzweifelt die Nachricht. In seinem Dorf redete man schon über den gebrochenen Vertrag.

»Gib mir meine Schwester wieder, denn ohne sie kann ich nicht zurückkehren«, sagte er. »Es gibt eine Abmachung.«

Nun stellte mein Vater seinen Mut unter Beweis. Karamoko Alfa hatte ihn gelehrt, seine Liebe niemals aufzugeben.

»Darum musst du dich selbst kümmern«, antwortete er. »Sie ist meine Frau, und ich werde sie nicht wieder hergeben.«

Was danach geschah, habe ich nie genau erfahren. Der zurückgewiesene Junge erzählte seiner Mutter bestimmt, was geschehen war. Meine Mutter und mein Vater gingen nach Boké, das weit im Westen jenseits des Fouta Djalon lag und wo mein Vater Arzt werden wollte. Sie gingen fort und erfuhren nie, ob die Mutter des zurückgewiesenen jungen Mannes jemals eine richtige Hexe geworden war und ihre junge Ehe mit einem Fluch belegt hatte.

Bald kamen Kinder zur Welt, die allesamt seltsame Füße und ungewöhnliche Hände hatten. Eine Tochter, Halimatou, wurde am frühen Morgen des 1. Januar 1952 mit sechs Zehen an jedem Fuß und sechs Fingern an jeder Hand geboren. Ein Sohn, Alfaoumar wurde zwei Jahre später geboren, er hatte elf Finger. Für alle anderen und für alle Brüder und Schwestern, die noch geboren werden sollten, hieß das Mädchen Diadia, weil in allen Fulbe-Familien die älteste Tochter so genannt wurde, und der Junge würde von den Jüngeren nur Koto genannt werden. Mein Vater war enttäuscht, dass sein Erstgeborenes ein Mädchen war, und über Koto war er auch enttäuscht, weil er nicht vor Diadia zur Welt gekommen war. Doch in Diadia sah er auch seinen Stern. Ihre Augen funkelten dunkelviolett, und er nannte sie sein Neujahrstagwunder.

Mein Vater wollte Koto stets in seiner Nähe haben. Er trug ihn ständig herum und erzählte ihm Geschichten vom Busch, noch bevor Koto diese überhaupt verstehen konnte, und als Koto dann zu laufen begann, folgte er seinem Vater überallhin.

Bei meiner Mutter und meinem Vater, die für ihre Kinder Néné und Baba hießen, lebte nun auch Abdoulaye, einer der Brüder meines Vaters. Es war durchaus üblich, dass sich Frischvermählte um Familienmitglieder kümmerten, und Abdoulaye brauchte wirklich jemanden, der für ihn sorgte. Er hatte einen kleinen, dicken Körper, raufte sich gern mit anderen Kindern und lachte ausgelassen, war aber dennoch etwas schüchtern, was sich durch ein hartnäckiges Stottern äußerte. Baba schickte seinen jüngeren Bruder in die große Schule in der Stadt. Mit der Sorge für Abdoulaye hatten meine Eltern von Anfang an eine große Verantwortung zu tragen, erlebten also nie die unbeschwerte Zeit einer jungen Ehe. Selbst in der tiefen, dunklen und zärtlichen Zeit der Nacht waren sie niemals weit entfernt vom Atem eines Kindes.

In Boké arbeitete Baba im Krankenhaus, das über ein Sprechzimmer und zwei Krankenzimmer mit einem Dutzend Betten verfügte. Er gab Spritzen, schiente Beine, schob Patienten in Rollstühlen umher und kühlte die Stirnen der fiebrigen Kinder. Die meisten Patienten waren entweder Opfer der Malaria oder von Verkehrsunfällen, oder es waren Verkrüppelte und Behinderte, die ein Mittel gegen ihre Schmerzen brauchten. Baba sorgte dafür, dass das Krankenhaus genügend Verbände und die wenigen Medikamente zur Verfügung hatte, die notwendig waren, um Gelbfieber und Malaria zu behandeln. Wenn er nicht so viel zu tun hatte, las er in Biologiebüchern. In seinem Hinterkopf spukte nämlich der Gedanke herum, irgendwann einmal an der Universität in Nairobi oder gar in Paris Medizin zu studieren.

Während dieser Zeit kaufte Baba in der Erntezeit große Mengen an Reis und Mais, lagerte das Getreide einige Monate lang und verkaufte es dann wieder mit Gewinn. So konnte er ein junges Mädchen bezahlen, das für die Familie kochte. Néné blieb bei den Kindern, und gemeinsam mit anderen Frauen und deren Kindern lernte sie nähen. Abdoulaye kam am Nachmittag nach Hause und brachte aus der Schule viele Geschichten mit. Néné war niemals zur Schule gegangen. Irgendwann hatte sie zwar Antworten auf die Fragen des Erwachsenwerdens gefunden, aber die Schule blieb für sie ein Geheimnis. Worüber redeten sie dort? Was sahen sie? Wie fühlte es sich an, ein Buch in Händen zu halten und zu verstehen, was die Buchstaben bedeuten? Abdoulaye führte Nénés Finger über die großen schwarzen Buchstaben des Schönschreibheftes, das er mit nach Hause gebracht hatte, und riss hinten aus dem Heft ein paar Seiten für sie heraus. Er las ihr vor, und allmählich lernte sie. Man erzählte mir, sie habe mit einem Buch unter einem Baum gesessen.

Irgendwann verschlechterte sich Babas Stimmung zusehends. Er lief nervös umher oder rannte auf und ab und hatte an allem etwas auszusetzen. Manchmal überkam ihn eine schreckliche Müdigkeit, eine so überwältigende

Erschöpfung, dass es am besten war, ihn schlafen zu lassen. Aber nach dem Aufwachen war er oft ruheloser als zuvor, oder auch fröhlich, oder aber er war in einer Art und Weise fröhlich, wie noch niemand es jemals zuvor bei ihm erlebt hatte. Seine Hände wurden steif und zittrig. Als Néné seine langen Finger das erste Mal bewundert hatte, hätte sie das niemals für möglich gehalten. Er gab Passanten einfach Geld oder warf Münzen in die Luft. Je deprimierter er war, desto mehr Geld warf er unter die Leute. Einmal gab er sogar sein am kostbarsten besticktes Gewand weg. Néné, die stets Babas Wege verfolgte, kaufte das Gewand später wieder zurück.

Eines Tages kam Baba nach Hause und sah, wie Abdoulaye Néné beim Lesen half, was seine Laune nicht gerade verbesserte. Sie waren draußen vor der Hütte gesessen und hatten ihn noch nicht zurückerwartet.

»Was ist hier los?«

»Ich bringe ihr das Lesen bei.«

»Meiner Frau?« Er starrte seinen Bruder an. »Tu das niemals wieder. Hätte ich eine gebildete Frau gewollt, hätte ich eine aus der Stadt geheiratet.«

Sein Blick schien Abdoulaye zu verbrennen. »Du bist ein Mann. Behalte deine Bücher für dich.«

Bekam irgendjemand in der Familie Fieber, ging Néné in den Busch, so wie sie es von ihrer Mutter gelernt hatte, und brachte Kasia-Blätter mit, aus denen sie einen Tee oder ein Bad bereitete. Dabei handelte es sich um kleine, zarte Blätter mit einem bitteren Geschmack, den man vom Rachen bis zur Nase spürte. Trink drei Schluck aus der linken Hand und drei aus der rechten, befahl Néné. Die Blätter merzten jedes Fieber aus und beseitigten auch sonst fast alle Beschwerden, die damit einhergingen. Néné konnte eine Erkältung mit Kinkeliba-Blättern und Koriander heilen. Bei starken Kopfschmerzen, die hinter den Augen pochten, bereitete sie einen Aufguss aus Pelitoro-Blättern. Aber bei Baba war sie ratlos. Sie kannte weder Pflanzen noch Öle, die seine unbeständigen Launen zu beruhigen vermocht hätten. Die meisten Nachbarn und Freunde hielten ihn auch während dieser Zeit für einen vernünftigen Menschen. Er verschenkte Nahrungsmittel und Kleidung nach Lust und Laune und gab freimütig wie nie zuvor jedem Rat, der ihn hören wollte. Er war stets zugänglich für alle und redete auffällig viel.

Männer haben eben ihre Eigenheiten, dachte Néné, also tu, was er sagt. Baba sagt, sei still. Also sei still. Baba sagt, der Regen wird bald aufhören. Dann wird er das auch. Baba wirft Geld in den Bach. Lächle ihn an. Baba will, dass auch du Geld fortwirfst – tu es, ohne zu fragen.

Es war Baba selbst, der sich eines Tages als krank bezeichnete. Er nannte es Erregungszustände.

Im Krankenhaus war er nicht mehr in der Lage, sich zu konzentrieren. Er ließ Patienten unbeaufsichtigt, verlor sich in Gesprächen, vergaß die Zeit. Seine Vorgesetzten beschlossen, nach französischer Art zu behandeln, wodurch sie ihm eine gänzliche Flucht ermöglichten; eine Reise nach Dakar, unter der einzigen Bedingung, dass er seinen Traum, Arzt zu werden, endgültig aufgab. Die meisten Menschen betrachteten Dakar als den Mittelpunkt der französischen Kolonien in Westafrika, was die Stadt auf gewisse Weise zum Symbol für die Abhängigkeit der Region von den Ausländern machte und für die Veränderungen, die diese bereits bewirkt hatten. Und niemand konnte diese Veränderungen leugnen. In Dakar gab es von allem das Beste. Baba entschied sich für eine Behandlung mit Tabletten. Er schlief sechzehn Stunden pro Tag und wurde auch in der übrigen Zeit nicht gestört. Die Zurückgezogenheit ließ seinen Kopf wieder klar werden.

Einen ganzen Monat lang träumte Baba.

Er träumte vom Wald, träumte, dass seine Füße verbrannten und wilde Tiere ihn verfolgten. Er träumte von Treppen. Er sah unzählige Stufen für seine Tochter und seinen Sohn und für seine noch nicht geborenen Kinder. Die Treppen wanden sich in Spiralen aus einem Knotenpunkt im Boden, wo sie miteinander verbunden waren. Im Grund verankert, ragten die Treppen frei und ungestüm in den Himmel. In seiner Verwirrtheit sah Baba seine Kinder, und er wusste, dass es ihnen gut ging, solange er gesund blieb. Zu dieser Zeit fing er an, sich selbst als Erbauer zu sehen.

1956 kam ein weiteres Kind zur Welt, Hadiatou. Sie hatte zwölf Finger und zwölf Zehen.

Kurz nach ihrer Geburt kam ein älterer Mann namens Ibrahim Diallo, ein Verwandter Nénés, auf seiner Pilgerfahrt nach Mekka bei ihnen vorbei und blieb eine Weile. Baba gab ihm Essen und Wasser und alles, was er sonst noch brauchte. Der Mann war so angetan von dem Respekt, den Baba ihm entgegenbrachte, dass er Baba segnete und sagte: »Du hast mich wie einen Vater respektiert. Möge Gott dir in deinem Leben einen Menschen schicken, der auch dich auf diese Weise respektiert.«

Weil er dafür bekannt war, dass er gut mit Geld umgehen und er sowohl die Stammessprache Ful als auch Französisch schreiben und zudem auf der Schreibmaschine tippen konnte, bekam Baba eine Stelle als Steuereinnehmer bei der Regierung. Er arbeitete in einem Büro in Conakry, der Hauptstadt am Atlantik, weit weg vom Fouta Djalon. Dort prüfte er die Buchhaltung der Firmen und trieb deren Steuern ein. In seiner Position genoss er gewisse Privilegien. Sein Gehalt war hoch genug, um in einem Steinhaus leben zu können. Baba stellte zwei Dienstmädchen ein, eine zum Kochen und Waschen, die andere als Kindermädchen. Er kaufte ein Stück Land nördlich der Stadt, das mit dünnstämmigen Nehri-Bäumen bewaldet war, und er versuchte, mit Palmöl und Bohnen auf dem Markt Fuß zu fassen. Freitags führte sein Weg ihn regelmäßig auf den Wochenmarkt in Boké, wo er Fässer mit Öl kaufte, die er umfüllte und dann für den doppelten Preis weiterverkaufte.

Conakry war eine seltsame und brodelnde Stadt, die Babas aufgeschlossene Seite zum Vorschein brachte. Jeden Morgen fuhren überfüllte Busse zu den Diamantbergwerken auf dem Land. Die Bergarbeiter sogen gierig die frische Luft ein, die durch die winzigen Fensterschlitze in die Gefährte gelangte, oder hingen lässig am hinteren Trittbrett. Die einzige Eisenbahnlinie verband Kankan weit im Osten mit der Hauptstadt, und jeden Tag liefen einige Züge im Bahnhof ein, die beladen waren mit Zigarettenkartons, Konservendosen, Aspirin, Eisenschrott, Papiertüchern, Tintenfässern, Unterwäsche und einer Vielzahl von anderen Waren, einige davon lächerlich überflüssig, andere gänzlich unbrauchbar. An einem Tag konnte eine Ladung gebrauchter Reifen eintreffen, an einem anderen Sonnenbrillen. Eines Tages wurden hunderte Meter Telefonkabel geliefert, genug, um damit ein Viertel der Haushalte von Conakry zu verkabeln, und das in einer Stadt, in der nur Regierungsmitglieder Telefone besaßen. Niemand wusste, wer sie geschickt hatte oder warum, aber irgendjemand würde sie schon brauchen können.

Auf diese Art wurden Geschäfte gemacht. Nimm, was immer du kriegen kannst, und mach dich zum Eigentümer der Sachen; über den Verkauf kannst du dir später Gedanken machen.

Allmählich machten sich Veränderungen bemerkbar. Die Wirtschaft boomte zu der Zeit in Conakry, entwickelte sich jedoch sehr ungleichmäßig. Dreimal pro Woche kam ein großes Schiff aus Paris oder Marokko mit einer Ladung Coca-Cola, Cornflakes, Kosmetik oder großen Maschinen an. Conakry ragte wie ein langer, rosafarbener Finger in den Atlantik hinaus, und am späten Nachmittag konnte man nicht selten Männer beobachten, die eine abgeladene Kiste von der Pier über die schlechte, löchrige Straße zerrten. Um fünf Uhr abends liefen die Einbäume, *Kunki* genannt, wieder in den Fischerhafen ein, und es bildete sich eine Schlange von Frauen, die Wels, Thunfisch, Muscheln und Soy Soy dort kauften, nur um alles dann an anderer Stelle wieder zu verkaufen. Hinter ihnen hing die Sonne, ein brennender orangefarbener Ball, tief am Himmel.

An diesem Ort, der nach totem Fisch und Pappkarton roch, waren die Menschen bereit, wenn die richtige Zeit kam. Und Baba wollte immer der Erste in der Schlange sein.

Er kaufte und verkaufte Gold und baute sich ein Haus. Er erzählte seiner Mutter in Diontou, dass er zu Geld gekommen sei, und er bot ihr an, ihr Goldnuggets zu geben. Aber seine Mutter befürchtete, dass die anderen beiden Frauen ihres Mannes eifersüchtig werden könnten, wenn sie ihren Schmuck sahen. Sie würden selbst auch solchen Schmuck haben wollen, und das würde ihren Mann in eine schwierige Lage bringen. Sie lehnte das Gold ab und bat Baba stattdessen um Kühe. Die anderen Frauen, so erklärte sie, würden die Kühe schätzen und die Milch gern nehmen, doch niemals würde eine Frau um die Kuh einer anderen kämpfen.

Conakry wäre vielleicht für Baba und Néné der ideale Wohnort gewesen, hätte es nicht ungefähr tausend Gründen gegeben, die dagegen sprachen. Selbst der Ozean hatte etwas Träges und Schwerfälliges an sich. Es war brennend heiß dort. Die Luft schlich nur widerwillig vom Meer heran, und es wimmelte überall von Insekten, Schmutz und Staub.

Der Staub, der von der Erde aufstieg, war rot, was ein gutes Zeichen war, denn es bedeutete, dass das Land über Reichtum verfügte. Viele Menschen, auch Baba, waren stolz darauf. Wenn er über sein Land sprach, sprach er oft von dem wertvollen Staub. Es wäre jedoch besser gewesen, die Regierung hätte das Eisen und Bauxit abgebaut, das die Erde rot färbte. Die Luft wäre frischer gewesen und die Menschen wären sauberer und reicher. Stattdessen waren sie müde und schmutzig. Sogar Baba und Néné, die Fußböden aus kühlem Beton in ihrem Haus hatten, nahmen der Regierung übel, dass sie zuließ, dass das Eisen unter ihre Haut und in ihre Lungen kroch. Es gab eine einzige geteerte Straße in der Stadt und nur wenige Straßen trugen überhaupt Namen. Wenn es nicht gerade heiß war, von Juni bis August, dann regnete es. Der Regen grub tiefe Krater und Kanäle in die Erde. Ein Gang in die Stadt oder auch nur ein Besuch beim Nachbarn entpuppte sich oft als äußerst verzwicktes, wackeliges Abenteuer, das auf Zehenspitzen über davonschwimmendem Müll und ertrunkene Mäuse zu bestehen war.

Nichts funktionierte mehr richtig in der Stadt. Auf den Dörfern hingegen, wo die Menschen von dem lebten, was das Land hergab, und wo sich jeder auf den anderen verlassen konnte, ging es noch annehmbar zu. In Conakry jedoch mussten sich die Bewohner auf bestimmte Systeme und gesichtslose Ministerien verlassen, damit diese die Dinge am Laufen hielten. Dreck, Hitze und Unrat entfachten bei allen Städtern eine Wut auf irgendjemand oder irgendetwas. Viele von ihnen waren entweder wütend auf die Franzosen, denen fast alles in der Stadt gehörte, oder sie machten die guineischen Regierungsbeamten für alles verantwortlich, denn diese führten die Anweisungen aus, kürzten Budgets und ließen so manches Gut verschwinden.

Wie dem auch sei, niemand liebte Conakry. Niemand hatte viel für die Stadt übrig. Ein Ort ohne Namen für seine Straßen wirkt, als würde er im Sterben liegen. Ein rosafarbener Landstrich im Ozean.

Die Stadt war so etwas wie einer dieser überzähligen kleinen Finger, mit denen Nénés und Babas Kinder geboren wurden. Wenn die Kinder alt genug waren, brachten Baba und Néné sie ins Krankenhaus, um die überflüssigen Finger und Zehen entfernen zu lassen, was mithilfe eines fest geknoteten Verbandes gemacht wurde, der die Blutzufuhr abschnürte. Nach nur wenigen Tagen fielen die unnützen Gliedmaßen dann einfach ab. Vielleicht hätte man auch Conakry auf diese Weise behandeln sollen.

Dann kam eine Zeit, in der sich die Menschen nicht mehr miteinander vertrugen, das begann im Jahr 1955. Nur wenige Straßen im gesamten Land waren geteert. Der Kaffee war verseucht, und das Land, das vermutlich mehr Reis produzierte als jedes andere auf der Erde, importierte Reis, anstatt ihn zu exportieren. Die Stadtmenschen, die zum Großteil zum Volksstamm der Soussou gehörten, hatten eine große Wut auf die Fulbe, die wie Baba und Néné aus den Bergen gekommen waren. Sie hätten Conakry übervölkert, so dachten die Soussou, und ihnen die Arbeit weggenommen. Die Soussou und Fulbe kämpften gegeneinander und töteten sich gegenseitig auf den Straßen. Baba, der sich um die Sicherheit seiner Familie sorgte, kaufte ein Gewehr.

Obwohl sich im Jahr 1958 die Spannungen bereits wieder gelegt hatten, funktionierten die Systeme des Landes nur noch mit Unterbrechungen. Im Mai 1958 fuhren auf der Bahnlinie von Kankan nach Conakry keine Züge mehr. Guinea liegt fast ganz unten an der linken Schulter Afrikas. Es formt in etwa einen Halbkreis, grenzt an sechs Länder und schließt einen Großteil von Sierra Leone ein. Conakry ist die größte Stadt im Westen und Kankan die größte im Osten. Die Bahnstrecke zwischen diesen Städten zu schließen kam einer Teilung des Landes in zwei Hälften gleich.

General de Gaulle versuchte jedoch von diesen Problemen abzulenken. Er bot Guinea und all den anderen französischen Kolonien eine Art Unabhängigkeit an, ein Mittelding zwischen eigenständigem Staat und Protektorat. Sékou Touré, der neue Präsident Guineas, versprach »ethnische Integration«, was verheißungsvoll klang. Die verschiedenen Volksgruppen richteten ihren Unmut sodann gegen die Franzosen, anstatt sich gegenseitig zu bekriegen.

»Wir brauchen zuallererst und unbedingt unsere Würde zurück«, erklärte Sékou Touré im Jahr 1958. »Doch es gibt keine Würde ohne Freiheit. Wir wollen lieber frei und arm sein als reich und versklavt.«

De Gaulle nahm ihn beim Wort und sorgte dafür, dass Guinea arm blieb. Bevor die Franzosen abzogen, leerten sie alles vom Aktenschrank bis zum Bankkonto. Sie verbrannten alle Aufzeichnungen und nahmen nahezu alle Ingenieure und Landwirtschaftsexperten mit. Jedes Stück Gold, das sie fanden, stopften sie in ihre Koffer und Hosentaschen. Ihre letzten Flugzeuge flogen über lodernde Getreidefelder, die sie selbst in Brand gesteckt hatten. Als sie fertig waren, gab es in ganz Conakry höchstens noch ein Dutzend Menschen, die ein Hochschulstudium hatten.

Der Radiosender der Regierung nannte sich selbst die »Stimme der Revolution«, und das Volk zog durch die Straßen, Spottlieder auf die Franzosen singend.

Baba war zwar ein Anhänger Sékou Tourés, aber er vertrat die Meinung, die Unabhängigkeit sei zu früh gekommen. Die Franzosen hatten ihn schließlich gut behandelt, als er im Senegal gewesen war. Aber obwohl er der Regierungspartei Geld gegeben hatte, war niemand aus der Partei seiner Familie zu Hilfe gekommen, während er fort gewesen war. Baba war sich nicht immer sicher, wer eigentlich zu seinen Freunden gehörte. Er saß auf den Stufen vor seinem Haus, das Gewehr in der Hand. Niemand belästigte ihn – und alle zeigten sich respektvoll ihm gegenüber.

Das Gewehr war noch immer in der Nähe, als Néné ihm erzählte, dass wieder ein Kind unterwegs war.

Nichts hört so auf, wie es anfängt.

Bevor die Gelehrten mit dem Wort Mohammeds nach Guinea kamen, suchten die Fulbe-Frauen sich ihre Ehemänner selbst aus. Wenn dies für andere auch überraschend klingen mag, für mich war es das nicht. Mein Vater erzählte mir davon, als ich noch ein kleines Mädchen war, nicht älter als sechs oder sieben Jahre, und somit war ich schon früh mit den Gegebenheiten der Natur vertraut.

Vor etwa siebenhundert Jahren veranstalteten die Männer komplizierte Tänze, einen Wettbewerb, der verlangte, dass sie sich aufwändig schmückten. Sie bemalten sich die Brust, färbten Wangenknochen und Augenlider hellrot und gelb und bearbeiteten ihre Zähne auf ganz besondere Weise. Sie schrubbten und schliffen sie an den Rundungen der Flussfelsen, bis ihr Lächeln dem Funkeln eines Teufels glich.

Die Männer trugen Speere und vollführten vor allen Frauen wilde Kriegstänze. Hielt eine Frau ihre Handflächen hoch, wandte sich der Mann von dieser Frau ab und der nächsten zu. Nickte die Frau, kam der Mann näher und fiel auf die Knie, damit sie ihn genauer betrachten konnte. Am Ende umringten die Frauen die Männer und trafen ihre Wahl.

Bald danach wurde Hochzeit gefeiert. Das gesamte Dorf nahm daran teil, die Frauen wurden mit Musik und Gedichten unterhalten, und die Männer schworen ihnen die Treue. Sollte eine Frau nach Tagen oder auch mehreren Monaten ihren Mann ansehen und zu viel von einem

Teufel in ihm entdecken, oder sollte sie seine Zähne nicht mehr schön oder seinen unbemalten Körper nicht verführerisch finden, oder hatte sie gar entdeckt, dass er nicht klug war, dann konnte sie erklären, dass sich ihre Sinne gewandelt hatten. Damit war die Frau wieder frei, was jedoch nicht bedeutete, dass nun alle sie verachteten, ganz im Gegenteil, es setzte sogleich ein noch heftigeres Werben einer ganzen Reihe von Freiern ein, die in ihr nun etwas ganz Besonderes zu entdecken glaubten, nämlich die Aura wahrer Unabhängigkeit und Unerreichbarkeit.

Nichts bleibt so, wie es anfängt. Früher folgten wir den Rindern durch den Busch und bauten unsere Hütten an dem Ort auf, an dem die Tiere Wasser fanden. Dort lebten wir hundert Jahre, bis die Brunnen versiegten oder die Tiere unruhig wurden. Die Frauen bestellten ihre Gärten, die *Suntouré*, und die Männer kümmerten sich um die Zäune darum herum. Männer und Frauen wurden alt und starben in denselben Hütten, in denen sie zur Welt gekommen waren. Wir glaubten fest an die alten Traditionen, und doch verblassten sie irgendwann. Im Laufe der Zeit verließen die Kinder die Dörfer. Die Männer schrieben den Frauen vor, was sie denken sollten, und schenkten dann dem, was die Frauen sagten, keine Beachtung. Die Männer predigten den Frauen den Koran, ließen jedoch nicht zu, dass sie ihn selbst lasen, und wenn die Zeit gekommen war, gingen die Männer fort, um etwas Neues zu entdecken, Geld zu verdienen, oder einfach um ein Verlangen zu befriedigen.

Die Frauen warteten auf die Rückkehr der Männer, warteten darauf, dass irgendetwas geschah. Sie warteten, und die Kinder auf ihren Rücken wurden schwerer.

Ich frage mich, ob mein Vater meiner Mutter wohl erzählt hat, wie es am Anfang gewesen war? Hat er es gewagt? Hätte es vielleicht etwas geändert?

Eine Kleinigkeit am Rande: Das Wasser, das meine Mutter als junges Mädchen tief in der Erde gefunden hatte, quoll schnell nach oben, und nach nicht einmal drei Monaten war ein richtiger Brunnen daraus geworden. Das Wasser hatte vielen Dörfern das Überleben ermöglicht, und weil einige Menschen aus den Dörfern meine Mutter kannten, benannten sie den Brunnen nach ihr: Bhundhu Diaraye. Reisende, die zwischen Tinkin und Guinea-Bissau unterwegs sind, trinken noch heute daraus. Es ist der Ort, an dem meine Mutter in der Erde scharrte und Wasser fand.

## KAPITEL 2

# *Warten auf Baba*

Im Frühsommer meines fünften Lebensjahres kamen die Bienen zurück. Damals lebten wir in der Stadt Labé, waren zurückgekehrt in die frische Luft des Fouta Djalon. Die Bienen flogen ganz gemächlich in den Garten, als würden Verwandte uns besuchen kommen und einen Sommer lang bleiben. Sie mussten früher schon bei uns gewesen sein, denn Néné rief: »Kaum zu glauben. Sie sind wieder da, wie im letzten Jahr und im Jahr zuvor. Sie glauben bestimmt, dies ist ihr Haus.« Zuerst kam nur eine einzige Biene, und diese gab dann den anderen Nachricht, dass alles noch so war wie im vorangegangenen Jahr, und der Rest des Bienenvolkes folgte als lauter, wirbelnder Schwarm, ebenso aufgeregt wie wir.

Diadia wirbelte herum, Kotos Augen wurden groß und rund und neugierig. Hadiatous Blick huschte umher, aber ihr Gesicht und ihr Körper blieben regungslos. Bobo, der Kleinste, saß auf der Erde und hatte offenbar keine Angst vor den Bienen, aber bei dem plötzlichen Tumult fing er an zu kreischen. Und Néné, deren Leib erneut rund war, lachte, was die Bienen wohl als Einladung empfanden, denn sie hielten neben ihr auf der Schwelle kurz inne und summten dann direkt ins Haus.

Ich klatschte in die Hände und tanzte. »Guten Tag, ihr

Bienen«, rief ich. Dann rannte ich, so schnell ich konnte, vor ihnen fort. Es war durchaus möglich, die Bienen zu mögen und gleichzeitig Angst vor ihnen zu haben.

Es war ein guter Tag. Néné erzählte uns, dass Baba den Griot gefragt habe, ob er am Abend zu uns käme, was bedeutete, dass wir Musik hören und alle bis spät in die Nacht zusammensitzen würden. Néné sang an jenem Tag unablässig vor sich hin, und wir Kinder streunten umher, spielten Ball, sprachen mit den Ziegen und Schafen und zogen von einem Haus zum anderen. Wir lebten auf einem quadratischen Stück Land, das von anderen, gleichartigen Grundstücken umgeben war. Niemand entfernte sich zu weit, für den Fall, dass Bobo uns brauchte, oder – was noch wichtiger war – es irgendetwas zu probieren gab. In dem Fall war ich immer die Erste. Néné brauchte nur einen langen Löffel hochzuhalten, und eins, zwei, drei strahlte mein Gesicht schon neben ihren Knien. Sie führte den Löffel, der prall mit Joghurt gefüllt war, in meinen Mund, drehte ihn einmal um, und zog ihn glänzend wieder heraus. »Meine Mama«, lachte Néné. »Auf dich kann ich immer zählen.«

Sie nannten mich Mama. Meine Haut war nicht so dunkel wie die meiner Mutter. Ich hatte mehr Honig in mir und reichlich Babyspeck am Körper. Meine Wangen ähnelten denen eines Neugeborenen, entweder waren sie prall und dick vor Freude oder weich vor Kummer. Die Augen hatte ich von meiner Mutter, runde Planeten, die die Erwachsenen erfreuten.

War ich froh, tanzte und schwebte ich durch die Gegend. Hatte ich Sorgen, kauerte ich mich zusammen. Die Arme, die meine Beine umschlungen hielten, sollten mich schützen. Mein Gemütszustand hing immer ganz von den äußeren Umständen ab.

Wie etwa vom Donner. Ein Rumpeln in weiter Ferne verursachte mir nur einen kleinen angenehmen Schauer auf dem Rücken. Dieses Unwetter sollte die Sorge eines anderen Dorfes sein. In meinem Haus war ich sicher. Ertönte hingegen ein markerschütternder Knall in nächster Nähe, war ich überzeugt, dass das Unwetter einzig und allein uns galt. Der Donner würde den Blitz in einem gezielten Zickzack zu dem Bett führen, das ich mit meinen Schwestern teilte. Vielleicht hatte Gott heute unser Haus ausgewählt, vielleicht war es aber auch Sékou Touré, der es auf uns abgesehen hatte. Mächtig genug war er.

Aber ganz gleich, ob es nun Gott oder Sékou Touré war, sobald es donnerte, rannte ich zu Néné.

Aber auch der Schein des Mondes konnte mich beeinflussen: Je heller er schien, desto besser. Und auch der Regen, denn er vermochte mich zu beruhigen. Am Abend verwandelte er sich in Hagel, und ich konnte ihn greifen. Ich legte ihn auf die Zunge und schluckte ihn hinunter.

Meine Stimmung hing auch davon ab, ob gerade Tag oder Nacht war. Beides war gut, aber die Stunden dazwischen machten mir Angst. Sie hing von meinen Schwestern und Brüdern ab. Spielten oder stritten sie? Sie hing von deren Schlafgeräuschen ab. Diadia und Hadiatou neben mir im Bett, Koto auf seiner Liege auf der anderen Seite des Zimmers. Von einem Husten oder Schnaufen, denn irgendeiner von uns hatte immer eine Erkältung oder Fieber. Sie hing von den Mango- und Avocadobäumen ab, vom Wind, von den Steinen im Garten, dem Kommen und Gehen der Nachbarn, der Fröhlichkeit der Bienen.

Ich gehörte nicht mir selbst. Ich gehörte den Wesen, die durch unser Haus schwirrten und unseren Garten besuchten. Es war ein Steinhaus mit einem Dach aus Wellblech. Vier Zimmer gab es darin, eins für Baba, eins für Néné, eins für die Kinder und einen großen Raum in der Mitte. Neben dem Haupthaus standen ein viel kleineres Steinhaus, in dem gekocht wurde, und ein noch kleineres, ebenfalls aus Stein, wo wir über einem Loch saßen, um auf die Toilette zu gehen. Nur Baba hatte seine eigene Toilette im Haus.

Ich gehörte den Steinen. Wir hatten einen Brunnen, aus dem wir das Wasser zum Kochen, Waschen und Baden holten. Das Wasser zum Trinken besorgten wir uns aus einem Brunnen in der Nähe, er gehörte einer Freundin meiner Mutter.

Ich gehörte Nénés Garten. Ich saß oft auf der Erde und nahm meine Schuhe als Kissen, um mir den Hintern nicht schmutzig zu machen. »Benutz deine Schuhe nicht auf diese Weise«, schimpfte Néné. »Wenn du es tust, dann wird dein Leben eine einzige lange Reise sein.«

Aber hauptsächlich gehörte ich Néné. Sing das Lied von *Kankalabé,* dem Dorf, wo alle schön sind. Warum weinte Néné? Weinte sie? Ich hörte etwas. Sei fröhlich, Néné. Erzähl die Geschichte von dem Mädchen, das ihrem Zauberhuhn vorsang und daraufhin von diesem jeden Wunsch erfüllt bekam. Lach doch. Bitte lach, Néné.

So wie ich ihr gehörte, so gehörte sie mir, denn ich war das Maß aller Dinge im Haus, ihr Maß, ihre Mama. Mama spürte bestimmte Dinge, sah Zeichen und beherrschte die Kunst, in den Gesichtern der Erwachsenen zu lesen. Mama fühlte die Erde schon beben, bevor der Donner losbrach. Mama bestätigte Nénés Ängste, verstärkte ihre Hoffnungen. Mama war Nénés klarstes Spiegelbild, gab ihr die Erlaubnis zum Lachen.

»Sieh dich an, wie du isst«, meinte Néné. »Du bist aufgeregt heute. Aber ich kann es dir nicht verdenken. Ich bin auch aufgeregt.«

»Wann kommt er, Néné?«

»Heute Abend, zum Abendessen, wenn es dunkel ist.«

»Wird er Gitarre spielen?«

»Ja natürlich, das macht er doch immer.«

Diadia stimmte *Djarabi* an, ein Liebeslied.

»Dürfen wir die Saiten anfassen?«, fragte sie. »Bleibt er ganz lange?«

Néné lachte. »Wenn er da ist, kannst du ihn selbst fragen, und er wird dir alle Fragen beantworten.«

»Aber zuerst«, sagte sie und deutete auf die große Schüssel mit Gemüse zu ihren Füßen, in der die Karotten und Tomaten eine bunte orange-gelbe Mischung abgaben, »muss ich das Essen vorbereiten. Also seid brav.«

Nénés Rockzipfel verschwand. Ich sah ihr zu, wie sie mit großen Schritten über den Hof ging. Es war ein Hof ohne Gras, ungleichmäßig bedeckt mit silbernen und grauen Steinen. Mango-, Avocado, Guaven- und Orangenbäume spendeten ihm Schatten und verliehen ihm Tiefe. Grünlich silbrige Geckos huschten über die Steine und die Bäume hinauf. Aus dem Boden ragten spitze Steine und andere seltsame, getarnte Gegenstände wie etwa Flaschenverschlüsse, fehlende Räder von Spielzeugen und winzige weggeworfene oder hinuntergefallene Nägel. Nénés Füße gingen darüber, ohne dass sie zusammenzuckte.

Hinein ins Wohnhaus mit einer Schüssel und heraus mit einer anderen, rasch Löffel, Schneidemesser und viele Holztabletts geholt. Sie rührte die Kuhmilch so lange, bis diese dick wurde und schließlich die cremige Festigkeit des Joghurts hatte. Auf dem Boden sitzend, hielt sie die Kalebasse zwischen den gekreuzten Beinen und mahlte den Couscous mit dem runden Ende eines Stocks aus *Bingawal*-Holz. Sie rieb die süßesten Teile der Maniokwurzel in eine Schüssel. Die Raspel fielen als schlanke, weiße Bögen zur Seite. Dann umwickelte sie die Wurzel noch einmal, um sie besser greifen zu können.

Néné stand auf, legte ein gummiartiges Stück Rindfleisch auf ein Holzbrett und schlug mit den Fäusten darauf ein. Ihre Arme flogen dabei durch die Luft und landeten hart. Das Fleisch wurde faltig und nahm jeden Schlag mit einem leisen, kapitulierenden Keuchen auf. Dann hob sie das Stück hoch über den Kopf und schlug es mit einem heftigen Knall wieder auf den Tisch. Wieder und wieder. Sie klatschte mit offenen Händen auf ihr Opfer ein. Am Ende drückte sie es mit den Handflächen platt, und ich entdeckte die blauen Muskellinien an ihren Armen, sah das Blut über ihre Finger laufen.

Sie bettete das Fleisch auf ihre Arme. Dort lag es, besiegt.

»Das wird sich gut kochen lassen«, meinte sie.

Nénè trug das Fleisch ins Küchenhaus, ging einen langen, schmalen Gang entlang und verschwand schließlich in einem schwarzen Loch. Es war dunkel in der Küche, nur die Funken, die unter den Töpfen, in denen alles mit Nénès Öl gekocht wurde, hervorsprühten, spendeten Licht. Am Boden lagen die schildkrötenförmigen Kochsteine, an den Wänden war Feuerholz aufgeschichtet.

»Nénè«, rief meine Schwester Hadiatou und rannte zum Küchenhaus, doch sie blieb in sicherem Abstand vor der Tür stehen. Hadiatou schien zu wissen, was nun kam.

Eine gelbe Flamme sprang zur Tür heraus, befühlte eine endlose Sekunde lang die Luft und zog sich dann mit einem Zischen zurück in die Dunkelheit.

»*Nénè*!« Nun rannte Hadiatou zum Eingang, sie schrie. »Nénè, Nénè, wo bist du?«

Nénès lachendes Gesicht tauchte aus dem schwarzen Rauch auf.

»Sieh doch, Hadiatou. Es war der Topf, das Öl, das Fleisch. Das mache ich doch immer, und jedes Mal kommt das Feuer, und jedes Mal schreist du.«

Hadiatou machte sich immer viel zu viele Sorgen. Ihre Augen waren schmaler geschnitten als die von uns anderen, ihre Gesichtszüge kantiger. Sie wirkte stets misstrauisch, so wie die Erwachsenen, wie Nénè oder Baba. Ihr Vertrauen musste erst einmal gewonnen werden.

»Sieh dir meine Arme und Beine an«, rief Nénè. Glänzende Schweißperlen liefen fröhlich über ihr Gesicht. »Nichts. Nur das Fett vom Kochen. Es ist gut, wenn es brennt. Das heißt, das Fleisch ist gut und fett. Das bedeutet, dass die Kuh ein gutes Leben hatte.«

Ein weiteres Gesicht tauchte in der Tür zur Küche auf, es war Idrissa, Nénés Cousine, die bei uns lebte. Sie schlief in Nénés Zimmer. Als Nénés Vater gestorben war, hatte sich Idrissas Mutter um Néné gekümmert, und die zwei Mädchen waren zusammen aufgewachsen. Auch als junge Frauen sah man sie oft Händchen haltend und miteinander flüsternd. Zu der Zeit tauchte Idrissa oft wortlos neben oder hinter Néné auf, eine stumme Begleiterin. Wenn Néné schwanger war, verblasste Idrissa vollends zu ihrem Schatten. Wir nannten sie Néné Idrissa.

Beide Frauen starrten auf das Kind herab, und irgendetwas in der Freundlichkeit ihrer Augen beruhigte Hadiatou. Das kleine Mädchen wandte sich daraufhin einigermaßen besänftigt ab, und Néné und Idrissa kümmerten sich wieder um ihre blubbernden Töpfe.

Wenn sich Fleisch, Öl und Fett beruhigt hatten, veränderte der Rauch aus dem Küchenhaus sein Aussehen. Er verlor seine Schwärze, nahm etwas mehr Rot vom Fleisch an, das Orange der Erdnüsse und einen helleren roten Ton von der Tomatensoße. Der Rauch verzog sich nicht, sondern wurde zu einer Wolke am blauen Himmel. Zu unserer Wolke, zu meiner und Diadias, Kotos, Hadiatous und Bobos, und zu der des unbekannten Babys, das an Gottes süßestem Ort noch verborgen lag.

Ich hob mein Gesicht, um den Duft einzusaugen, und da erkannte ich mit der Weisheit eines Kindes, dass dieser Geruch mir niemals in meinem Leben verloren gehen würde. Erdnüsse und Honig, Süßkartoffeln und zischende Soße, frittierter Teig, neue Kartoffeln, Eier, die in Fleischbällchen gekocht wurden. Es war der Geruch von drinnen und draußen, von Néné und Idrissa. Der Duft war gekräuselt und weich, und in der Mitte hohl. Darin befand sich unsere Ungeduld und Erwartung.

»Mama isst gern«, sagten meine Eltern stets.

Das stimmte. Als ich drei Jahre alt war, schickte meine Mutter mich zurück aufs Land, wo ich bei meiner Großmutter, nach der ich auch benannt worden war, in Tinkin lebte. Ich nannte sie Néné Tinkin. Ich bekam jeden Tag Bananen und Pudding, und Onkel Sharif gab mir rote und grüne Lutschbonbons, die ich in Stücke biss. So konnte ich sie schnell schlucken, und je schneller ich schluckte, desto schneller sorgte mein Onkel für Nachschub. Tante Djengui trug mich auf dem Rücken und fütterte mich über die Schulter. Ich löffelte Joghurt aus einer großen Schüssel, und manchmal sprang ich – es konnte schließlich nichts schaden – selbst hinein.

*Plopp!*

Niemand machte Anstalten, mich herauszufischen. Es gefiel ihnen, mich in der cremigen Masse zu sehen, blinzelnd, den Joghurt von Armen und Knien leckend. Das dicke, honigfarbene Kind im weißen See.

Monate später, als Néné kam, um mich wieder nach Hause zu holen, fand sie ein kugelrundes Kind mit dicken Backen vor. Das Ful-Wort dafür ist *Woufindho*. »Dagegen werde ich etwas unternehmen müssen«, meinte Néné.

Sie konnte jedoch nicht viel tun. Ihr Joghurt war noch viel sahniger als der meiner Tante. Sie fügte Salz oder Zucker hinzu. Und ich schwamm auch in ihrem Joghurt.

Schließlich wurde ich dafür zu groß, aber für leckeres Essen taten meine Arme und Beine fast alles. An jenem Tag, an dem wir auf den Griot warteten, stiegen meine Lieblingsgerüche in den Himmel auf. Ich lief im Kreis und lachte ohne erkennbaren Grund. Wäre ich bereits erwachsen gewesen, hätte man mich vermutlich eine Närrin geheißen; aber ein kleines Mädchen durfte so lachen, es war ein helles Lachen, ein Lachen für die Vögel.

Koto liebte mein Lachen. Aber nicht, dass er das jemals laut ausgesprochen hätte. Wenn ich lachte, dann sah er mich an, als träfe er gerade zufällig einen alten Freund wieder. Seine Augen verengten sich vor Freude.

Koto zählte in jenem Sommer zehn Jahre. Er blickte mich über ein Knie von seiner Lieblingsecke des Hofes aus an. Dort hatte er die Steine beiseite geräumt und die rote Erde geglättet, um eine saubere Spielfläche zu bekommen, die nicht breiter als seine Hüfte war und vielleicht die doppelte Länge seiner Arme hatte. An jedem Ende des kleinen Platzes hatte er ein winziges Loch gegraben, wodurch ein Miniaturfußballfeld entstand.

Aus seiner Hosentasche holte Koto drei kleine, runde Steine, die in der Mitte ausgehöhlt und mit einer wunderschönen Murmel gefüllt waren, eine grün, eine rot, eine gelb, wodurch sich die Steine gut und schnell drehten, und einen erstaunlichen Drall bekamen. Diese Steine wurden überall verkauft. Wir nannten das Spiel *Bille*, es ging ganz einfach: Man schnippte den kleinen Ball mit zwei Fingern ins Spielfeld und bekam selbst dann schon Punkte, wenn man nur knapp daneben traf.

Koto beugte sich vor und Diadia, Hadiatou und ich drängten uns nahe an ihn heran. Koto beherrschte die Kunst des Steineschnippens mit nur kleinsten Bewegungen von Daumen und Zeigefinger meisterlich. Irgendwie schaffte er es, durch einmaliges Schnippen die Richtung des Steins zweimal zu wechseln. Er konnte ihn zum Springen bringen, was sehr nützlich war, wenn ein Kiesel die Bahn blockierte. Man konnte nur nie genau sagen, was Koto vorhatte. Er wusste, dass seinen Schwestern diese kleinen Kunststückchen gefielen, also wartete er erst einmal ab, wiegte den Stein nachdenklich in der Hand, rieb ihn zwischen den Handflächen und schleuderte ihn fort, wenn er bereit war, aber nicht ohne vorher das Feld genauestens studiert zu haben.

*»Ja, Koto. Du schaffst es, Koto.«*

Das war meine Stimme. Koto spielte für Guinea gegen die unsichtbaren Franzosen.

*Koto! Koto! Koto!*

Wir klatschten und sangen, und die anderen Kinder strömten herbei. Kotos Freunde, Aliou, Meka und Papa, kamen vom Nachbarhaus gelaufen. Unsere Häuser waren aneinander gebaut, und wir teilten uns den Hof mit ihnen.

»Koto hat dreiunddreißig!«

»Fünfundvierzig ist doch der Rekord, oder?«

»Jaaa!«

*Koto! Koto! Koto!*

Koto kauerte auf einem Knie und hielt den Kopf gesenkt. Er hätte uns wegschicken können, uns sagen, wir sollen ihn alleine lassen. Denn wenn wir so weitermachten, würde er in dem Tumult Babas Rückkehr nicht hören. Baba könnte plötzlich hinter uns stehen und auf Kotos Spiel hinunterstarren. Wenn das geschah, dann würde unser Spaß Koto Schaden zufügen, und das wäre schrecklich.

Koto sagte nichts, aber der Gedanke ging mir im Kopf herum. Juble Koto zu. Aber vergiss Baba dabei nicht. Baba beherrschte die Kunst, plötzlich aus dem leeren Raum aufzutauchen.

Ich liebte Baba, aber mir gefiel die Art nicht, wie er unvermutet auftauchte.

Ich hörte, wie die Reifen seines Landrovers auf der Straße zum Stehen kamen, wartete auf das letzte Aufheulen des Motors, bevor er hustend erstickte, lauschte auf die ganz eigene Art, mit der Baba aus dem Auto stieg und die Tür schloss, auf seine Schritte auf dem aufgerissenen Teer.

Ich traute mich aufzublicken. Nein, Baba.

*Lauf Koto!*

Ich wusste, dass Baba jede Sekunde auftauchen würde, das Gesicht hart wie Stein, dass dieser großartige Nachmittag damit enden würde, dass Koto an den Ohren aus dem Hof gezogen wurde. Das schoss mir durch den Kopf, bevor mein Gehirn seine Arbeit einstellte, als Koto einundvierzig Punkte erreicht hatte, dann zweiundvierzig, dann dreiundvierzig, dann …

Ich war klug genug zu wissen, dass Babas Körper jeden Tag um halb vier von der Arbeit nach Hause kam, der Rest von ihm jedoch erst lange nach dem Nachmittagsmahl. Erst nachdem er sich umgezogen und seinen weißen Boubou ohne Ärmel übergestreift hatte, nachdem er sich Hände, Füße und Gesicht gewaschen und das Haupt vor dem Haus zum Nachmittagsgebet, *Alansara*, gesenkt hatte, nachdem er auf seiner Bettdecke gelegen und mit dem Transistorradio auf dem Bauch die Nachrichten gehört hatte.

*Glaubt an den Weg, den wir eingeschlagen haben. Der Preis für die Freiheit kann niemals höher sein als der Preis für die Gefangenschaft.*

*Denkt daran, wir sind frei, wenn wir unsere Ehre haben.*

Die tiefe Fulbe-Stimme, die ein Zeitalter der Freiheit für alle Guineer ankündigte, war ein sicheres Zeichen für uns Kinder im Hof, dass die Stunde *unserer* Freiheit zu Ende ging. Wenn Baba in seinem Zimmer verschwand, bedeutete das für die älteren Kinder, dass sie ihre Koranstunden abzuhalten hatten, und für mich, beim Spielen leise zu sein. Babas Ruhepause ließ uns verstummen.

Ich drehte mich um und sah Baba.

In einer Hand hielt er eine Tasche, die voll gestopft war mit langen französischen Broten. In der anderen trug er eine dünne Aktentasche. Er hatte keine Hand frei. Das war gut.

Ich schlich zurück und zog Diadia und Hadiatou mit mir. Kotos Freunde liefen weg. Koto, der sich nicht umdrehte, nicht aufstand und scheinbar auch nicht mehr atmete, schlang die Arme um den Kopf und legte dabei die Ellbogen als Schilde über die Ohren.

Baba blickte in Kotos Richtung, er starrte ihn an. Baba hatte eine überdurchschnittliche Begabung, was das Starren anging, und Koto konnte genauso lange mit um den Kopf geschlungenen Armen völlig regungslos am Boden hocken. Sie wurden zu zwei Eidechsen, die sich mit pochenden Hälsen gegenüberstanden, sich jedoch nicht von der Stelle rührten, bis eine winzige Bewegung von einem der beiden das Schlagen, Jagen und Staubaufwirbeln auslöste. Baba holte aus, Koto lief, fiel, die Arme noch immer am Kopf, kleine Augen späten zwischen den spitzen Ellbogen hervor.

An jenem Tag hatte Baba das Stadium des langen Starrens ausgelassen. Seine Augen waren nur noch Punkte. Und dann lächelte er, einfach so.

»Der Griot kommt heute Abend«, sagte er. »Ah, dieser Duft. Néné hat bestimmt wunderbare Dinge für uns gekocht, das rieche ich.«

Wir blickten auf. Der Himmel umgab unseren Vater und übernahm sein Lächeln.

»Heute Abend wird es in Labé wunderschön sein«, sagte er.

Das war wahrscheinlich, mehr nicht.

Bald bereitete Néné das Bad. Sie gab Mangobaumrinde und die getrockneten Blätter von Papayabäumen ins kochende Wasser. Um die Hustenbazillen zu bekämpfen, die von einem Kind zum anderen sprangen, streute sie zusätzlich noch kleine Kasia-Blätter hinein. Dann wartete sie, bis sich das Wasser rot verfärbte. Sie goss es draußen in eine Eisenwanne und umstellte die Wanne mit einer Wand aus Hourgou, getrocknetem Gras, um sie vor neugierigen Blicken zu schützen.

Als ich hineinstieg, klapperten meine Kiefer von dem heißen Badewasser, und während ich mich langsam daran gewöhnte, zog sich mein Magen zusammen. Ich kratzte etwas von Nénés Seife auf einen Schwamm, mit dem ich dann meine Haut langsam abrieb. Die Seife war schwarz, sie wurde aus Kidi-Bäumen gewonnen. Der Schwamm fühlte sich rau an und kratzte beim Waschen, aber ich stellte fest, dass es weniger schmerzte, wenn ich fester und schneller rieb.

»Néné, sie hat sich nicht gründlich gewaschen. Ich habe es genau gesehen«, rief Hadiatou, die wie immer alles aufmerksam beobachtet hatte.

Ich schrubbte meine Schultern, bis sie rot und wund waren. Das war gut, denn dann klemmte mich Néné zwischen ihre Knie und rieb mich mit Karitébutter ein. Ihre Hände, die schon einen Berg Rindfleisch bezwungen hatten, waren in jenem Augenblick wie Küsse.

Sie drehte mich an den schmerzenden Schultern herum und flüsterte: »Mama ist brav.«

Die Zeit rückte näher. Der Tag war schon vorbei, die Nacht noch nicht da, keine Sonne mehr, nur ein niedrig stehender, blasser Mond. Ich fühlte, dass sich langsam etwas näherte. Die Öllampen, die in das große Zimmer gebracht worden waren, standen sich wie Fremde gegenüber, ihre winzigen Flämmchen schienen ihrer Aufgabe nicht gewachsen zu sein. In der Dämmerung schmerzte ihr schwaches Licht nur in unseren Augen, und mit ihren flackernden Schatten ließen sie das Haus schrumpfen. Das Warten auf die Sterne machte mir Angst. Die anderen Häuser verschwanden, und übrig blieb nur diese rote Landschaft, dunkel und nackt. In diesem Augenblick konnte man die Krümmung des Planeten spüren, und ich wusste, wir waren allein.

Die Dunkelheit, diese kriechende, körnige Dunkelheit besaß die Macht, Gesichter verschwinden zu lassen. Ich konnte Nénés Umrisse in ihrem Boubou erkennen, aber mehr nicht. Baba wurde kleiner. Die Schatten meiner Eltern krümmten sich. Sie beugten sich nach vorn zum abendlichen Gebet. Néné kniete hinter Baba, Baba sprach das Gebet, und in dieser Dunkelheit, so glaubte ich, beteten sie, um den Tod abzuwenden. Ich rannte zu Néné, um ihren Atem zu spüren.

Es dauerte nicht lange, bis meine Angst sich langsam auflöste. Die Deckel wurden von den Schüsseln genommen, und der Mond stieg rasch in den Himmel und beleuchtete unseren Garten der Reichtümer. Wir saßen alle zusammen auf einer Matte und aßen mit den Händen aus einer großen Schüssel, und als wir aufblickten, stand er in der Tür: ein kleiner Mann mit einer Gitarre in der Hand. Lächelnd wünschte er uns einen Guten Abend, ein Mensch, den der Mond selbst heraufbeschworen hatte.

Sein Name war Mangua Sarra. Mein Vater und er kannten sich schon seit langer Zeit. Er sang von Samory Touré, dem Urgroßvater Sékou Tourés, und von Alfa Yaya. Er sang mit fester Stimme, die jedoch weicher wurde, als er von der Schönheit der Fulbe sang. Mein Vater schloss die Augen. Mangua Sarra sang von Helden.

Die Stunden vergingen. »Wollt ihr noch mehr hören?«, fragte der Griot. Baba holte ein paar Geldscheine unter seinem Boubou hervor.

»Sing noch etwas von den Fulbe. Sing das Lied von unseren Vorfahren.«

Also sang der Griot weiter bis nach Mitternacht. Als wir ins Bett gebracht wurden, saß der Griot noch immer mit unserem Vater zusammen. Er las ihm Gedichte vor und sang, und der Tag endete für uns erst, als unsere brennenden Augen endlich aufgaben.

1956, in dem Jahr, in dem Hadiatou geboren wurde, wurden viele Menschen im Schlaf erstochen, vergiftet oder zu Tode gesteinigt. Häuser wurden gestürmt und zerstört,

Nutzvieh geschlachtet. Unschuldige Männer und Frauen wurden in ihren Gärten erhängt und die Körper anschließend in die Brunnen geworfen.

Im Gegensatz zu den Mandingos, die man an ihrer dunklen Hautfarbe erkannte, hatten die Soussou und Fulbe einen ähnlich braunen Hautton, was das Vorhaben, sich gegenseitig systematisch umzubringen, erheblich erschwerte. Es mussten Mittel und Wege gefunden werden, um den anderen zu entlarven. Eine Methode war der Sprachtest. Soussou-Soldaten drangen in wildfremde Häuser ein und zwangen die Bewohner, ihnen etwas nachzusprechen. Wurden die Wörter ordentlich mit der abgehackten Betonung der Soussou ausgesprochen, endete der Besuch mit einem Händeschütteln und einer Schüssel Goro-Nüsse oder Joghurt für die Eindringlinge.

Jedwedes Zögern oder ein falscher Tonfall bedeutete, ein Messer an der Kehle zu haben. Väter wurden umgebracht, manchmal die gesamte Familie ausgerottet. Langjährige Freunde wurden zu Feinden, sobald sie entdeckten, wer der andere wirklich war, oder die Freundschaften wurden nur noch im Geheimen weiter gepflegt. Niemand schlief mehr richtig, nachts horchten alle nur noch auf verdächtige Geräusche.

Néné war in der Küche gerade mit dem Abendessen beschäftigt, als ein Nachbar zu ihr gelaufen kam und rief, dass ein Lastwagen vorbeikäme, der die Familien retten und sie aus Conakry hinaus und in die Berge bringen würde. *Ihr müsst gehen. Sie kommen in eure Häuser und wollen den Sprachtest machen.*

Néné packte Diadia, Hadiatou, Koto und mich und noch ein paar Hühner. Sie ließ Öl und Reis kochend auf dem Feuer zurück. Baba holte sein Gewehr aus dem Schrank. Wir zwängten uns zusammen mit Nachbarn und alten Freunden auf den Lastwagen, Knie an Knie. Baba und die anderen Männer wechselten sich mit dem Fahren ab und beschwichtigten die guineischen Soldaten an den Straßensperren. *Wir besuchen nur unsere Familien. Wir verkaufen nichts. Seht her, nur Frauen und Kinder.* Wenn das nicht reichte, gaben sie den Soldaten Geld, und wir konnten die Absperrung passieren. Die Männer richteten ihre Gewehre in die Dunkelheit, immer auf der Hut vor einem Hinterhalt, während die Kinder in einer Ecke des Lastwagens schliefen. Die im Lastwagen verstauten Hühner gackerten die ganze Nacht hindurch aufgeregt vor sich hin, weil man ihnen die Beine zusammengebunden hatte. Néné dachte unablässig an das kochende Öl und befürchtete, das Haus sei bereits niedergebrannt. Sie stellte sich vor, dass ganz Conakry schon in Flammen stand. Bei Sonnenaufgang erreichten sie schließlich die Berge, und die Kinder hüpften mit einer solchen Freude vom Wagen, dass die Erwachsenen beschlossen, den Fouta Djalon zu ihrer wahren Heimat zu machen, zu dem Ort, an den sie eines Tages für immer zurückkehren würden. Sie sagten, die Franzosen hätten mit ihrem Abzug aus dem Land den Guineern auch jede Möglichkeit genommen, die reichen, schlummernden Reisfelder abzuernten oder den Reis zu transportieren, der angebaut worden war. Es gab vielleicht keinen besseren Ort auf der ganzen Welt, um Reis anzubauen, aber da so viel Land verlassen worden war und die Felder brachlagen, musste sich Guinea an andere Länder wenden, um von dort Reis zu importieren. Zudem wurde es in den Bergen, die vor Gold, Bauxit und Diamanten nahezu barsten, sehr still. Verschwunden war der Lärm der Schlagbohrer, die sich unaufhörlich in die fügsame Erde gebohrt hatten. Verschwunden waren auch die Männer, die die Bohrer bedient, ihre Muskelkraft gegeben und ihren Schweiß vergossen hatten.

Die Leute sagten, es sei ganz natürlich, dass sich Sousou und Fulbe wieder gegenseitig angriffen. Es war nicht genügend Reis zum Anbauen und Handeln vorhanden, und die verlockenden Edelsteine lagen außer Reichweite. Es gibt nichts Gefährlicheres als überschüssige Muskelkraft und unvergossenen Schweiß.

Jahre später erzählten Néné und Baba mir von all diesen schrecklichen Dingen und von der Nacht auf dem Lastwagen, in der keiner mehr zu atmen gewagt hatte. Sie erzählten auch von den Familien, die keinen Platz mehr auf dem Lastwagen gefunden hatten, und die niemand je wieder gesehen hatte, und von denen, die in ihren Gärten getötet worden waren, weil sie ein einziges Wort falsch ausgesprochen hatten.

Am nächsten Tag bekam Baba Koto zu fassen und ließ ihn nicht mehr los. Zuerst schlug er ihn mit einem dünnen Stock, dann mit einem dicken. Wir wussten nicht, ob es wegen des Bille-Spiels vom vorangegangenen Tag war, oder weil Koto zu lange geschlafen hatte. Vielleicht hatte er über einen Älteren gesprochen, vielleicht aber auch zu wenig gesagt. Vielleicht hatte er nicht gebetet oder war faul gewesen, vielleicht aber auch zu verträumt, oder im Gegenteil zu wachsam. Vielleicht hatte er zu viel gegessen, möglicherweise aber auch zu wenig. So war es immer. Baba hatte viele Gründe und keinen.

»Jetzt hör mir zu! Hör zu!«, schrie Baba. »Ich hatte nichts von all dem, als ich ein Kind war. Ihr solltet es einmal besser haben. Warum hörst du mir nicht zu?«

Der Stock ging auf Kotos Arme und Beine und auf seinen Rücken nieder. Je mehr Baba Koto schlug, desto wütender wurde Baba. »Ich erwarte mehr von dir. Ich erwarte Besseres«, donnerte er.

Koto würgte ein paar Worte heraus. Falls es ein Flehen um Gnade gewesen war, dann hatte sein wimmerndes Schluchzen die Worte verschluckt. Vielleicht war es auch das Weinen, das Baba nicht mochte. Baba kochte wie das Öl in Nénés Kochtopf. Er warf den Stock beiseite und schlug Koto mit der Hand, und wenn Koto sich auf der Erde zusammenkauerte, stieß Baba ihn so lange mit dem Fuß in die Seite, bis Koto die Ellbogen nicht mehr über den Kopf halten konnte. Dann stand Baba über ihm und wartete auf eine Antwort, die Koto ihm nicht geben würde.

Armer Koto. Es war schrecklich, diesem Schauspiel immer wieder zusehen zu müssen, so viele Male. Hadiatou und ich weinten: »Baba tut Koto weh. Hör auf. Hör auf.«

Aber Baba hörte uns nicht. Irgendwann zog er sich in sein Zimmer zurück und hörte Radio. Dann gingen meine Schwestern und ich zu Koto. Wir waren wie Tierjunge, die das verwundete Mitglied ihres Rudels vorsichtig einkreisen. Wenn Baba Diadia, Hadiatou oder mich einmal anbrüllte, oder wenn er eine von uns oder Néné schlug, kam er gleich darauf kleinlaut zurück und bat uns um Verzeihung. Dann weinte er oft und sagte, dass er uns lieben und für uns sorgen würde. Zuerst kam immer der wütende Baba, dann der reumütige Baba, gefolgt vom betenden Baba.

Bei Koto dauerte Babas Wut stets lange an. Wir hörten ihn noch im Haus schimpfen. »Mein ältester Sohn! So eine Enttäuschung!«

Koto tat mir so Leid. Hadiatou legte den Arm um mich und hielt mein Gesicht. Sie war acht, nur drei Jahre älter als ich, verhielt sich jedoch fast wie eine Erwachsene. Néné war ins Haus gegangen.

»Weine nicht, kleine Mama«, tröstete mich Hadiatou. »Es gibt bestimmt einen Grund, warum Baba immer so böse auf Koto ist.«

Hadiatou versuchte stets, Probleme zu lösen und eine Begründung zu finden, warum irgendetwas so war, wie es eben war.

»Bestimmt gehört Koto eigentlich zu einer anderen Familie«, meinte sie. »Warum sonst ist Baba immer so böse mit ihm? Es sieht so aus, als hätte Koto gar kein Glück.«

Ich starrte sie an, denn ich wusste, dass sie Unrecht hatte.

»Ich glaube, Baba schlägt Koto«, erklärte ich, »gerade weil Koto sein Sohn ist.«

In Labé riss das Band der Geräusche niemals ab. Erst tauschten die Hähne heisere Guten-Morgen-Grüße aus und die Ziegen meckerten leise, und bald darauf hörte man das Schwatzen der älteren Kinder, die auf dem Weg in die Schule waren. Später kamen noch andere Mädchen auf dem Weg zu ihren Nähstunden vorbei, doch sie wurden kaum beachtet. In den Schulhöfen sangen die Kinder die Nationalhymne, manche laut und klagend. Baba betete. Er gab sich große Mühe mit den Worten. Kein Schreien und auch kein Flüstern, sondern der Tenor eines Hirten, der jedes Wort sanft begleitete. Einem Mann mit solcher Stimme hörte Gott bestimmt zu.

Bevor die Mittagshitze begann, arbeiteten die Mütter in ihren Gärten, in der Fulbe-Sprache *Suntouré* genannt, und suchten das beste Gemüse fürs Abendessen aus. Später saßen sie an die Hauswände gelehnt und unterhielten sich. Die Kinder kamen am frühen Nachmittag zurück, und die Mütter erkannten in ihren Gesichtern, wie der Tag für sie verlaufen war. Man hörte, wie sich die Familienmitglieder miteinander unterhielten, und vernahm die Stimmen der Menschen, die einander Besuche abstatteten. »*Onjaramaa. Onjaramaa*«, begrüßten sie sich. Am späten Nachmittag und am Abend bot Besuch in jedem Haus eine willkommene Abwechslung.

Neuigkeiten verbreiteten sich rasch in der Nachbarschaft. Jemand heiratete. Die Mutter eines anderen Kindes bekam wieder ein Baby. Jemand hatte sich ein Kleid nach der neuesten Mode gekauft. Wir erfuhren, wenn etwas Wichtiges passiert war, wenn jemand wütend, krank oder glücklich war, wenn ein Sohn oder eine Tochter sich schlecht benommen oder seinen oder ihren Eltern Schande gebracht hatte. Überall wurde gemunkelt. Wir hörten das Murmeln des neuesten Klatsches. Jemand zog zurück ins Dorf. Die Tochter eines Nachbarn war verrückt geworden. Dieses Gemurmel brachte viel Aufregung mit sich, aber auch ein gewisses Unbehagen. Das leise Murmeln der Gebete war mir lieber.

Erfuhr man von einer Heirat oder einer Verlobung in einem anderen Haus, so wurde das gehörig gefeiert. Der Vater stand in der Tür und alle rannten mit Reis, Nüssen und Geld zu ihm. Die Frauen schrien und lachten. Wenn jemand starb oder die Nachricht von einem Todesfall im Dorf umging, gingen wir ebenfalls hin, die Kinder hinter den Müttern, und die Mütter weinten laut und warfen sich zu Boden, wenn die Trauer sie übermannte. Schließlich verdeckten die Erwachsenen ihre Gesichter. Sie beteten Verse aus dem Koran für die Familie und für die Verblichenen.

Die Erwachsenen stritten viel. Männer stritten mit ihren Frauen; Kämpfe, die mit einer gewissen Spannung ausgetragen wurden. Erst ein Schreien, dann Ruhe, dann folgte ein neuer Ausbruch. Diadia, Hadiatou, Koto und ich lauschten den Schimpftiraden, denen oftmals fliegende Pfannen und umgeworfene Tische folgten, und wir hielten den Atem an, wenn wieder Stille eintrat, was meist nicht Waffenstillstand, sondern nur die Ruhe vor dem nächsten Sturm bedeutete.

Auf der anderen Straßenseite veranstalteten Herr Kamara und seine Frau Aissatou jeden Tag ein solches Theater. Zuerst brüllte Herr Kamara. Das war jedoch kein gewöhnliches Brüllen, ja noch nicht einmal ein richtig männliches

Brüllen. Es klang vielmehr wie das Schreien eines wütenden Kindes, schrill und unnachgiebig, um Recht zu bekommen, ganz gleich, was vorgefallen war. Er arbeitete als Flugzeugpilot für die Regierung, und er war sehr groß. Ich stellte mir vor, wie er drohend über seiner Frau stand, die Faust schüttelte und dabei diesen hohen Schrei ausstieß. Néné rannte dann hinüber und sah Herrn Kamara noch fortstapfen, während Aissatou zusammengerollt auf dem Boden lag und jammerte, dass er sie geschlagen habe. Sie zeigte mit dem Finger hinter ihm her: »Seine zweite Frau ist schuld«, schluchzte sie. »Er will zu ihr.«

Nénés beste Freundin hieß Maimouna. Sie und ihr Mann Saidou lebten in einem kleinen Haus, das am Fuße eines grünen Hügels stand. Das Haus roch nach Rauch und gleichzeitig säuerlich, wie nach Alkohol. Ungeziefer kroch über Boden und Wände, der Zement war übersät mit kleinen Löchern. Maimouna war eine kleine, flinke Frau, die, so sagte Néné, mit ihrer gottgegebenen Seelenruhe alle Schicksalsschläge hinnahm. Saidou reparierte Radios im Vorderfenster des Hauses, und wenn er mit einem Auftrag fertig war, wurde das gehörig gefeiert. Er drehte die Musik lauter und gab das Geld aus, das seine Familie so dringend brauchte. Mich mochte er besonders gern. Er gab mir Süßigkeiten und sagte, er würde mich eines Tages, wenn ich alt genug sei, heiraten, was mich stets zum Lachen brachte. Irgendwann nahm Maimouna ihn dann an die Hand und brachte ihn ins Bett.

»Leg dich hin und schlaf«, sagte Maimouna nur. Sie schimpfte nie.

Oft saßen Maimouna und Néné zusammen. Sie trösteten sich gegenseitig.

»Saidou schläft wieder«, sagte Maimouna dann. Néné hielt die Hand der Freundin in der ihren.

»Das ist gut«, fuhr Maimouna fort. »Wenn er aufwacht, wird es ihm besser gehen. Nach einem Schläfchen geht es ihm immer besser.« Dann senkten sie die Köpfe und beteten darum.

Ganze Nachmittage verbrachten Néné und Maimouna damit, auf bessere Tage zu hoffen.

Eines Tages sagte Maimouna zu Néné: »Du siehst müde aus.«

»Ja«, antwortete Néné. »Meine Kinder sind krank.«

»Ich werde Suppe für euch kochen«, beschloss Maimouna. »Ich werde das Abendessen für euch zubereiten und dir Medizin für die Kinder bringen. Das sind schwere Zeiten.«

»Ja«, sagte Néné. »Manchmal ist es eben so.«

Maimouna lächelte und sagte: »Ich habe Mangua Sarra wieder gehört.« Einen Griot bezahlen konnte sie nicht, aber der Stimme lauschen, die aus unserem Haus erklang, das konnte sie. »Es ist so schön, wenn er singt. Viele haben ihn gehört.«

Nur wenigen von unseren Bekannten ging es so gut wie uns. Néné konnte oft eine Köchin anstellen. Das kostete um die fünfhundert guineische Franc pro Monat, umgerechnet etwa fünfundsiebzig Cent. Manchmal nahm sich Baba einen Fahrer, was zehntausend guineische Franc im Monat kostete, ungefähr fünfzehn Dollar. Wenn Diadia eine neue Schuluniform brauchte, kaufte Baba eine. Wir besaßen Gabel, Löffel und Teller für alle. Und Baba gehörte noch immer das Haus in Conakry. Diese Dinge unterschieden uns von unseren Nachbarn.

Aber wenn der Griot sang, sang er für alle. Mir gefiel der Gedanke, dass unsere Freunde abends in ihren Gärten saßen, die Erwachsenen zusammen mit ihren Kindern, und der Musik aus unserem Haus lauschten.

Sie hörten auch Babas Liebeslieder und sein Lachen, das das des Griot übertönte.

Aber sie bekamen auch den Streit mit, die kleinen und

mittleren Zerwürfnisse und auch die großen Kämpfe, wenn Baba Néné schimpfte, sie solle ihn nicht korrigieren, wenn er eine Geschichte erzählte. Darauf antwortete Néné stets, dass sie die Wahrheit doch nicht ändern könne, worauf Baba dann meist explodierte. Manchmal schlug er sie mit der flachen Hand, bis sie weinte.

»Oh, danke, mein Mann, das hast du wirklich gut gemacht«, schrie Néné dann.

Vor anderen sprach sie niemals schlecht über Baba, und Maimouna mit ihrem Anstand wusste das, denn sie brachte das Gespräch niemals auf ihn.

»So viele Kinder«, sagte sie oft. »Du bist müde. Ich werde für dich kochen. Dann wird es dir gleich besser gehen.«

Maimouna brachte Reis und Soße, die sie zu Hause gekocht hatte. Wir aßen selten vor neun Uhr, also bewegte sich Maimounas kleine, gebeugte Gestalt im Mondlicht durch den Garten. Sie trug offene, weiche Schuhe, die sie vor der Tür abstreifte, barfuß glitt sie dann fast lautlos über den Fußboden, nur ihre Kleidung raschelte leise.

Ich glaube, mehr geschah in Labé nicht, als ich klein war. Menschen wie Néné und Maimouna kamen zusammen, verursachten kaum Geräusche und hielten sich gegenseitig aufrecht.

# KAPITEL 3

## *Amerika*

Bald kam der große Tag, an dem ich eingeschult wurde. Ich folgte Diadia, Koto und Hadiatou mit dem Gebaren einer Auserwählten aus dem Haus. Stolz trug ich meinen schokoladenbraunen Uniformrock. Meine Schuhe waren zwar aus sehr steifem Leder, doch sie trugen erheblich dazu bei, dass ich mich groß und anmutig fühlte. Die Schuhe hatte Néné in einem Secondhandladen gefunden. Sie glänzten braun und hatten eine Seidenschleife in der Mitte, die Sohlen rutschten allerdings etwas über die glatten Steine. Aber das Beste war, dass sie aus Paris kamen, wo immer das auch liegen mochte. In einer Tasche hatte ich mein Brot und einen dicken Keil Käse.

Baba trug einen ganz besonderen Boubou an diesem Tag. Er war aus lavendelfarbenem Stoff genäht, und Goldfäden zierten die Ärmel. Baba war der Stolzeste von allen. Er erinnerte mich noch einmal daran, dass ich die Zahlen schon beherrschte und dass ich klarer sprechen konnte als jedes andere Kind von sechs Jahren, das er kannte. Er sagte mir, ich würde bestimmt die klügste Schülerin der Klasse sein.

»Alle meine Mädchen sind klug«, sagte er und lächelte. »Mama wird es allen zeigen.«

Die Lehrerin verlangte von Anfang an sehr viel. Sie beharrte auf Schönschrift, niemals durfte man schluderig über die Zeilen oder auf die Ränder schreiben, und sie bestand darauf, dass wir zu Hause übten. Immer ein Buchstabe zwanzigmal auf eine Seite. Sie hatte eine ganz eigene Art, ihre Hand hochzuhalten oder die Hände vor der Brust zu falten, beide Gesten ließen Ruhe ins Klassenzimmer einkehren. Niemals rief sie ein Kind einfach nur so auf. Sie zeigte mit einem ihrer langen, eleganten Finger auf einen.

»Yaye Kesso? Weißt du die Antwort? Dann sag sie uns.«

»Buntu Touré, lass uns an deinen klugen Gedanken teilhaben.«

»Kadiatou Diallo? Nun bist du dran.«

Sie lehrte in Ful, der Sprache der Fulbe, und in Französisch; trug weich gefaltete Röcke, die kurz über dem Knie endeten, und Jacketts, die ihre Schultern breit und rechtwinklig wirken ließen. Sie war jung und stammte aus Labé. Eines Tages rollte sie von der Decke eine Weltkarte über die Tafel und deutete mit einem Zeigestab auf die verschiedenen Kontinente.

»Das ist unser Land«, sagte sie und zeigte darauf. Afrika war groß und plump. »Hier ist Frankreich.« Sie deutete auf eine andere Stelle. »Die große Stadt hier ist Paris.« Ich rieb meine neuen Schuhe aneinander. »Dort ist Amerika, und die große Stadt heißt New York.« Sie streckte sich, um sie zu berühren. Amerika blickte von der anderen Seite der Karte zu uns herüber.

Ich mochte die Lehrerin, aber ich glaube, sie hatte die Jungen lieber. Die richtige Antwort von einem Jungen gegeben, und ihr Lob war zuckersüß.

»Suleiman, das hast du sehr gut gemacht.«

»Aliou Touré, das war hervorragend.«

Es war ungerecht, dass die Jungen die besten Noten erhielten, obwohl ich die meisten Punkte in der Klassenarbeit erzielt hatte. Wahrscheinlich war ich die einzige Schülerin, die nichts gegen Klassenarbeiten hatte, und ganz besonders mochte ich die mit Zahlen. Ich hatte da eine ganz bestimmte Methode. Ich rückte jedem Rechenproblem erst einmal mit der Spitze des Bleistifts zu Leibe und ließ dann den Blick über die Wände des Klassenzimmers schweifen. Es war ein Zimmer in einem uralten einstöckigen Gebäude. Ich versuchte, die Umrisse der Kontinente in der abblätternden Wandfarbe ausfindig zu machen, und schon bald fand ich die Lösung.

Doch meiner Lehrerin fiel meine Begabung nur manchmal auf, nicht oft, verglichen mit Aliou Touré oder Suleiman. Mein Zeugnis brachte mich an die dritte oder vierte Stelle in der Klasse, wo ich doch eigentlich die Erste hätte sein sollen.

Zu Hause erzählte ich Baba davon.

»Das ist nicht gerecht«, meinte er. Er sah sich jeden Abend meine Hausaufgaben durch und beendete die Prüfung mit einem langen zufriedenen Blick.

»Ich weiß, dass du die Klügste bist«, sagte er gern.

Ich erzählte Yaye Kesso, dass ich mit der Lehrerin sprechen wolle. Yaye Kesso war so klein wie ich und sehr dünn. Und sie war ein mutiges kleines Mädchen und gab mir den Zuspruch, den ich brauchte, aber ich behielt meine Gedanken noch viele Tage für mich. Irgendwann erreichte ich wieder einmal die volle Punktzahl. Bestimmt strahlte ich übers ganze Gesicht, als ich bemerkte, dass die Jungen über mich tuschelten.

»Sieh dir die Besserwisserin an«, sagte mein Klassenkamerad Omou.

Das reichte. Ich ging vor zur Lehrerin.

»Ich möchte gern mit Ihnen über meine Noten sprechen.«

»Du hast die besten Noten in der Klasse«, sagte sie. Das war in etwa das, was ich hören wollte.

»Danke, Frau Aicha.« Fast hätte ich mich schon wieder abgewendet.

»Kadiatou?«

»Es steht nicht in meinem Zeugnis.«

Sie blickte auf mich herab, als wäre gerade ein Vogel auf meinem Kopf gelandet, und ich fühlte mich augenblicklich schlecht, weil ich mich beschwert hatte. Viele andere Schüler verlangten ihre Aufmerksamkeit, und eigentlich war es mir auch egal, und ich wollte nicht, dass sie dachte, es wäre mir wichtig. Ich mochte die Schule, und das Letzte, was ich wollte, war, dass sich Frau Aicha schlecht fühlte.

»Kadiatou, du bist sehr klug, und das ist es, worüber du nachdenkst.«

Ich wusste nicht, ob das nun eine Feststellung oder eine Frage war.

»Ich gebe dir einen einfachen Rat«, meinte sie. »Schau nicht nach links oder rechts. Schau nur auf deine eigenen Schritte.«

Auf der Stelle fühlte ich mich besser. *Schau nur auf deine eigenen Schritte.* Ein wunderbarer Gedanke. Wenn ich hinunter zu meinen Füßen blickte, die in den Schuhen aus Paris steckten, sah ich Néné vor mir, wie sie den Laden auf dem Hauptmarkt betritt und mit ernstem Blick viele Paar Schuhe begutachtet, ich sehe sie, wie sie beharrlich weitersucht, bis sie die Schuhe findet, von denen sie sicher weiß, dass sie Mama glücklich machen werden. Ich mochte meine Schritte. Ich mochte meine Füße und meine Beine, und mir gefiel es, in einen Raum zu kommen, in dem ich Menschen erwartete, die sich auf mich freuten.

Doch dann bekam ich Probleme mit den größeren Mädchen. Sie fingen an, mich beim Mittagessen zu beobachten. Wir saßen alle im Schulhof, und sie schauten mir genau zu, wie ich in meiner Tasche wühlte und ein großes Stück Brot herauskramte.

»Gib mir das Brot«, sagte ein Mädchen.

Ich starrte sie an.

»Deine Familie hat doch alles. Du brauchst kein so großes Stück. Gib mir dein Brot.« Ich gab es ihr.

Das geschah von nun an jeden Tag, und dieselben Mädchen nahmen auch Yaye Kesso das Brot weg. Wir gaben ihnen unser Brot, unser Obst und unseren Käse, weil wir uns schuldig fühlten, dass wir mehr hatten als sie. Doch am Ende des Tages knurrten unsere Mägen vor Hunger. Wir ließen uns von unseren Müttern größere Brote schmieren, aber die Mädchen nahmen uns alles weg. Irgendwann beschlossen Yaye Kesso und ich, uns zu wehren, doch das nützte nicht viel. Yaye Kesso wog fast nichts. Sie schoben erst sie zur Seite und dann mich, und dann leerten sie unsere Papiertüten.

Ein Mädchen war größer als all die anderen und auch größer als alle Jungen. Sie hatte breite, runde Schultern und einen dicken Hals, der noch durch dralle Fettwülste verstärkt wurde, die wie zusammengelegtes Tuch aufeinander saßen. Jede Anmut des Gesichts wurde von der Masse des Körpers zunichte gemacht. Ihre Backen waren so aufgeblasen, dass sie die Lippen zu dünnen Strichen auseinander zogen und die Ohren vor jedem Blick verbargen. Sie hieß Aissata. Sie war fett und nutzte ihre Massigkeit so gemein aus, dass wir sie Plumpatonne oder Dickerchen nannten, aber natürlich niemals in ihrem Beisein.

Wenn Yaye Kesso und ich wieder einmal beschlossen hatten, hart zu bleiben, dann riefen die Mädchen nach Plumpatonne. Sie stampfte zu uns herüber und streckte die Hand aus. »Und«, brauchte sie nur zu sagen, und uns verließ der Mut. Wir schrumpften zusammen und ließen den Käse in ihre Wurstfinger gleiten.

Ich versuchte, an meine eigenen Schritte zu denken, aber das war nicht immer einfach. In der Schule war jeder Schüler für seinen eigenen kleinen Garten verantwortlich, wo wir Tomaten anbauten. Jeden Montag mussten wir dafür getrockneten Ziegen- oder Kuhdung mit in die Schule bringen. Plumpatonne trug mir auf, auch für sie welchen mitzubringen, denn ihre Familie hatte keinen Dung übrig, sie brauchten ihn für ihren eigenen Garten. Néné besaß zwei Ziegen, und viele Wochen lang nahm ich die doppelte Menge Dung mit zur Schule, ohne dass es ihr auffiel. Ich las ihn im Garten auf und füllte ihn in eine alte Tomatendose. Doch irgendwann wunderte sich Néné, wohin der Dung verschwand, und sie sagte, dass er zu wertvoll sei, als dass man ihn teilen könne. Eines Sonntags kam Plumpatonne zu uns nach Hause, um ihren Dung abzuholen.

»Warum musst du ihr Dung geben?«, fragte meine Mutter. Ich erstarrte vor Schreck bei dem Gedanken, Plumpatonne ohne Dung gegenübertreten zu müssen.

»Weil sie meine Freundin ist«, log ich.

Plumpatonne war nicht sonderlich klug. Sie versagte in allen Klassenarbeiten und musste deshalb zur Strafe ständig das Klassenzimmer fegen. Irgendwann wurde sie des vielen Fegens überdrüssig und verlangte von mir, ich solle für sie kehren. Aus Verzweiflung erzählte ich meiner Schwester Hadiatou von dem Mädchen, das mir das Leben so schwer machte.

»Mach dir keine Sorgen«, sagte meine Schwester. Sie lachte sogar. »Morgen werde ich mir das Mädchen vornehmen, das dir so zusetzt, und ich werde schon mit ihr fertig werden.«

»Das ist gut«, antwortete ich. In jener Nacht träumte ich, dass Plumpatonne schrumpfte. Angesichts der Macht meiner Schwester und meiner riesigen Familie schrumpelte sie zu einem Nichts zusammen. In dem Traum bot sie mir auch an, alles für mich zu tun. Glücklich wachte ich auf.

Am späten Nachmittag des nächsten Tages leerte sich das Klassenzimmer allmählich, und es wurde Zeit zu fegen. Meine Schwester kam wie vereinbart. Sie war hoch erfreut und hüpfte fast vor Glück über die Aussicht, ihrer Schwester einen solchen Dienst erweisen zu können. »Also gut, wo ist dieses Mädchen?«, fragte sie eifrig.

Plumpatonne stand in der Mitte des Klassenzimmers. »Da drüben.« Ich deutete auf sie.

»Das ist das Mädchen?«, fragte meine Schwester.

»Ja.« Ich war stolz auf Hadiatou und freute mich schon auf meine neue Freiheit. Meine Schwester starrte Plumpatonne an. Plumpatonne erwiderte den Blick. Dann wandte sich meine Schwester wieder an mich.

»Dann tust du besser, was sie sagt.«

Mehr hörte ich von Hadiatou nicht. Sie fuhr herum und lief nach Hause. Und ich musste wieder kehren.

An jenem Abend schimpfte ich mit Hadiatou. »Wie kannst du mich nur so demütigen?«, fragte ich sie.

»Hätte ich mit ihr gekämpft, wäre die Demütigung noch größer gewesen«, antwortete Hadiatou, »denn dieses Mädchen hätte mich vor allen anderen kaltblütig getötet.«

Ich legte den Kopf in die Hände.

»Mit anderen Worten«, meinte Hadiatou, »besser du verhandelst, anstatt mich zu begraben.«

Manchmal war es überaus schwierig herauszufinden, was richtig und was falsch war. Néné hatte ein Recht auf den Dung aus ihrem eigenen Garten, aber die Ziegen produzierten stets mehr, als wir brauchten, deshalb konnte es doch nicht unrecht sein, wenn ich jemandem half, der weniger hatte als wir. Meine Schwester hatte einerseits Recht und andererseits wieder nicht. Auf der Suche nach Ehre hatte sie den Weg der Sicherheit gewählt. Ich war schwach. Ich musste mich an andere wenden, an meine Mutter, meine Schwester und meine Lehrerin, damit diese mir den stolzen Weg zeigten

Ich war sieben Jahre alt und streunte oft durch Labés schmutzige, enge Gassen. Ein Weg führte mich stets zur roten Wand eines langen, niedrigen Gebäudes, dem Zentrum für Frauenförderung. Der Bau dehnte sich mit seinen quadratischen, braunen Läden an der Straße entlang aus. Ich stellte mir das Innere des Gebäudes wie einen hohlen Baumstamm oder einen Tunnel vor. Drinnen klapperte und klackte es laut, die Geräusche schwollen an und ab. Auf ein Tat-a-Tat-Tat-Tat folgte ein Tschu-Tschu-Tschu-Tschu-Tschu, und dann plötzlich ein schweres Gadunk-Gadunk.

Eines Tages stellte ich mich auf die Zehenspitzen, um durch die Läden spähen zu können. Ich legte die Handflächen an die Wand und fühlte, wie das Gebäude vibrierte und etwas beinahe Elektrisches durch meine Finger jagte. Es war nicht unangenehm, aber es war auch nicht mit dem Geräusch vergleichbar, das Néné machte, wenn sie im großen Zimmer auf einem mit Kleidern und Stoff behängten Stuhl saß und für Koto Hosen nähte oder für mich ein Kleid. Ihr Nähen klang schläfrig und weich. Dieses Nähen brummte laut und scheuchte die Eidechsen auf die Bäume.

Ich blickte in einen dunklen Raum mit zwei Reihen matt glänzender Maschinen. Über jede Maschine gebeugt saß ein Mädchen auf einem runden Hocker. Sie hätten meine älteren Schwestern sein können, etwa in Diadias Alter. Mit gekrümmtem Rücken hockten sie da und ließen mit gespreizten Fingern schmale Stoffstreifen über eine winzige gezahnte Bahn gleiten. Keines der Mädchen blickte auf oder sprach mit einer anderen. Ihre Füße wippten auf großen Pedalen auf und ab wie Vogelfüße, und ich sah, wie sich die Mädchen ab und zu ein Stück aufrichteten, um gleich darauf wieder mit hängenden Schultern zusammenzusacken. Schweigende Mädchen mit fügsamen Händen. Nur die Maschinen sprachen.

Zu dieser Zeit hatte ich eine Freundin namens Saran. Sie wohnte in der Nähe des Krankenhauses, nicht weit entfernt von uns. Ihre Mutter lag im Krankenhaus, denn sie hatte Gedanken, die ihr große Probleme bereiteten. Die Ärzte meinten, Sarans Mutter brauche sehr viel Ruhe und solle nicht bei ihren Kindern schlafen, damit diese ihre Schreie nicht mit anhören mussten, wenn sie aus einem ihrer Albträume erwachte. Saran war ganz in sich gekehrt und ruhig und machte nur selten Witze. Mir schien, sie hatte eine Methode gefunden, ihre Energien zurückzuhalten. Oft begleitete ich sie, wenn sie ihre Mutter besuchte, und auf dem Weg dorthin hielten wir uns an den Händen.

Ihre Mutter saß auf sauberen Laken in einem weichen Bett und sagte: »Schön, dich zu sehen, Kadiatou.« Ich konnte nicht erkennen, was mit ihr nicht in Ordnung sein sollte.

Vor der Krankenstation befand sich eine Wiese, auf der unzählige verschiedene Utensilien aus dem Krankenhaus achtlos verstreut lagen: Nadeln in allen Größen, Verbände, Tassen, Röhrchen mit Blut, Plastikbeutel, Kissen, einige Aktenordner und jede Menge alte Penicillinflaschen. Zu einer bestimmten Stunde traf die Sonne genau auf die Aluminiumringe an den Hälsen der alten Arzneiflaschen, und die Wiese schimmerte wie der Fluss Sassè, wenn die Schaumkronen auf seinem Wasser tanzen. Nach jedem Besuch in der Krankenstation wateten Saran und ich durch die Wiese und stöberten nach den Aluminiumringen. Manchmal lasen wir sie vom Boden auf, mussten jedoch vorher weiche Plastikbehälter mit ekligen Flüssigkeiten wegstoßen. Ein andermal warfen wir die Flaschen gegen Steine, um die Ringe zu lockern.

Wir legten die Ringe in eine Tasche und gingen damit zum Markt, wo wirklich alles verkauft wurde. An der holprigen, schmutzigen Straße standen viele winzige Wellblechhütten in einer endlos langen Reihe hintereinander. Der Zigaretten- und Toilettenpapierstand befand sich neben dem Stand, an dem Sonnenbrillen und Hüte verkauft wurden, der sich wiederum direkt an die Hütte anschloss, in der ein großer Mann französische Franc oder sogar amerikanische Dollar in guineische Franc eintauschte.

Der größte Stand gehörte dem Besitzer einer Freiluftmetzgerei, der Rinderhälften auf Holzlatten lagerte. Jeepfahrer hielten vor dem Stand, verhandelten kurz mit dem Händler, falteten ein paar Geldscheine in dessen Hand, hievten dann mithilfe des Metzgers das halbe Rind auf die Motorhaube des Jeeps und brausten davon.

Unter den Zuschauern befanden sich auch zwei oder drei alte Bullen, die über den Markt trabten. Sie gingen in der Mitte der Straße entlang und wedelten mit den Schwänzen, waren aber kaum bedrohlich. Vielleicht war es früher einmal ihre Straße gewesen, aber nun gab der Metzger den Tieren einen Klaps auf den Rücken und riet ihnen, sich davonzumachen, bevor er sie schlachtete und verkaufte.

Eine Geierfamilie hatte sich auf dem Dach der langen Hütte in einer Reihe niedergelassen, ihre schwarzen Köpfe hingen von hässlichen, hakenförmigen Hälsen. Gelegentlich stürzten sie sich herunter, um Knorpel aufzulesen, die der Metzger für sie auf die Straße geworfen hatte. Saran und ich spazierten zwischen den Geiern und Bullen umher und suchten Käufer für unsere Ware. Wir verkauften unsere Aluminiumringe an Menschen, die das Metall zur Herstellung von Dosen und anderen Behältern brauchen konnten.

Meist kamen wir erst kurz vor Einbruch der Dunkelheit wieder nach Hause und hatten vielleicht fünfzig guineische Franc in der Tasche, was etwa zweieinhalb Cent entsprach. Das meiste von meinem Anteil gab ich Saran, deren

Mutter im Krankenhaus von Albträumen geplagt wurde. Mit dem Geld konnte ihre Familie Reis und Kartoffeln kaufen. Ich legte also das Geld in Sarans Hand und ging nach Hause und zu Bett. Die Tage, an denen ich mit Saran Metallstückchen suchte, gehörten zu den schönsten, dachte ich noch, bevor ich einschlummerte.

Ich erzählte Diadia von dem dunklen Tunnel, in dem die Mädchen nähen lernten. Sie sagte, sie wisse von dieser Schule und sei mit einigen der Mädchen in die sechste Klasse gegangen, bevor die Väter sie von der regulären Schule genommen hatten. »Es gefällt ihnen«, sagte Diadia. »Sie lernen nähen, um ihre Familien unterstützen zu können. Das ist nicht schlecht. Später können sie dann ein eigenes Geschäft aufmachen und Geld verdienen. Sie haben etwas, was ihnen zu einer Heirat verhelfen kann.«

Diadia war etwas ganz Besonderes, die Älteste von uns, und sie sprach von der Nähschule mit der Gewissheit eines Mädchens, das bestimmt niemals dorthin gehen muss. Das Zentrum war für die *anderen Mädchen* da. Nicht für sie, sondern für Mädchen, die sich um Geld und Heirat Sorgen machen mussten. In Anbetracht dieser riesigen Last waren die acht Stunden Nähen pro Tag in dem dunklen, klackernden Tunnel für die Mädchen gar nicht so schlimm. Diadia war sich bei ihrem Urteil absolut sicher. Sie war sich bei allem immer absolut sicher.

Da sie an einem 1. Januar zur Welt gekommen und das erste Enkelkind von Karamoko Alfa war, genoss sie die Privilegien einer Heiligen. Sonntags wurde Néné immer ärgerlich, wenn wir anderen bis neun Uhr oder länger schliefen. Dann klapperte sie besonders laut mit den Töpfen oder schlug zwei Deckel über unseren Ohren zusammen, um uns aufzuwecken. Aber über Diadias Schlaf wachte sie streng. Sie trug uns auf hinauszugehen oder den Hof zu kehren oder schickte uns in die Moschee. Ein zu lautes Wort, selbst am Mittag, und sie blähte ihre Backen auf und flüsterte scharf: »Schschhhh, eure Schwester schläft noch.« Selbst Diadias Freunde wussten, dass sie vor Sonntagnachmittag nicht zu kommen brauchten.

Wenn die Nähte an Diadias Schuluniform ausrissen, fuhr Baba nach Pita, um eine neue zu kaufen. Baba begrüßte Diadia so, wie er wahrscheinlich auch eine Königin begrüßt hätte, nicht mit einer Umarmung, sondern mit einer ausschweifenden Bewegung des gestreckten Armes und hohler Hand. Wenn Kotos bloße Anwesenheit meinen Vater gerade wieder zur Weißglut brachte, konnte alleine Diadias Rückkehr, auch wenn sie nur kurz fort gewesen war, seine Stimmung wieder aufhellen. Er nahm ihre Finger, küsste ihren Handrücken und verneigte dabei ehrfürchtig den Kopf. Er drückte die flache Hand an seine Brust und sagte: »Hallo, mein Liebling.«

Manchmal sagte er auch: »Hadiatou und Kadi werden sicher Großes vollbringen, aber Diadia wird berühmt werden.«

Baba verbot Diadia zu kochen oder auch nur das Küchenhaus zu betreten. Rauch, so sagte er, würde ihren Augen schaden.

Die Jungen an der höheren Schule näherten sich ihr niemals direkt, sondern kreisten sie eher ein. Sie freuten sich, wenn Diadia an Prüfungstagen krank war, denn das bedeutete, dass sie mit ihr nicht um die guten Noten wetteifern mussten. Diadias Freundinnen gaben den Jungen zu verstehen, dass sie darauf vorbereitet sein sollten, sie wie eine Prinzessin zu behandeln, sollten sie jemals vorhaben, ihr den Hof zu machen.

In der einen Minute war sie eine Prinzessin und in der nächsten eine Spitzenathletin, die es beim Sport mit jedem aufnahm. Diadia war nicht groß, aber sie hatte kräftige Waden, und beim Fußballspielen wichen die Jungen zurück, wenn sie zum Stoß ansetzte. Beim Wettrennen schlug sie ebenfalls alle Konkurrenten. Aber am besten kamen ihre Fähigkeiten beim Basketballspiel zur Geltung. Sie übte stundenlang allein, und danach konnte sie von jeder Stelle des Schulhofes aus einen Korb werfen.

Ich beobachtete Diadia, wie sie an einem Jungen vorbeiging, wenn sie einen Korb über seinen Kopf geworfen hatte, wie sie mit hoch erhobenem Haupt an allen anderen vorbeistolzierte, die Augen auf etwas weit Entferntes in großer Höhe und niemals zum Boden gerichtet. »Das ist die Älteste von Amadou Diallo«, pflegten andere Väter mit einem Lächeln zu sagen und stellten sie sich als Braut ihrer Söhne vor. Sicher wusste sie, dass die Schlange von Verehrern immer länger wurde, aber gesprochen hat sie darüber nie. Sie ging durch die Welt, als steuerte sie stets schnurstracks auf ein Ziel zu.

Koto, Hadiatou und ich schauten Diadia gern bei ihren Spielen mit der Schulmannschaft zu. Wir jubelten ihr zu und riefen: »*Bien Champion.*« Sie war in Grün und Weiß gekleidet und trug die Nummer 10. Weil sie eine sichere Werferin war, wurde ihr die Aufgabe zuteil, den Ball von einem Ende des Spielfeldes zum anderen zu werfen. Außerdem war sie die beste Korbwerferin der Mannschaft und zog stets die Aufmerksamkeit des Gegners auf sich, der meistens schon vorgewarnt war: »Passt auf das kleine, hellhäutige Mädchen auf.«

Natürlich stand sie bei dem Trainer in hohem Ansehen. Er nannte sie ›Streichholz‹, weil sie, so behauptete er, die Welt erleuchten würde. Diadia fand jedoch, dass ihr Trainer sie etwas zu sehr mochte. Eines Tages rief er sie zu sich ins Büro, um sie zu loben, und als sie sagte, dass es Zeit für sie wäre zu gehen, wurde er wütend und drohte ihr, dass sie vielleicht nicht immer würde spielen können. Sie verließ sein Büro trotzdem und blieb der Star der Mannschaft.

Baba gefiel es nicht, als sie ihm erzählte, was der Trainer getan hatte. Er sagte zu ihr – so laut, dass wir es alle hören konnten –: »Das sind schwere Zeiten für ein Mädchen. Du hast noch einige Jahre Schule vor dir und kannst einen modernen Weg gehen. Das ist es, was ich für dich möchte, so wie es auch mein Vater für mich wollte.«

## KAPITEL 4

# *Im Dorf*

An einem Frühlingstag weckte Baba uns aufgeregt auf. »Heute fahren wir nach Diontou«, verkündete er. Ich hatte früher einmal dort gelebt, als ich noch klein war, zu klein, um mich daran erinnern zu können.

Alle Kinder fuhren mit, und Néné und Néné Idrissa auch. Wir hatten die ganze Zeit das Gefühl, bergauf zu fahren, obwohl die Straße nur wenige Kurven machte. Mitten durch den Fouta Djalon, wo die Straße über die Steine und durch den Schlamm und zwischen den Bäumen hindurch kaum einen vernünftigen Weg fand. Die Bäume waren in den Bergen ungleich höher als in der Ebene. Aus riesigen Stämmen ragten lange, gewaltige Äste, die ihre wild gezackten Zweige in alle Richtungen ausbreiteten. Diese Bäume standen in ordentlichen Reihen an der Straße und überragten viele kleinere Bäume mit violett und rosa schimmernden Blättern, die sich wie Kinder um sie drängten. Néné kannte die Namen all dieser Bäume.

»Die großen Bäume werden Coura genannt«, erzählte sie. »Die kleineren sind Sungala-Bäume. Aus den roten Samen der Sungala kann man ein sehr leckeres Getränk zubereiten.«

Als wir das Dorf Popodara erreichten, wurde die Luft sehr

kühl, und wir hielten an, damit Baba und Néné beten konnten. Wir kauften Nüsse, Bananen und Orangen von Frauen, die umringt von allen möglichen Früchten auf dem Boden saßen. Alles schien vertraut und war doch zugleich fremd. Wir erreichten eine Gabelung, wo der Weg zu einem anderen Dorf abzweigte, und Baba hielt an, um uns etwas zu zeigen.

»Das ist der Weg nach Diari, wo ich als Junge zur Schule gegangen bin«, erzählte er.

Je mehr wir uns Diontou näherten, desto steiniger und härter wurde die Straße. Die ganze Familie sprang und hüpfte unfreiwillig auf den Sitzen herum. Ich schauderte bei dem Gedanken, das Auto könnte umkippen und den Berg hinunterrollen.

Baba hielt an.

»Alles aussteigen«, rief er. Wir starrten ihn an.

»Ich möchte, dass ihr den Weg kennen lernt.« Also ging es zu Fuß weiter.

Wir wanderten über pfirsichfarbene Erde und an Mangobäumen vorbei, die unübersehbar mit neuen Früchten beladen waren, und kamen an seltsamen Bäumen mit wilden, verrenkten Wurzeln vorüber. Hin und wieder trafen wir auch einzelne Menschen, die auf Felsen saßen, und wir sahen Schaf- und Ziegenherden und ab und an auch einen einsamen Bullen. Wir wanderten durch grelles Sonnenlicht und durch dunkle Schatten. Wir passierten tote, gelbe Grasweiden. Baba erzählte, die Dorfbewohner würden die Weiden bald anzünden, damit neues Gras wachsen konnte. Das sei wichtig, erklärte er, damit die Tiere etwas anderes als Getreide zum Kauen bekämen.

Wir durchquerten Wälder, die ausschließlich aus leuchtenden Sungala-Bäumen bestanden, die nicht viel größer als Diadia und Koto waren.

»Passt auf«, rief Baba plötzlich.

Das war, als wir auf die Affen trafen. Sie schlurften die Straße entlang und begleiteten uns in einigem Abstand, bis Hadiatou rief: »Seht her, was ich kann.« Sie versteckte die Daumen in der Handfläche und hielt vier Finger hoch, wobei sie affenartige Laute von sich gab. »Tschuu, tschuu«, rief sie, aber die Affen schauten sie nur gelangweilt an. Sie wandten ihre trägen Blicke von uns ab, ließen die Köpfe hängen, und wir zogen unbehelligt weiter.

Insgesamt marschierten wir wahrscheinlich ungefähr zwanzig Kilometer, und als wir Diontou erreichten, waren wir völlig erschöpft und unsere Beine schmerzten. Baba machte das alles jedoch nichts aus. Er stieg weiter bis zum Kamm eines kleinen Hügels hinauf und wir folgten ihm. Von dort oben hatten wir Ausblick auf eine Anzahl von Hütten, die ein Stück Tiefland bedeckten und sich auch noch über einen angrenzenden Hügel erstreckten.

Mein Vater bedeutete uns Kindern, an seiner Seite zu bleiben und still zu sein.

»Das ist Diontou«, erklärte er. »Die Heimat eures Vaters, die Heimat eures Großvaters, die Heimat eures Urgroßvaters.«

Er deutete auf eine kleine Gruppe von Hütten neben einer Moschee. »Und dort unten bin ich aufgewachsen«, sagte er.

Das ganze Dorf schien ihn gehört zu haben, denn die Leute strömten schon aus ihren Heimen, um ihn zu begrüßen, bevor wir den Fuß des Hügels überhaupt erreicht hatten. Einige brachten Obst mit, andere trugen ihre besten Boubous, als hätten sie Baba bereits erwartet. Jeder kannte ihn. Viele waren mit ihm verwandt. Seine Brüder und Schwestern waren da, meine Tanten und Onkel, und deren Kinder, meine Basen und Vettern, und viele andere Männer und Frauen, die Baba gut zu kennen schienen, denn ihre Gesichter lächelten liebevoll. Es war ein einziges Händeschütteln und Segnen, und Goro-Nüsse und Bananen wechselten die Besitzer.

Die Begrüßungszeremonie führte uns einen mit pinkfarbenen Knospen gesäumten Weg entlang, erst geradeaus, dann nach rechts und zu drei Hütten, von denen eine größer als die anderen zu sein schien. Die Hütten standen auf einem quadratischen Stück Land, das wahrscheinlich dreimal so groß wie unser Garten in Labé war. Das Heim der Eltern meines Vaters war groß und umgeben von Orangenbäumen und einem Kreis von nicht sehr großen, sauberen weißen Steinen, der ohne Zweifel die Sonne zum Bleiben einlud. Niemals zuvor in meinem Leben hatte ich einen so lichtdurchfluteten Ort gesehen.

Mein Großvater und meine Großmutter standen genau in der Mitte ihres Landes. Meine Großmutter hatte dünne Arme und ein sehr fein geschnittenes Kinn, mein Großvater war groß, viel größer als mein Vater. Er hatte riesige Füße.

Meine Großmutter küsste mich, und mein Großvater legte seine Hand auf meinen Kopf und ließ sie ein paar Sekunden dort ruhen. Seine Hand bedeckte meinen gesamten Kopf, und die Finger berührten meine Augenbrauen.

Zusammen mit den Dorfbewohnern, die uns begrüßt hatten und es irgendwie schafften, sich in die größte Hütte zu zwängen, saßen wir barfuß auf dem Fußboden und beteten. Noch weitere Nachbarn steckten die Köpfe zur Tür herein. Baba erzählte uns, dass wir uns in dem Raum befanden, wo sein Vater die Dorfbewohner beriet, wenn sie Probleme hatten, und sein Großvater als König regiert hatte.

»*Onjaramaa*«, murmelte mein Großvater leise, und alle senkten die Köpfe. »*Onjaramaa.*« Es ist das Wort der Begrüßung und des Dankes. Mein Großvater sprach reines Ful, es klang ganz anders als das, was in Labé gesprochen wurde, wo die Sprache der Fulbe sich sehr stark mit dem Französischen vermischt hatte. Er dankte Allah für unsere sichere Reise und dafür, dass die Familie gesund war, und pries ihn, weil er ihm erlaubte, von so vielen Kindern umgeben zu sein.

Mein Großvater blickte um sich und sagte: »*Bisimila.*« Es war Zeit zum Essen.

Von überallher wurden die Gerichte herangetragen. Fleisch mit Soße, Joghurt, gedämpfter Mais und Berge von Reis. Alle Dorfbewohner aßen tüchtig, sie beugten sich über die gemeinsamen Schüsseln, die Finger feucht und klebrig. Die meisten blieben bis lange nach Einbruch der Dunkelheit. Einige gingen zum Abendgebet in die Moschee und kamen anschließend wieder zurück. Andere Familien brachten neue Gerichte, und das Essen ging weiter, selbst nachdem meine Großmutter Diadia, Koto, Hadiatou und mich in der mittleren Hütte zu Bett gebracht hatte.

Diese Hütte wurde beleuchtet von der Glut, die in einer Mulde zwischen drei großen Steinen und einem Ring aus Feuerholzklötzen eingebettet war. Wir setzten uns mit Néné aufs Bett und starrten in das Licht. Néné erzählte uns, dass ihre Mutter mit so einem Licht das Essen gekocht habe, indem sie das Holz nahm, um ein größeres Feuer zu machen. Ich vermutete, dass das Licht bald ausgehen würde, aber als ich mitten in der Nacht einmal aufwachte, sah ich, dass es noch immer flackerte. Am Morgen glühten die Steine noch. Am Nachmittag kochten sie Essen für uns, und das Licht leuchtete auch in der Nacht und am nächsten Morgen noch.

Wir blieben einige Tage in Diontou. Ich stellte fest, dass meine Großmutter eine sehr ordentliche Frau war. Sie lagerte Reis, Getreide und andere Nahrungsmittel hoch oben in einem Vorratsraum unterm Dach der Hütte, in der ich schlief. Viele Male am Tag kletterte sie die Leiter hinauf, um zu holen, was sie brauchte. Die weißen Steine rund um die Hütten hatte sie sorgfältig ausgesucht und angeordnet. Die kleinsten Kieselsteine bildeten den äußersten Ring, der fließend überging in einen Kreis aus etwas größeren Steinen und dann in einen weiteren Ring, bis die Steine die Größe von Mangokernen erreichten. Meine Großmutter hatte ständig Angst, dass die Kinder beim Spielen und Rennen ihr Kunstwerk zerstören könnten.

»Geht langsam«, ermahnte sie uns immer wieder.

Strengstens verboten war es uns, den breiten, flachen Fels in der Mitte des Gartens zu berühren. Es war der Fels meines Großvaters. Niemand außer ihm durfte dort sitzen, ihn bewegen oder darauf treten. Auf diesem Stein saß er, wenn er den Koran studierte und seinen Segen erteilte.

Er segnete auch mich. Dabei trug er ein langes Gewand und ein rundes Gebetskäppi, in der Hand hielt er eine Kette aus blassen Perlen. Er legte seine Hand auf mein Haar, schloss die Augen, und dann ertönte seine starke, aber sanfte Stimme. Sie klang melodiös, genau wie Babas Stimme.

»Du wirst beten, um Allah zu preisen«, sagte er zu mir. Ich nickte und blickte zu ihm auf. Ich fragte mich, wie es wohl wäre, ihn zu umarmen.

Am letzten Abend wandte ich den Blick nicht von dem Licht. Es war ein ewiges Licht. Ich würde nach Hause fahren, zu irgendeiner anderen Jahreszeit wiederkommen, und das Licht würde sicher noch immer brennen. Ich wünschte es mir ganz fest. Es würde für meinen Großvater und meine Großmutter und für meinen Vater und meine Mutter weiterbrennen.

Der Morgen kam, und Néné weckte uns auf, damit wir uns auf den Heimweg machten. Ich hatte die Nachtwache nicht durchgehalten. Ich blickte zu den Steinen und sah, dass das Licht nicht schwächer geworden war, sich überhaupt nicht verändert hatte, und ich verließ Diontou mit dem Wissen, dass mein Wunsch in Erfüllung gehen würde.

Wieder kam ein Kind zur Welt. Nun waren wir zu sechst: Diadia, Koto, Hadiatou, ich selbst, Bobo und das neue Kind, Pathé, ein Junge. Er zählte erst wenige Monate, als sich alle schon einig waren, dass er aussah wie unser Großvater, Karamoko Alfa, und dass er auch so groß werden würde wie dieser.

Néné wirkte müde und schlief viel. Sie sprach nur noch wenig, und fing irgendwann an, alleine herumzureisen. In die Dörfer und nach Conakry, um Freunde und Verwandte zu besuchen. Dann passte Néné Idrissa auf uns auf, was bedeutete, dass wir lange schlafen durften und Fußball spielen, statt unsere Hausaufgaben zu machen. Sie unterbrach unsere Spiele niemals. Wenn wir auf dem Tisch oder im Hof Unordnung hinterließen, räumte Idrissa alles auf, ohne groß Aufhebens darum zu machen. Ich gewöhnte mich schnell an dieses neue Leben, in dem es weniger Regeln gab, aber dafür mehr Unruhe.

»Kadi, ich brauche deine Hilfe mit dem Fleisch«, sagte Idrissa. Sie schleppte ein Stück Rindfleisch auf der Schulter in die Küche. Meine Knie wurden gebraucht, um das Fleisch dazwischen einzuklemmen, damit Idrissa vom anderen Ende Scheiben abschneiden konnte.

»Nein«, antwortete ich. »Ich habe keine Zeit.« Baba stand hinter mir, aber das bemerkte ich erst, als es schon zu spät war.

»Mama, setz dich hin, ich möchte mit dir sprechen.«

Er legte eine Hand auf meine Schulter.

»So kannst du mit Idrissa nicht sprechen. Sie gehört zur Familie. Du musst sie respektieren.«

Baba sprach in einem so sanften Tonfall, wie ich ihn bei ihm noch niemals gehört hatte, er schimpfte nicht, aber ich fühlte, wie sich der Boden unter mir bewegte. Ich bekam ein flaues Gefühl im Magen.

Früher als ich es für möglich gehalten hätte, bekamen wir ein neues Baby, diesmal war es ein Mädchen mit

Namen Fatima. Es war jedoch nicht Néné, die in den Wehen gelegen hatte, sondern Idrissa. Sie brachten sie eines Nachmittags in die Klinik, und einige Tage später kam sie mit dem Baby auf dem Arm nach Hause und bereitete ein Bettchen für sie in dem Zimmer, das sie sich mit Néné und Pathé teilte.

Ich schlief weiterhin mit Diadia, Hadiatou und Bobo in einem Zimmer. Koto bewohnte im Garten einen kleinen Schuppen, denn als ältester Sohn brauchte er sein eigenes Zimmer. Néné und Idrissa kümmerten sich um beide Babys, und sie hielten sich wieder an den Händen.

Ich wusch Fatima und trug sie herum. Ich küsste sie oft. So ein hübsches Baby, endlich ein Mädchen im Haus, das jünger war als ich. Eine sanfte Brise sagte mir, dass das Haus sein Gleichgewicht langsam wiedererlangte.

Niemand klärte mich auf oder sprach mich an, ob ich Fragen hätte. Falls meine Brüder und Schwestern verunsichert waren, so redeten sie nicht darüber. Ich dachte über Herrn Kamara von gegenüber nach, der oft Streit mit seiner Frau hatte, welcher immer damit endete, dass er mit einem gellenden Schrei das Haus verließ und seine Frau ihn beschuldigte, dass er seine zweite Frau mehr liebe als sie. Auch andere Väter, das wusste ich, waren tagelang weg, manchmal sogar Wochen. Yaye Kessos Vater hatte zwei Frauen, und Buntu Tourés Vater auch. Und nun hatte auch mein Vater zwei Frauen.

Ich empfand es nicht als schlimm, dass niemand mir erklären wollte, was geschah. Ich kam zu der Überzeugung, dass ich schließlich alt genug war, um manche Dinge zu wissen. Einiges hatte man mir beigebracht, anderes reimte ich mir zusammen aus kaum merklichen Schwingungen, Bewegungen und Gesprächen, die abgebrochen wurden, sobald ich den Raum betrat. Erwachsene, so schlussfolgerte ich, die das Alter des Schweigens erreicht hatten, rechneten damit, dass ihre Kinder irgendwann das

Alter erreichten, in dem man ihnen nicht mehr alles sagen musste. Für mich war die Zeit des selbst erworbenen Wissens gekommen.

Meine Gedanken fanden keine Ruhe. Ich wollte, dass Baba mir nur eines sagte. Ich wollte, dass er mir versicherte, dass er dieses Haus niemals verlassen würde.

Babas Gesicht tauchte plötzlich in einem der Fenster meines Klassenzimmers auf. Ich blickte auf und sah ihn, und ich wusste, er war stolz auf mich. Er neigte kaum merklich den Kopf. Ein Ohr dem Klassenzimmer zugewandt, beobachtete er mich, und er war verschwunden, bevor die Lehrerin oder ein Schüler sich gestört fühlen konnten. Noch viele Sekunden nachdem er gegangen war, füllte seine Gegenwart die Stelle, wo kurz zuvor noch sein Gesicht zu sehen gewesen war.

Und genauso plötzlich tauchte er auch auf, wenn wir ein Theaterstück spielten, einen Tanz aufführten oder Gedichte aufsagten. Néné kam nicht oft zu diesen Anlässen, aber nicht, weil Baba es ihr verboten hätte. Sie sagte, es sei Babas Aufgabe und es reiche ihr, wenn er mir zuschaue. Sie erwartete allerdings, dass ich meinen Part für sie noch einmal spielte, wenn ich mit Baba nach Hause kam. Dann saßen sie zusammen auf dem Sofa, und ich wiederholte Wort für Wort und Schritt für Schritt meine Rolle, ich sang und tanzte, und am Ende knickste ich zu ihren Bravorufen.

In der dritten Klasse, kurz vor Beginn des Ramadan, sagte die Lehrerin zu mir, dass ich eine schöne Stimme habe, und wählte mich für die erste Stimme eines Liedes aus. Ich sollte das Lied anstimmen, und die anderen würden einfallen. Wir sollten in der Aula der Oberschule auftreten, in der Nähe von Diadias Basketballfeld, neben dem Fußballstadion in der Tiendel Road in Labé. Die Aula wirkte sehr nüchtern. Viele Reihen langer, hölzerner Bänke standen auf dem Betonboden. Die Lampen hingen an langen Schnüren von einer hohen Metalldecke herab. Aber auf der großen runden Bühne der Aula zu singen machte mich zum Mittelpunkt der Stadt.

Ganze Nachmittage lang übte ich vor Néné, ich sollte ein patriotisches Lied vortragen. An dem Tag, an dem ich nun mein Solo zum Besten geben sollte, blickte ich auf und sah plötzlich Baba seitlich an der Wand der Aula stehen.

»Nun wird Kadiatou Diallo für uns singen«, kündigte die Lehrerin an.

Ich trat vor, sah meine Lehrerin die Hände heben, und in diesem Moment beschloss mein Hals, sich zusammenzuschnüren. Sie hob die Hände erneut zum Einsatz, und ich fühlte, wie sich meine Wangen auf fünfhundert Grad aufheizten. Meine Klassenkameraden traten nervös auf der Stelle. Sie brauchten mich, um das Lied beginnen zu können.

Die Lehrerin versuchte es noch einmal, aber alle Verse und Melodien waren aus meinem Kopf verschwunden, und damit auch aller Starruhm, von dem ich während der Proben schon geträumt hatte. Dann füllten die Stimmen der anderen Kinder den riesigen Raum, und ich trat zurück in die Reihe. In meinem Kopf pochte es. Ich hatte heillos versagt.

»Ich war nicht überrascht, weil ich das selbst auch kenne«, sagte Baba, als ich nach Hause kam. »Du dachtest dir, da ist mein Vater, ich kann unmöglich vor ihm singen.«

Baba sah mich lange an.

»Mach dir nichts draus. Ich bin nicht böse, im Gegenteil, ich bin stolz auf dich.«

Baba besaß ein Gewehr. Néné sagte, er hätte es schon seit vielen Jahren.

Er nahm es eines Sonntags mit, als wir alle gemeinsam zum Markt nach Popodara fuhren, das eine Stunde von

Labé entfernt lag. Bei anderen Ausflügen hatten wir schon oft mitten im Buschland angehalten. Dann hatte Baba sein Gewehr hinten aus dem Landrover geholt, war ins Dickicht hineinmarschiert und immer mit einem oder zwei mageren Hühnern wieder herausgekommen.

Diesmal erspähte er von der Straße aus ein größeres Opfer: ein Stück Wild. Baba legte das Gewehr ganz ruhig an. Niemals zuvor hatte ich ihn so aufrecht stehen sehen. Er sah aus wie ein Soldat. Das Gewehr war lang und schwarz. Der Saum von Babas Boubou flatterte im Wind. Dann schoss er, und anschließend fuhr er das Wild auf der Motorhaube nach Hause.

Das Tier wanderte mitsamt Beinen und Hufen in die Küche. Das Gewehr nahm Baba wieder mit in sein Zimmer, wo er es, so malte ich es mir zumindest aus, zurück in sein Versteck legte. Dort würde es normalerweise bis zum nächsten Ausflug ins Buschland bleiben, aber ich hörte zufällig, wie Baba mit Néné einmal über das Gewehr sprach. Er sagte, er würde es benutzen, wenn es sein müsse. »Ich werde meine Familie beschützen«, verkündete er.

Baba hatte etwas im Radio gehört, das ihm Unbehagen bereitete. Ich hörte, wie er Néné erzählte, dass Sékou Touré sein Versprechen gebrochen habe, dass sein Programm, welches ›ethnische Integration‹ versprach, die Eigenschaften, die die verschiedenen Volksgruppen ausmachten, nicht genügend würdigte. Stattdessen, so behauptete Baba, solle mit diesem Programm absoluter Gehorsam gegenüber der regierenden Staatspartei erreicht werden.

»Was der Präsident will, das bekommt der Präsident. Jeder, der damit nicht einverstanden ist, wird ins Gefängnis geworfen«, meinte Baba.

Ein großes Porträt von Sékou Touré hing bei uns in der Schule. Er hatte sehr weiße Zähne und sehr glänzende Haut. Ich hatte niemals ein Bild von ihm gesehen, auf dem er nicht lächelte, und ich hatte Baba noch niemals zuvor so verärgert über ihn sprechen hören. Sékou Touré besaß auch eine sehr kräftige Stimme. Viele Male hatte ich ihn aus Babas Radio rufen hören: »*Victoire! Gloire!*« Manchmal fing er nachmittags zu sprechen an und redete abends noch immer.

Von Männern aus der Stadt habe er gehört, so erzählte Baba meiner Mutter, dass Dorfälteste, Lehrer, Geschäftsleute und Studenten verhaftet worden seien, Angehörige des Friedenscorps seien bereits aus dem Land geworfen worden, und dem amerikanischen Botschafter habe man nahe gelegt, das Haus nicht mehr zu verlassen. Im Radio wurde berichtet, dass die Franzosen versuchten, zurück nach Guinea zu kommen, und dass das Land nun zusammenhalten müsse.

»Der Präsident sollte die Leute so leben lassen, wie sie wollen«, sagte Baba. Und mit gedämpfter Stimme fuhr er fort, das Leben in Guinea könne sich über Nacht verändern und er werde das Gewehr bereithalten.

Einige Männer aus der Nachbarschaft versammelten sich in unserem Garten, um über Sékou Touré zu sprechen. Sie sprachen in demselben scharfen Tonfall, den ich schon bei Baba gehört hatte. Baba saß dabei und hörte zu, und als er aufstand, hatte er Folgendes zu sagen:

»Sékou Touré ist ein großer Mann. Ohne ihn hätten wir unsere Unabhängigkeit nicht erreicht. Ohne Sékou Touré gäbe es kein Guinea. Das müssen wir ihm zugute halten. Sékou Touré wird als der erste Befreier der Schwarzen in die Geschichte eingehen.«

Eines Tages ließ Néné Idrissa ihr Kind in einen Topf mit kochender Erdnusssoße fallen.

Idrissa stürzte mit Fatima in den hoch erhobenen Händen aus der Dunkelheit des Küchenhauses, Mutter und Tochter schrien nach Hilfe. Die Frauen kamen aus allen Häusern herbeigerannt, sie schrien und weinten ebenfalls.

»Leg sie in Butter.«

»Nein, in Joghurt.«

»Holt Decken. Wir brauchen Decken.«

»Was ist passiert? Die Augen! Passt auf ihre Augen auf.«

»Ich habe gerade das Abendessen gekocht«, weinte Idrissa. »Oh Gott. Ihr Kopf, oje, der Kopf meines Kindes.« Fatima war Idrissa vom Arm gerutscht und kopfüber in die Erdnusssoße gefallen. Das Gesicht des Kindes war ganz rot, schien jedoch nicht verletzt zu sein. Idrissa hielt Fatimas Kopf fest und fing an, den Soßenfilm wie ein Bettlaken abzuziehen.

»Allah, oh Allah«, schrie Idrissa. Die erschrockenen Augen blickten auf ihre Hände, auf denen nun ein heiße Hautschicht ihres Babys haftete.

Néné nahm Idrissa das Baby weg, woraufhin Idrissa zitternd auf die Kieselsteine fiel. Jemand brachte Néné eine Schüssel mit Eiern. Néné schlug sie über Fatima auf. Nun färbte sich Fatima gelb und glänzte, und Néné schlug alle Eier auf. Fatimas Schreien verwandelte sich in ein leises Wimmern.

Néné gab dem kleinen Mädchen Milch und wiegte sie in ihren Armen, während die anderen Frauen weiter Eier aufschlugen. Bald hatten sich alle etwas beruhigt, einschließlich Fatima und auch Idrissa, die nun leise vor sich hin schluchzte.

»Ist schon gut, es wird nichts zurückbleiben. Idrissa«, sagte Néné sanft. Ihre Cousine, die zweite Frau ihres Mannes, hob das Kinn. »Sie wird wieder gesund werden. So etwas kann passieren. Nun müssen wir sie gesund pflegen. Mach dir keine Sorgen. Ich habe mir ihre Augen angesehen, sie sind in Ordnung. Allah passt auf uns auf. Dein Baby hatte die Augen geschlossen, sie sind nicht verbrannt.«

Néné wachte die ganze Nacht hindurch bei dem Kind. Sie nahm Eier und Butter, Joghurt und alles, was sich sonst noch leicht auftragen ließ. Am Morgen brachten Néné und Idrissa das Kind ins Krankenhaus, und Fatima kam mit einem weißen Verband um Gesicht und eine Hand zurück. Meine kleine Schwester sah aus wie eine Außerirdische. Ihre Stimme kam aus einem dunklen Loch, wo eigentlich der Mund sein sollte. Ihre Augen spähten aus zwei schmalen Schlitzen heraus und kreisten in ihren weißen Kokons, während die Erwachsenen aufgeregt um sie herumstanden.

Die Ärzte hatten Néné und Idrissa versichert, dass in dem verbrannten Gesicht des Kindes neue Haut nachwachsen würde. Ich dachte an die gelben Weiden in der Nähe von Diontou, auf denen jedes Jahr Feuer gelegt wurde, damit wieder neues, gesundes Gras wachsen konnte. Die Ärzte hatten geraten, Fatima warm zu halten, bis die neue Haut nachgewachsen sei, denn ihr Körper sei nun anfällig für Kälte. Seltsamer Gedanke, dass das heiße Feuer sie frieren ließ.

Idrissa konnte nur noch weinen. Sie weinte im Haus und draußen im Garten, wo sie zusammengesunken auf einem *Joulerra*, einem winzigen, dreibeinigen Holzstuhl, im Schatten eines Avocadobaumes saß. Irgendwann platzte Baba jedoch der Kragen.

»Wenn ich dich noch einmal weinen sehe, werde ich dich schlagen«, schrie er. »Du hast es doch selbst getan. Warum weinst du, als würdest du nicht wissen, wie es passiert ist?«

Ich wünschte, Baba wäre nicht so wütend. Ich wünschte, er würde Idrissa Néné überlassen, die sich im Haus um das Baby kümmerte, aber Babas Jähzorn bauschte sich für gewöhnlich noch gehörig auf, bevor er langsam nachließ, und genauso war es auch diesmal.

## KAPITEL 5

# *Kadis Rettung*

Je älter ich wurde, desto tiefer wurde meine Zuneigung zum Mond. Nachts trafen wir uns, Yaye Kesso, Buntu Touré, ein Mädchen namens Yallean und ich, und wir tanzten im Garten oder auf der Straße. Wir hielten uns an den Händen und sangen Lieder über Kühe und irgendwelche Mädchenträume. Wir kicherten und heulten, und keine Menschenseele schien sich daran zu stören. Das Licht des Mondes war reiner als das der Sonne. Die Mondstrahlen schienen ausschließlich für uns hell herabzuleuchten, und sie brachten ein neues, seltsames Gefühl der Unabhängigkeit mit sich. Ein neuer Wagemut überkam uns. Wir beschlossen daher eines Tages, Hühner zu stehlen.

Unser Plan war einfach, verlangte jedoch ein exaktes Timing. Wir entschieden uns für einen Nachbarn, von dem wir wussten, dass er im Garten viele Hühner hielt. Ich galt als die Redegewandteste von uns vieren, also wurde mir die Aufgabe zuteil, an die Tür zu klopfen und zu fragen, ob es den Leuten gut gehe, und wenn notwendig, ihnen etwas über Néné, Baba, Diadia, Koto, Hadiatou, Bobo, Pathé oder Fifi, das siebte Kind, zu erzählen. Wann das noch nicht genügend Zeit in Anspruch nahm, dann würden sich Yaye Kesso oder Buntu Touré noch etwas einfallen lassen.

Das ganze Gerede verschaffte Yallean für gewöhnlich genügend Zeit, sich hinters Haus zu schleichen und eines der Hühnchen zu packen. Die Hühner von Labé waren gut genährt und kräftiger, als man glaubte. Vor allen Dingen war es wichtig, dass Yallean das eigentliche Stehlen übernahm. Sie war die Größte von uns und wusste, wie man ein Huhn mit der einen Hand an den Beinen packte und es mit der anderen ruhig stellte. Später brieten wir das Huhn mit Zwiebeln und Tomaten und feierten ein kleines Fest.

Unser Plan gelang immer, bis zu jenem Abend, an dem ich an die Tür von Frau Kamara klopfte. Sie war an diesem Tag nicht zum Plaudern aufgelegt, blickte nur auf uns herunter, und noch bevor ich mit meinen Erzählungen bei Diadia angekommen war, unterbrach sie mich.

»Solltet ihr Mädchen nicht eigentlich längst zu Hause sein?«, fragte sie.

»Ja, aber wir wollten Sie besuchen und Sie nach Ihrer Familie fragen.«

»Es geht uns allen gut, danke.«

»Das ist gut«, antwortete ich. »Man lebt doch viel besser, wenn es allen gut geht.« Frau Kamara sagte nichts darauf, und ich spürte, dass sie im Begriff war, die Tür zu schließen.

»Wenn einer bei uns zu Hause eine Erkältung hat, dann bekommen wir sie alle. Meine Mutter gibt uns die Medizin manchmal schon, bevor wir überhaupt krank sind. Sie sagt, das sei der beste Weg, um die Krankheiten vom Haus fern zu halten. Sie würde mit der Arbeit ja nie hinterherkommen, wenn wir alle auf einmal krank wären. Ich weiß gar nicht, warum das so ist. Ich glaube, die Erkältung springt einfach von einem Kind zum andern. Schön zu hören, dass es bei Ihnen im Haus allen so gut geht.«

Ich blickte auf in zwei leere, graue Augen, zwei eiskalte Flecken.

Du meine Güte! Dann hörten wir das Huhn. Es war kein gewöhnliches Gackern, nein, es stieß einen durchdringenden Schrei aus.

*BAAAAAAAK! BAAAAAAAK! BAAAAAAAK!*

»Was wird das wohl sein?«, sagte ich.

Frau Kamara machte einen Schritt vor die Tür, den Hals lang gestreckt, den Kopf zur Seite geneigt.

»Vielleicht sind ein paar Hühner in Streit geraten. Das passiert manchmal«, versuchte ich sie zu beruhigen.

Dann wieder. *BAAAAAAAK! BAAAAAAAK!* Nur, dass es diesmal noch lauter war. Dann folgten schlagende, heulende und fauchende Laute, halb Huhn, halb Mensch.

»Was? Da ist jemand bei meinen Hühnern!«, schrie Frau Kamara. Und damit stürzte sie an uns vorbei.

»Seien Sie vorsichtig. Sie sollten nicht allein gehen.« Da warf sie uns noch einen Blick über die Schulter zu und war wie ein Blitz um die Hausecke verschwunden.

Ich sah Yaye Kesso und Buntu Touré an. Ja, es wurde Zeit wegzulaufen. Wir rannten durchs Mondlicht die Straße hinunter, so weit wir konnten. Wir stolperten und schlingerten über Steine und Löcher, durch die Gassen und zwischen den Häusern hindurch, bis wir hinter einem dunklen Busch gegen einen Zaun fielen.

Unsere Körper erstarrten, wir wagten nicht, uns zu bewegen. Wir horchten in die Nacht, vernahmen jedoch nichts außer unseren eigenen pochenden Herzen. Wir waren eine ganze Weile am Zaun gestanden, bevor wir beschlossen, dass genug Zeit vergangen war. Der Mond fiel schnell vom Himmel, und es ertönten seltsame Geräusche, unbekannte Kreaturen bewegten sich im Busch. Wir gingen im Dunkeln die Straße zurück, diesmal langsam und schweigend. Nach nur wenigen Minuten erkannte ich die Vorderseite unseres Hauses, und es wurde mir klar, dass wir überhaupt nicht weit gelaufen waren.

Plötzlich tauchte eine undeutliche Gestalt auf der Straße vor uns auf. Dieser Jemand war groß, ein Erwachsener, vielleicht Frau Kamara, die nach uns suchte, um uns direkt an unsere Eltern auszuliefern. In diesem Fall würde mir eine fürchterliche Strafe drohen. Baba schlug mich nicht gern, aber Néné würde es tun, und sie würden beide sehr wütend auf mich sein. Baba würde fragen, wie ich ihn vor seinen Nachbarn nur so blamieren könne. Sie würden mir das Mondlicht verbieten.

Yaye Kesso stieß einen kurzen Seufzer aus und blieb stehen.

»Es ist Yallean«, sagte sie. Und es stimmte. Sie kam mit erhobenen Händen auf uns zu.

»Wo wart ihr?«, fragte sie.

Wir wussten nicht, was wir darauf antworten sollten.

»Was ist geschehen? Was hat dir Frau Kamara angetan?«, fragte ich.

»Nichts. Sie hat mich gar nicht gesehen. Ich habe sie noch rufen hören: ›Wer ist da? Wer ist da bei meinen Hühnern?‹ Aber da war ich schon weg. Wenn sie überhaupt etwas von mir gesehen hat, dann nur meinen Rücken.«

Nun sahen wir die Federn in ihrem Haar und auf den Armen.

»Das war das größte Huhn, das ich jemals gesehen habe. Dieses Huhn hat gehackt und um sich geschlagen. Es war so groß wie eine Ziege. Niemand kann ein so großes Huhn stehlen.«

Wir mussten alle lachen und konnten erst aufhören, als uns Mund und Bauch wehtaten.

Néné wollte, dass ich ihr in der Küche half. Sie brachte mir bei, wie man Salat wäscht und wie man im Garten das Gemüse richtig abschneidet. Sie lehrte mich die Zwiebeln mit einem kleinen geschnitzten Holzstück zu zerkleinern, das wir *Mortier* nannten, wie man Reis kocht, ein Stück Fleisch in der Pfanne brät und so einfache Gerichte wie einen Teller grüne Bohnen zubereitet – die leckerste Art, die Néné mir beibrachte, war, sie in Butter zu dünsten. Bald wusste ich, wie man Kartoffeln zerstampft und aus Spinat, Maniokblättern und Okra eine Soße zubereitet. Néné sagte, ich hätte Talent zum Kochen.

Baba sagte nicht viel zu meinen Kochstunden. Er dachte wohl, ich könnte ruhig mit Néné in der Küche stehen, solange ich meine Hausaufgaben ordentlich machte. Er überprüfte sie von Zeit zu Zeit, und manchmal fragte er mich nach dem Heft, in das ich während der Schulstunden schrieb, so wie er es auch bei meinen älteren Geschwistern tat. Ich war acht Jahre alt, würde bald neun werden, und fühlte mich schon sehr viel älter.

Älter zu werden bedeutete noch vieles mehr. Ich half bereits dabei, auf die kleineren Kinder im Haus aufzupassen. Ganz besonders gern saß ich bei Fifi, dem ersten Mädchen, das nach mir geboren worden war, und flocht ihr Haar. Bald würde ich in die Koranschule kommen. Baba ließ mich länger aufbleiben, wenn der Griot zu uns kam, und manchmal hatte ich das Gefühl, dass Baba mich ein wenig traurig ansah. Dieser Gesichtsausdruck war jedoch wie weggefegt, wenn mein Blick den seinen traf, so schnell, dass ich mir meiner Beobachtung nicht mehr sicher war.

Viele Mädchen, die ich kannte, hatten sich bereits der Beschneidung unterzogen. Ich wusste nicht, was das war, aber die Mädchen, die schon beschnitten waren, sprachen voller Stolz davon, oder ihre Mütter taten es. Sie sagten, dass sie nun Mädchen hätten, die rein wären, Mädchen, die sie guten Gewissens mit zurück ins Dorf bringen könnten.

Yaye Kesso sagte, es sei nur ein Schnitt, und dass Mädchen mit diesem Schnitt bessere Aussichten hätten, wenn ein Vater für seinen Sohn eine reine Frau suchte.

Baba und Néné hatten eine kleine Auseinandersetzung. Baba sagte, er wisse, dass es bald Zeit werde, aber er gab

Néné auch zu verstehen, dass er für mich keine Beschneidung wolle. Andere Väter dachten genauso wie er, aber in diesem Fall beugten sie sich ihren Frauen, die die Angelegenheit als Sache von Mutter und Tochter betrachteten. Nénés Mutter hatte Néné hingebracht. Néné hatte Diadia und Hadiatou hingebracht, und nun war ich an der Reihe, so stolz wie meine Schwestern zu sein, auch wenn ich noch immer nicht genau wusste, was eine Beschneidung eigentlich war. Baba sagte, er habe nichts dagegen, wenn andere Familien, die sich noch den Traditionen der Dörfer verhaftet fühlen, das tun, aber er wolle das nicht, und ganz bestimmt nicht für seine Mama. Er sagte, ich sei bereits rein. Néné nickte und antwortete, sie würde sich nach seinen Wünschen richten.

Manchmal verstand ich Néné nicht, sie hielt einfach den Mund. Und Baba verwirrte mich ebenfalls, denn für mich wollte er das eine, und für Néné etwas ganz anderes. Und Néné nickte und schwieg zu allem.

Unruhe machte sich in mir breit. Ich würde mich für eine Seite entscheiden müssen, aber für wen und in welcher Sache? Eine unsichtbare Schnur verlief mitten durch unser Haus, bei der Vordertür herein und zur Hintertür wieder hinaus. Néné erzählte Baba, dass Koto seine Koranstunde geschwänzt habe, und die Schnur spannte sich. Baba biss in eine reife Mango, die Schnur entspannte sich wieder.

Ich glaube nicht, dass Baba und Néné von der Schnur wussten, aber ich nahm sie wahr, und ich weigerte mich loszulassen.

Es gab ein Mädchen in der dritten Klasse, Oumou Keita, sie war die Tochter des Präfekten von Silabi, eines Stadtteils von Labé. Sie war ein ruhiges und höfliches Mädchen, das niemals auffiel und auch niemals fragte, ob sie mitspielen dürfe; doch mit mir wollte sie unbedingt befreundet sein.

»Du musst mir jeden Tag ein Geschenk bringen«, sagte ich zu ihr.

»Warum?«, fragte Oumou.

»Weil dein Vater ein Präfekt ist und deine Familie reicher als meine, also musst du mir etwas geben.«

Daraufhin brachte sie mir jeden Morgen Kokosnüsse, Orangen, Mangos, Käse, Milch, Joghurt. Und jedes Mal teilte ich die Geschenke mit meinen Freunden. Ich dachte an Plumpatonne, das dicke Mädchen, das mir in der ersten Klasse immer mein Essen weggenommen hatte, und nun genoss ich die Rache.

Eines Tages kam Oumou zu mir uns sagte: »Bitte, morgen kann ich dir nichts mitbringen. Kannst du mir das verzeihen?«

»Nein, du musst mir etwas schenken.«

»Das wird mir zu viel. Bitte lass mir Zeit, vielleicht übermorgen wieder«, bettelte sie.

»Nein.«

Am nächsten Tag kam sie ohne Geschenk in die Schule. Meine Freunde blickten mich erwartungsvoll an.

»Heute gehst du nach der Schule nicht nach Hause«, sagte ich zu Oumou. »Du bleibst mit mir im Klassenzimmer, bis alle gegangen sind. Denn wir zwei haben noch eine Rechnung zu begleichen.«

Nach der Schule leerte sich das Klassenzimmer schnell, nur Oumou und ich blieben übrig.

»Gut«, sagte ich. »Komm her.« Keine Frage, ich würde sie verprügeln.

Sie trat sehr nah an mich heran. Unsere Münder berührten sich fast. Ihre Lippen bebten, die Arme zitterten, sie hielt die Augen halb geschlossen. Was auch immer ich ihr antat, sie würde es ohne Widerstand hinnehmen. Ich sah das Mädchen an. Sie war sehr zart und hübsch, das war mir bisher noch gar nicht aufgefallen. Aus nächster Nähe betrachtet, hatte sie so einen entrückten Blick.

»Nein, nein, nein«, sagte ich. »Ich werde dir nicht wehtun. Ich verzeihe dir. Keine Geschenke mehr. Nichts. Bring mir nichts mehr mit.« Riesige Tränen liefen über ihre Wangen.

Ich hatte meine eigene Grausamkeit entdeckt, meine Gier und Eitelkeit, und ich schämte mich viele Wochen lang dafür, bis Baba eines Tages erklärte, dass es für mich Zeit würde, an den Koranstunden teilzunehmen. Sofort verflog meine schlechte Stimmung.

»Großartig!«, rief ich. »Ich kann es kaum erwarten.«

Alle Kinder, die ich kannte und mit denen ich immer spielte, versammelten sich im Garten eines Nachbarn und setzten sich unter einen Mangobaum. Jeden Tag nach der Schule saßen wir dort zwei Stunden lang, außer donnerstags und sonntags.

Der Imam war ein kleiner Mann, dem die oberen Schneidezähne fehlten. Er kaute gern die roten Goro-Nüsse und lachte viel. Wenn er lachte, sahen wir die rötlichen Verfärbungen von den Nüssen ganz deutlich an seinem Gaumen. Er war schon etwas älter und kam immer mit einem klapprigen roten Fahrrad aus einem anderen Stadtteil Labés gefahren. Sein Name war Karamoko.

In der ersten Stunde hielt er ein großes Blatt mit Schriftzeichen hoch. Er sagte, das seien arabische Schriftzeichen und aus diesen bestehe das Alphabet des Korans. Aliph, mim, bah … Einige Zeichen hatten Schnörkel, andere sahen aus wie kleine Häuser. Insgesamt, so sagte der Imam, gäbe es hunderte von diesen Schriftzeichen, die wir lernen müssten, und nach vielen Jahren des Lernens würden wir sie alle kennen und auch ihre Bedeutung wissen und bereit sein für die *Tabarah*. Die *Tabarah,* so erklärte er, sei eine Zeremonie, der sich die Kinder mit dreizehn oder vierzehn Jahren unterzögen, wenn sie den Koran ausreichend studiert hätten.

Während er redete, schrieben wir die Buchstaben mit schwarzer Tinte auf kleine weiße Holztafeln, die *Planchards* genannt wurden und die wir auf den Knien hielten. Die *Planchards* waren oben und unten gebogen und sehr umständlich zu reinigen. Nach jeder Stunde mussten wir die Tafeln mit Blättern, die so rau waren wie Sandpapier, fest schrubben.

Jeden Tag sprachen wir im Chor die Buchstaben nach, in jeder Stunde kamen etwa fünf neue Buchstaben zu denen hinzu, die wir bereits kannten. Wir sagten die Buchstaben laut auf und wiederholten sie viele Male, *aliph, mim, bah* ...

Wenn mein Vater oder die anderen Männer beteten, klang das für mich stets wie ein tiefes Rumpeln, wie eine Sprache ohne Wörter, ein langes, tiefes *mummmmmmmmmmm*. Wenn ich müde war, sprach ich inbrünstig *blabla, blabla, blabla* nach, was ungefähr die Mundbewegungen erzeugte wie die richtigen Buchstaben. Eines Tages wiederholte ich wieder einmal *blabla, blabla, blabla,* worauf Karamoko sich neben mich stellte.

»Ich sehe, du bist ein intelligentes Mädchen«, meinte er. »Das war sehr gut wiederholt.«

Zu Hause fragte mich Baba jeden Tag, ob ich mein *Planchard* sauber gemacht hätte, und dann bestand er darauf, dass ich das Alphabet aufsagte. »Komm schon, ich will es hören«, sagte er und rief nach meinen Brüdern und Schwestern, damit sie sich zu uns setzten. Meinen Vater konnte ich nicht mit *blabla, blabla, blabla* zum Narren halten, also gab ich mir beim Lernen Mühe, nicht für Karamoko, sondern für Babas Wiederholungsstunden. Noch ein weiterer Gedanke spornte mich an. Ich malte mir meine *Tabarah* aus. Meine Mutter und mein Vater würden mit mir unter dem Mangobaum sitzen und mir zusehen, wie ich schließlich die offizielle Anerkennung dafür erhielt, dass ich den Koran wirklich gut kannte. Ich wollte nicht, dass meine Freunde diesen Tag vor mir erreichten.

Ich wiederholte Buchstaben und Wörter, aneinander gereihte Sätze und einige kurze Gebete, ohne die geringste Ahnung zu haben, was sie bedeuteten. Baba hatte mir erzählt, dass im Koran viele Geschichten stünden, und wenn ich sie lange genug studierte, könnte ich vielleicht eines Tages das Stadium der *Taqwa* erreichen, das Bewusstsein, das alles im Leben vor Allahs Augen existierte. Die Geschichten zeigten auf, dass Allah alles sieht, was wir tun und was in unseren Herzen vorgeht.

Karamoko erzählte keine Geschichten. Er ging stur nach seinem Schema vor. Er zeigte auf die Tafel, sagte die Wörter vor und lauschte dem gefälligen Ton unserer Stimmen. Ich wusste nicht, was ich da sagte, aber zu Hause forderte Baba mich auf, mit ihm im Vorgarten zu beten.

Ich saß auf einer Matte neben Néné, den Blick auf Babas Rücken gerichtet. Der Mann saß in der ersten Reihe, den Blick auf Allah gerichtet, die Frauen hinter ihm, so war es nun einmal.

Dann, eines Tages, als mein Vater fort war, brachte meine Mutter mich zur Beschneidung. Ich hatte nicht erwartet, dass es so schmerzhaft sein würde. Ich wurde ohnmächtig und verlor viel Blut. Zwei Wochen lang kochten, sangen und tanzten Néné, meine Schwestern, Idrissa und die Frauen aus der Nachbarschaft für mich, bis mein Vater nach Hause kam. Bevor nicht alles verheilt war, durfte ich nicht zusammen mit Männern am Tisch sitzen, und Baba kam es verdächtig vor, dass ich schon seit vielen Abenden beim Essen nicht mehr mit am Tisch gesessen hatte.

»Was ist hier los?«, fragte er.

Néné sagte ihm die Wahrheit. Baba brüllte nicht, er sagte erst einmal gar nichts dazu. Er schickte nach mir, und er sagte Néné und mir, dass er es akzeptiere und sich für mich freue, wenn das unser Wunsch gewesen sei. »Das ist eine Frauenangelegenheit«, meinte er nur.

Da sie sich nun nicht mehr vor Baba verstecken mussten, kamen die Frauen zurück, um mich zu feiern. Und weil Baba nicht von der Feier ausgeschlossen sein wollte, gesellte er sich im Garten zu ihnen und tanzte und sang am lautesten von allen.

Falls Gott wirklich das Innerste meines Herzens kannte, wusste er dann auch, wie sehr ich Baba und Néné liebte? Hatte er sie jemals zusammenstehen sehen? Baba küsste Nénés Hand, und sie legte ihre Hand auf seinen Arm, beide sprachen kein Wort. Bei guten Neuigkeiten lachte Néné, und Baba legte die Handflächen aneinander. Sie teilten sich eine Schüssel Reis, und manchmal wuschen sie sich vor dem Gebet nebeneinander. Wenn Babas Gebetsgewand falsch gefaltet war, zog Néné den Stoff straff und klopfte ihn glatt. Wenn die Nachbarn zu Besuch kamen, streifte sich Baba einen frischen Boubou über und forderte die Gäste auf, Platz zu nehmen und es sich bequem zu machen. Er schälte Orangen, Néné brachte Wasser und Soda, und die Geschichten, die sie von ihren Kindern zu erzählen hatten, erzählten sie gemeinsam.

Konnte Gott wissen, wie glücklich ich war, wenn Mutter und Vater eine Geschichte miteinander erzählten?

Wusste er, dass Koto mich beobachtete und auf mich aufpasste? Ganz gleich ob auf der Straße, beim Querfeldeinlaufen oder in den schmalen Seitengasen? Wusste er, dass ich manchmal über meine Schulter blickte, weil ich seine Anwesenheit zu spüren glaubte? War er dann doch nicht da, fehlte er mir schmerzlich. Koto würde alles für mich tun.

Wusste Gott, wie es in unserem Haus zuging, und wusste er auch, dass ich immer gut schlief? Wusste er, dass ich Mama genannt wurde? Konnte er Néné sehen, wenn sie nachts in unser Zimmer kam, um nachzuschauen, ob wir ruhig schliefen?

Und Babas Gebete? Ich beobachtete Baba oft, wie er mit untergeschlagenen Beinen auf seiner Gebetsmatte saß, sich hin und her wiegte und das Gesicht mit den Händen bedeckte. Néné immer hinter ihm auf der Matte, Baba vorn, allein. Bitte, lass Baba nie allein sein.

Eines Tages beobachtete ich, wie eine Biene Baba umkreiste, während dieser das Maghrib sang, das Gebet um sieben Uhr abends. Die Biene flog vorbei, kehrte um und ließ sich auf Babas Schulter nieder. Baba bemerkte es nicht. Die Biene krabbelte auf seinen Rücken, erreichte den Kragen seines Gewands und hüpfte auf Babas Nacken. Baba war in sein Gebet vertieft, und die Biene blieb auf seinem Nacken sitzen. Ich wollte zu Baba hinstürzen und ihn warnen, oder noch besser einen Stock nehmen und die Biene fortscheuchen, doch ich wusste, dass es verboten war, sich während des Gebets zu bewegen. Aber was, wenn die Biene sich gerade zum Stich anschickte? Ich beobachtete das Insekt, bis Baba fertig war. Baba erhob sich und scheuchte die Biene fort.

Hatte Gott den Aufruhr in meinem Herzen bemerkt? Hatte er gesehen, dass ich ängstlich und unsicher war?

Koto litt noch immer, so wie nur die ältesten Söhne zu leiden haben. Eines Tages besuchte er Baba an dessen Arbeitsstelle, doch Baba war gerade in ein Gespräch vertieft. Ohne aufzusehen und sich der Tatsache nicht bewusst, dass er gerade seinen eigenen Sohn begrüßte, streckte Baba den Arm aus, um dem Besucher die Hand zu schütteln. »Willkommen«, sagte Baba und hob abwesend den Kopf. Sein Blick verfinsterte sich.

»Warum bist du hier?«, wollte er wissen. »Solltest du nicht deine Hausaufgaben machen?«

Baba kaufte Koto ein hellblaues Fahrrad. Es war ein ganz

besonderes Fahrrad mit einer völlig neuartigen Bremse. Um zu bremsen, musste der Fahrer rückwärts in die Pedale treten. Baba versprach Koto, er würde ihm beibringen, wie man Fahrrad fuhr, wenn Koto seine Schönschreibübungen fehlerfrei anfertigte. Andernfalls würde er ihm das Fahrrad wieder wegnehmen. Koto erzählte uns, dass er mit seinen Freunden neue Wege ausfindig machen und Rennen fahren wollte. Er wollte das Fahrrad mit in die Schule nehmen und es neben den anderen vor seinem Klassenzimmer abstellen. Aber Baba hatte ganz andere Vorstellungen. Er erlaubte Koto nur kurze Ausflüge und die auch nur, wenn Koto dafür eine Gegenleistung erbrachte. Das Fahrrad blieb in Babas Zimmer, und Koto konnte nur vom Vorhang aus einen Blick darauf erhaschen.

Ich war fast zehn an dem Tag, als Koto mir seine geheimsten Wünsche offenbarte. Baba war gerade nach Conakry verreist.

»Manchmal bete ich, dass er nicht zurückkommt«, gestand Koto. »Ich bete, dass er einen Unfall hat und wir die Nachricht erhalten, dass er tot ist. Aber immer wieder kehrt er zurück. Das Auto hält vor der Tür, und alle rufen: ›Baba ist wieder da.‹ Und ich sage: ›Oh nein, jetzt ist er doch zurückgekehrt.‹«

Dann erfuhr ich, dass das Mädchen Oumou Keita gestorben war. Sie war eine Zeit lang krank gewesen und hatte vielleicht schon von ihrem Tod gewusst, als ich sie in der Schule schikaniert hatte. Ich wusste nicht viel über ihre Krankheit. Ihre Eltern hatte ich nie gesehen. Ich wusste nicht, ob sie bereits die Koranstunden besucht hatte oder tanzen gewesen war. Ich erinnerte mich, dass sie oft allein gewesen war, und dieser Gedanke quälte mich ganz besonders. Ich hätte ihr sagen sollen, dass manchmal etwas in einem durcheinander geraten konnte und dass man nicht jederzeit klug und gerecht zu handeln vermochte. So war es nun einmal.

Ich hatte Néné einmal sagen hören, dass bei einem Sterbenden Engel über der Schulter erschienen. Einer ist der böse Engel, der alle deine Sünden kennt, jede überhebliche, eifersüchtige oder hasserfüllte Tat. Der andere ist der gute Engel, der von all deinen guten Taten weiß und ob du deine Missetaten wieder gutgemacht hast.

Die Frömmsten, so sagt man, sterben jung.

Nun, da ein Mädchen gestorben war, von dem ich kaum mehr als den entrückten Blick gekannt hatte, hörte ich mich wie eine Frau weinen. Arme Oumou Keita mit Engeln auf der Schulter. Sieh nur, was sie bekommen hatte dafür, dass sie niemals in ihrem Leben etwas Böses getan hatte.

Baba beschloss, sein erstes neues Haus zu bauen. Er fand ein Grundstück nicht weit von unserem Haus entfernt in einer raueren Gegend, als wir bisher gekannt hatten. Von der Straße, die daran vorbeiführte, war bereits die Hälfte eingebrochen, struppiges Unkraut breitete sich auf dem ganzen Land aus, und es war übersät mit Feuerstellen, wo die Leute ihren Unrat verbrannt hatten. Verkohlter Müll schwärzte einen Großteil des Bodens.

Aber ganz Labé war schließlich eine einzige bunte Mischung, also gab es auf diesem Stück Land auch ausgewachsene Mango- und Avocadobäume und sogar Blaubeersträucher. Glücklicherweise war Baba nicht der Einzige, der sich viel von dieser Gegend versprach. Er und viele andere Männer machten sich zusammen mit Arbeitern, die sie eigens dafür angeheuert hatten, daran, das Stück Land zu säubern und zu glätten. Sie bauten Häuser und bemalten sie pfirsichrosa und pampelmusengelb. Die Heime standen ein Stück zurückversetzt von der Straße, wodurch Platz für riesige Vorgärten entstand, die mit kleinen runden Kieselsteinen ausgelegt wurden, welche die Männer von den nahen Bergwerken holten. Im Gegensatz zu den meisten anderen Häusern in Labé waren die neuen Häuser nicht durch hohe Mauern von der Straße abgeschirmt, was bedeutete, dass jeder die Vordertür des anderen sehen konnte. Es gab viel mehr Platz, und die Familien und Kinder konnten sich weiterhin treffen und brauchten dazu nur vor die Haustür zu treten.

Da das Grundstück sehr weitläufig war, wünschte sich Néné ein viel größeres Haus. Das brauchten wir auch, denn Cousins und Cousinen aus Tinkin, wo Néné aufgewachsen war, wohnten eine Weile bei uns. Inzwischen waren es zehn Kinder, die einen Platz zum Schlafen brauchten.

Baba sagte, er befürchte, dass ein so großes Haus andere Leute neidisch machen könnte, und außerdem prahle ein rechtschaffener Mann nicht so vor seinen Nachbarn. Wenn Besuch vorbeischauen würde oder Nachbarn zum Beten kämen, würden sie sich vielleicht unwohl und verloren fühlen in einem so großen Haus. Ich hörte, wie Néné zu Baba sagte, dass er nur ein einziges Mal auf sie hören solle. »Wir brauchen Platz für die Kinder«, sagte sie.

In dem Haus, das Baba baute, gab es ein Zimmer für ihn, eins für Néné, eins für Idrissa, zwei Zimmer für die Kinder, zwei Vorratsräume und einen Hauptraum zum Essen und Zusammensitzen, in dem auch unsere einzige Glühbirne schwach von der Decke leuchtete. Hinter dem Haus standen noch ein weiteres kleines gemauertes Häuschen, groß genug für zwei oder sogar drei Jungen, ein neues Küchenhaus und zwei große Hütten; in einer wuschen wir uns mit Wasser, das wir mittels einer Pumpe zutage förderten, und in der anderen mit einem befestigten Loch in der Mitte gingen wir zur Toilette. Das Haus war gelb gestrichen und wurde von Mangobäumen eingerahmt, und im Hof dahinter führte eine kleine Eisentür zu einem Brunnen, in dem wir unsere Kleider wuschen.

Als das Bauvorhaben abgeschlossen war, hatte Néné zwar ein neues Haus, doch viel größer als das alte war es auch nicht. Es besaß genau ein Zimmer mehr. Ich teilte ein Zimmer mit zwei anderen Kindern und hätte gern den zweiten Vorratsraum für mich gehabt; einer war bereits in ein Zimmer für Hadiatou ungewandelt worden. Als wir einzogen, standen noch viele Eimer mit Zement herum, viel Wellblech und überschüssiger Sand. Baba sagte, dass jeder aus der Nachbarschaft, der etwas davon gebrauchen könne, kommen und sich davon nehmen solle.

Eines Abends im September, kurz nach meinem zehnten Geburtstag, saß ich mit all meinen Brüdern und Schwestern beim Abendessen, als Néné anfing, von früher zu erzählen. Sie sprach von Häusern, die sie einmal gesehen hatte, und von Orten, an denen sie gelebt hatte. Baba war bereits fertig mit dem Essen und ruhte sich in seinem Zimmer aus.

Sie sei in einer Hütte in Tinkin aufgewachsen, erzählte Néné, und habe stets geglaubt, sie sei das reichste Mädchen der Welt. Sie aß die Bananen direkt vom Baum und badete in Quellwasser. Die Hütte ihrer Familie war so stabil wie ein Haus, und ihr Vater hatte ihr Zuhause mit den buntesten Gegenständen und Stoffen geschmückt, die er im Senegal nur auftreiben konnte. Nach seinem Tod verlor die Hütte ihre Farben, und Nénés Mutter, Néné Tinkin, fast vollends ihre Hoffnung, woraufhin sie Néné zu ihrer Tante schickte. »Man kann Veränderungen vor ihrem Eintritt nicht immer erahnen, aber so ist es nun einmal mit Gottes Plänen, alles kann sich innerhalb eines Tages ändern, jederzeit«, sagte Néné.

»Das Haus, in dem Baba und ich in Conakry wohnten, als ihr noch ganz klein wart, war nicht sehr groß, aber es ging uns gut. Wir freuten uns auf die Zukunft. Als Baba krank wurde, seine Erregungszustände bekam, änderte sich alles, genauso wie damals, als mein Vater starb, und niemand wusste, wo wir hinsollten. Ich wusste nicht, was ich tun sollte. Ich wusste nur, dass ich mich um meine Kindern kümmern musste, während Baba wieder gesund wurde. Als ich dachte, es ginge Baba wieder besser, begannen die Kämpfe der Soussou gegen die Fulbe, und keiner vertraute mehr dem anderen.

»Und genau in dieser Zeit kamst du zur Welt, Mama. Du wurdest mitten in dieses große Chaos hineingeboren. Vielleicht war es Gottes Absicht gewesen, dass sich ab deiner Geburt – Baba war noch immer nicht gesund – alles ändern sollte.«

*Néné, erzähl mir die Geschichte von Mama, dem Baby. Du wickeltest mich in eine Decke und brachtest mich nach Tinkin, damit alle mich sehen konnten. Néné Tinkin sagte, ich sei das schönste Baby, das ihr jemals unter die Augen gekommen sei, und dass sie niemals zuvor ein so rundes Baby wie mich gesehen habe. Stimmt's? Du trugst mich auf deinem Rücken und fühltest, wie mein Herz schlug. Du kanntest kein anderes Kind, das so gern aß, du beobachtetest mich im Garten, wie ich Bananen- und Mangobrei in meinem Gesicht verrieb. Ich kenne die Geschichte, aber erzähl sie noch einmal.*

»Mama«, sagte Néné, »wir hätten dich beinahe verloren.«

Ich hing an Nénés Lippen und versuchte, die Worte zu erkennen, bevor sie sie aussprach.

»Du warst drei Wochen alt. Ich fuhr mit Baba in das große Krankenhaus, das Balle-Hospital, um Babas Ärztin aufzusuchen. Es war dasselbe Krankenhaus, in dem du auf die Welt gekommen warst. Die Ärztin war Französin, sie fand dich wunderschön und legte dich gleich in ein Gitterbettchen.«

»Ich weiß nicht genau, was danach geschah. Ich weiß nur, dass Baba zu der Zeit nicht ganz bei Sinnen war. Er packte dich. Und er hielt dich so.«

Néné erhob beide Hände zur Decke.

»Er trug dich auf den Balkon und sagte: ›Ich werde dieses Kind fallen lassen.‹ Ich sah dich schon tot. Wir waren weit oben im vierten Stock, und ich sagte zu ihm, dass er so etwas nicht tun dürfe. Du warst in eine Decke gehüllt und trugst eine kleine Mütze. Die Mütze fiel zuerst hinunter und dann die Decke, übrig bliebst nur du. Du schlugst um dich. Du hingst an Babas Daumen. Er lachte und rief: ›Ich werde dieses Baby fallen lassen. Wenn du mich anrührst, lasse ich sie los.‹«

Während ich Néné zuhörte, war mir plötzlich zum Lachen zumute. Ich sah vor meinem geistigen Auge ein Baby, das in der Luft zappelte, und ich empfand eine Leichtigkeit und Freiheit. Ich konnte die Decke sehen, die wie ein Bonbonpapier zu Boden segelte. Ich hatte keine Angst. Ich wusste, dass das Krankenhaus an der Cameroon Road stand, in der es für gewöhnlich von Straßenhändlern, Fußgängern und Radfahrern wimmelte. Ich stellte mir die Leute vor, die hinaufstarrten und ein Baby am Himmel sahen und sich fragten, ob denn wohl ein Wunder geschehen sei.

Baba kam aus seinem Zimmer. Seine Wangen waren feucht. »Wir hätten dich beinahe verloren«, sagte er.

Er erzählte, dass Néné daraufhin zu der französischen Ärztin gelaufen sei. Baba sagte, er habe sie gemocht. Worauf Néné meinte, die Frau sei ihre letzte Hoffnung gewesen. »Ich dachte, auf sie würde er hören«, erzählte sie. »Ich ließ die beiden allein.«

Baba nickte. »Sie war eine gute Frau. Ich sagte: ›Wollen Sie das kleine Mädchen haben? Ich kann mich nicht um sie kümmern. Wenn Sie sie haben wollen, gebe ich sie Ihnen, und Sie können das Kind als Ihr eigenes behalten.‹

Sie antwortete: ›Ja, ich werde das Baby nehmen.‹ Sie nahm dich in ihre Arme und trug dich fort. Ein wenig später kam Néné zurück.«

Néné erzählte weiter, doch ihre Stimme klang brüchig. »Ich fragte: ›Wo ist das Kind? Was hast du mit dem Kind gemacht?‹, worauf er antwortete, er habe dich an die Ärztin weggegeben. Da fing ich an zu schreien. Ich rannte durch das Krankenhaus. Wo ist die Ärztin, wo ist die Ärztin? Ich fand sie. Sie hielt dich im Arm und sagte, sie habe dich gerettet, es gehe dir gut, ich müsse mir keine Sorgen machen, denn sie würde dich behalten und mit nach Frankreich nehmen. Sie sagte, sie habe dich schon ins Herz geschlossen.«

»Wäre deine Mutter nicht gewesen«, meinte Baba traurig, »hätten wir dich verloren.«

»Ich flehte sie an«, fuhr Néné fort. »›Bitte, geben Sie mir mein Kind zurück. Sie haben noch andere Kinder. Sie brauchen dieses Baby nicht.‹ Sie entgegnete, Baba sei doch krank, und für dich sei es genau das Richtige, Frankreich sei schließlich ein guter Ort für ein Kind. Aber ich war die Mutter und das wusste sie, und letztendlich gab sie dich doch zurück.«

Baba ließ sich in einen Stuhl fallen. »Kannst du dir vorstellen, was hätte geschehen können?«, fragte er mich.

»Aber damit war es noch nicht vorbei«, sagte Néné. »Du warst erst ein paar Tage zu Hause und lagst in deinem Bettchen, als Baba mit einem großen Messer zu dir trat. Er sah mich mit irrem Blick an und sagte: ›Wir sollten diesem Kind die Kehle durchschneiden.‹«

Baba weinte. »Ich darf gar nicht daran denken, was hätte passieren können.«

Ich weiß nicht, warum Vater und Mutter mir überhaupt von dem Tag erzählten, an dem Baba mich in Todesgefahr gebracht hatte. Hätte er mich wirklich fallen lassen? Hätte er mich vielleicht noch fangen können? Mit zitternden Knien hörte ich zu und fragte mich, wie diese Geschichte wohl ausgehen mochte. Aber wenn ich schlief, hatte ich keine bösen Träume von Babys, die von hoch oben aus dem Himmel fielen oder denen die scharfe Schneide eines Messers an die Kehle gehalten wurde.

Stattdessen träumte ich von einer unbekannten Frau, die mich mit nach Frankreich nahm, mich gut behandelte und mir vieles beibrachte. Ich glaube, ich sah auch einen Garten. Als die Zeit gekommen war, mir zu sagen, woher ich kam und wer meine Familie war, weigerte sich die Frau zu sprechen. Ich träumte, ich wäre ausgelöscht worden, und wachte zitternd auf.

# TEIL ZWEI

# DINGE, DIE GESCHEHEN

## KAPITEL 6

# *Lernen, sich zu verstecken*

Irgendwann begann ich damit, Süßigkeiten selbst herzustellen. Ich kaufte einige Dosen Kondensmilch, goss sie in einen Topf und erhitzte sie über einer kleinen Flamme, bis sie die Konsistenz von Karamell annahm. Mit einem Löffel stach ich kleine Bällchen aus dem Topf ab und packte diese in Papierschnitzel, die ich aus meinem Schulheft herausgerissen hatte. Ich nahm die Karamellbonbons mit zur Schule und zum Markt und verkaufte sie dort für einen Franc das Stück.

Der Erfolg steigerte die Erwartungen. Ich kaufte reife Kokosnüsse und höhlte sie aus. Dann bohrte ich Löcher in eine Dose, um so etwas Ähnliches wie eine Reibe daraus zu machen, und rieb die Kokosnussstücke mit dieser Dose, bis ich einen kleinen Berg geraspelter Kokosflocken hatte. Anschließend kochte ich die Kokosflocken, bis sie braun wurden, fügte Zucker hinzu und ließ sie zu Bonbons schmelzen. Für diese Bonbons konnte ich fünf Franc das Stück verlangen.

Als ich elf war, war es für die Leute aus der Nachbarschaft bereits ein vertrauter Anblick, wenn ich mit meinen Tüten voller Süßigkeiten durch die Straßen zog. Sie meinten zu Baba und Néné, dass ich ein sehr einfallsreiches Kind sei. Aber mit zwölf kannte ich bereits bessere

Wege, um Geld zu verdienen. Ich kochte Maniokraspel zu einer Art Teig. Ich fügte Tomatensoße hinzu und verkaufte das Gericht auf einem Taro-Blatt. Wir nannten es *Kouti,* und es wurde ein Verkaufsschlager. Vom Gewinn kaufte ich mir das schönste Kleid, das ich jemals gesehen hatte. Es war violett mit weißen Tupfen darauf, und es war so kurz wie ein Minikleid. Wir schrieben das Jahr 1972, und ich ging mit der Mode.

Ich trug das Kleid jeden Samstagabend, wenn ich mich mit meinen Freundinnen traf, Yaye Kesso, Buntu Touré und noch einem Mädchen aus unserer Straße, Oumou Bah, die wir scherzhaft LaFiesta nannten, weil sie so gern tanzte. Wir zogen uns die schicken Tanzkleider an und spazierten zur Tiendel Road. Gleich neben dem Stadion und gegenüber der Oberschule befand sich das Palais de Kolima. Drinnen wartete eine riesige runde Tanzfläche auf uns, kleine Lichter glitzerten an den Wänden, und weiße Lichtstrahlen durchbohrten rasend schnell die Dunkelheit. Es war ein einziges Kreisen und Blitzen. Überall tanzten dunkle Schatten. Eine aus halbwüchsigen Jungen bestehende Band spielte lateinamerikanische Musik, die von der gewölbten Decke zurückprallte. Dieser Raum war wie geschaffen für Musik.

Wir tanzten wie verrückt, etwa eine Stunde lang, bis wir völlig verschwitzt waren und dringend frische Luft brauchten. Draußen hinter dem Palais gab es einen Stand, an dem man belegte Brötchen kaufen konnte, und eine kleine Hütte, die von Blumen umgeben war. Wir brachten alle einmal unsere Fotoapparate mit und posierten vor den Blumen. Manchmal stand Koto in irgendeiner Ecke und beobachtete mich.

Ich ging mit meinen Freundinnen auch oft ins Kino. Eine Vorstellung kostete fünfzig Franc und noch mehr, wenn man Süßigkeiten, Kaugummi oder gegrilltes Fleisch an der Tür kaufte. Wir sahen uns Wildwestfilme an und mehrere Vorführungen eines Films, der *Champion* hieß. Eine Schauspielerin namens Dara sang darin Lieder über die Liebe.

»Dara, Dara, Dara«, brüllten wir die Leinwand an.

Manchmal wurden indische Filme vorgeführt. *Mangala* handelte von einer reichen Frau, die in einem Palast lebte und sich zwischen zwei Männern entscheiden musste. *Cita und Gita* erzählte die Geschichte von zwei Zwillingsmädchen, die als Babys getrennt wurden. Es gab keine Untertitel, doch die Handlung ließ sich leicht erschließen. Am Ende des Films waren die Mädchen wieder vereint, und eine von ihnen zog sich Rollschuhe an, und sie glitten die Straße entlang und sangen: »La-la-la.« Wir sahen den Film viele Male, und jedes Mal, wenn wir das Kino verließen, taten wir natürlich so, als hätten wir Rollschuhe an den Füßen, und glitten durch die Straßen von Labé.

Zu Hause gab es wieder neue Geschwister. Néné bekam einen Jungen, der Oury genannt wurde, und Idrissa ein Mädchen. Baba hatte Diadia erlaubt, auf ein Internat in Popodara zu wechseln, wo sie nun die meiste Zeit verbrachte. Unsere Cousins und Cousinen aus Diontou und Tinkin verbrachten viele Monate bei uns, meistens waren wir also etwa fünfzehn Kinder im Haus. Idrissas Kinder schliefen bei ihr im Zimmer, die anderen Babys bei Néné. Beim Essen wurden die Cousins und Cousinen zuerst bedient. Wenn das Essen knapp war, kam es vor, dass ich gar nichts bekam. Die Basen und Vettern mussten auch niemals Hausarbeiten verrichten.

»Es ist wichtig, dass man gut zu Kindern ist, die nicht die eigenen sind«, sagte Néné. »Tut man das nicht, denken die Leute schlecht von einem.«

Ich war glücklich, denn die zweite Vorratskammer war ebenfalls zweckentfremdet worden und nun mein Zimmer, wenngleich Néné darin noch Säcke mit Korn und Getreide in einem Regal lagerte. Der Raum verfügte weder über Fenster noch über eine andere Lichtquelle, also machte ich meine Hausaufgaben beim Schein der Kerzen, die ich um mein Bett herum aufstellte. Ich dachte oft über die Filme nach, die wir uns anschauten. Sie gingen am Ende stets gut aus, aber bis dahin mussten die Menschen leiden, sich winden und am Boden kriechen und schrecklich böse Menschen ertragen. Während der ersten drei Viertel des Filmes waren die Menschen meist traurig. Zuerst das Elend, und dann ›la-la-la‹.

Eines Tages geschah etwas Interessantes. Herr Kamara, der Pilot, und seine Frau hatten wieder einmal Streit, und wie immer stieß Herr Kamara einen schrecklich hohen Schrei dabei aus, sodass die Ziegen vor Schreck zusammenfuhren. Jeder in der Nachbarschaft kannte inzwischen diesen Schrei. Néné eilte sofort hinüber, und erwartete, Frau Kamara über die zweite Frau ihres Mannes schimpfend vorzufinden, während Herr Kamara bereits davonstürmte. Néné musste ein paar Sekunden früher als sonst bei den Nachbarn angekommen sein, denn diesmal fand sie Frau Kamara nicht in einer Ecke kauernd vor, sondern aufrecht stehend. Die Nachbarin hatte ihren Mann fest im Griff, und das an einer Stelle, so erzählte Néné später, »an der die Männer gar nicht gern gepackt werden.«

Néné lachte und sagte, es sei schon seltsam, wie sich manche Dinge aufklärten. »Nun wissen wir, warum er immer so geschrien hat«, sagte sie.

Eines Nachmittags, es war ein heißer Schultag, kam Sékou Touré nach Labé.

Baba war so verärgert über ihn wie nie zuvor. Die Regierung hatte die Steuern auf die Dorfmärkte erhöht und den Dorfräten jegliche Macht genommen, und – das empfand Baba als noch schlimmer – der Präsident hatte Reden gehalten, in denen er seinem Volk davon abriet, weiter nach den alten Traditionen der Stämme zu leben oder diese weiterzugeben. Die guineische Nation verlange hundertprozentige Hingabe, sagte Sékou Touré. Baba war darüber jedoch anderer Meinung. »Nichts und niemand kann mich davon abhalten, ein Fulbe zu sein.«

Alle Schüler erhielten weiße Fähnchen und mussten sich aufstellen, sodass sie einen Kreis um das Fußballfeld des Stadions bildeten. Wir trugen unsere blau-weißen Schuluniformen, und als Sékou Touré in einem offenen weißen Wagen ins Stadion einfuhr, rissen wir die Flaggen hoch und sangen: *»Prä-si Prä-si.«* Es war schon ein eindrucksvoller Anblick, wie er da stand und mit seinem weißen Taschentuch langsam winkte. Er trug einen weißen Boubou und einen weißen Hut, und es stimmte tatsächlich, seine Zähne strahlten weiß und seine Haut glänzte fantastisch im Sonnenlicht. Vielleicht war das auch der Grund, warum die Leute so begeistert sangen und mit den Füßen aufstampften. Man konnte glauben, ganz Labé stünde im Stadion, ja beinahe ganz Guinea. Ein Körper an den anderen gepresst, der Schweiß ineinander überfließend, hüpften alle und reckten sich, um einen Blick auf den Präsidenten zu erhaschen. Natürlich in der Hoffnung, dass der Präsident vielleicht auch einen Blick auf uns warf, einem womöglich sogar in die Augen schaute. An einem Ort wie diesem und bei einem Mann wie ihm konnte einem leicht schwindlig werden.

Was auch immer der Auslöser gewesen sein mochte, ich brach aus der Reihe aus. Andere Kinder folgten mir, und wir liefen dem Wagen hinterher, worauf sich Sékou Touré mit einem Lächeln umdrehte und das Taschentuch in unsere Richtung schwenkte. »Er hat mir zugelächelt«, erzählte ich später allen.

»Pour la revolution!«, so begann er seine Rede.

Und wir brüllten: »Victoire!«, genauso wie ich es aus Babas Radio gehört hatte.

Ein paar Monate später begann die Regierung damit, im Fußballstadion Menschen aufzuhängen.

Die Zeitungen zeigten Bilder von den Gehängten, deren Köpfe wie bei schlaffen Stoffpuppen zur Seite herabhingen. Viele Leute aus Labé gingen ins Stadion, um sich die Hinrichtungen anzusehen. Niemand warf diesen Menschen vor, dass sie den Drang verspürten, sich zu vergewissern, dass es wirklich stimmte. Manche nahmen sogar ihre Kinder mit.

Ich wurde davon fern gehalten, aber Baba lud alle Kinder ein, mit ihm Radio zu hören. Sékou Touré erklärte, dass eine Gruppe von Revolutionären versuche, die Regierung zu stürzen. Er sagte, dass er zum Wohle Guineas die Gelehrten und Denker des Landes verhaftet und sie in ein Militärlager im Zentrum Conakrys, Camp Boiro, gebracht habe.

Wir hörten Geständnisse, die im Radio übertragen wurden, kratzige Stimmen sagten: »*Je suis, je me nome.*«

Baba übertönte das Radio. Er schimpfte, die Geständnisse seien erzwungen. Er hatte gehört, dass die Gefängniswärter die Gefangenen mit Draht umwickelten und Elektroschocks durch ihre Körper jagten, stark genug, um sie zu foltern oder zu töten, je nachdem, was sie mit ihnen vorhatten.

Hoch geachtete Männer Labés rieten dem Volk, Gruben auszuheben, damit sich die Familien darin verstecken konnten. Baba baute uns ein Versteck zwischen Büschen, nur eine Minute vom Haus entfernt. Wenn ihr Gewehrschüsse hört, dann rennt zu den Büschen und versteckt euch in der Grube, sagte er uns. Hadiatou erklärte, sie würde sich in ihrem Koffer verstecken. Hadiatou hatte Angst.

Néné gab dem kleinen Oury noch immer die Brust, denn sie wollte ihn füttern können, sollten wir einmal länger in der Grube festsitzen. Eines Nachts hörten wir Schüsse. Baba war nicht zu Hause. Néné und Idrissa packten die

Babys, und wir rannten durch die Büsche zu Babas Grube. Es war kein besonders tiefes Loch. Wir zogen unsere Köpfe ein und verharrten so eine Weile. Dann meinte Néné, dass vielleicht nur jemand auf einen Hasen geschossen habe. In einer Reihe schlichen wir hintereinander zurück zum Haus. Als Baba hörte, was geschehen war, meinte er, wir hätten richtig gehandelt, und dass er sich besser fühle, weil er wisse, dass wir die Grube haben.

Irgendwann verschwanden in Labé plötzlich Mädchen. Es wurde gemunkelt, dass Männer von der Regierung Sékou Tourés geschickt wurden, damit sie die Mädchen kauften. Es wurde Geld geboten, und die Väter, die sich nicht trauten, ein solches Geschäft abzulehnen, gehorchten und gaben ihre Töchter weg. Andere verkauften sie aus reiner Geldgier. Auch aus unserer Straße verschwanden Mädchen. Wir sahen, wie sie weinend weggeführt wurden. Andere Väter, die davon gehört hatten, arrangierten hastig Hochzeiten oder schickten ihre Töchter zu ihrem Schutz aufs Land.

Baba hatte Angst um Diadia. Ein Mann namens Emil Cissey war von Sékou Touré an Diadias Schule zum Rektor ernannt worden. Er hatte von keiner Seite etwas zu befürchten und prahlte öffentlich damit herum, dass er ganz besondere Verhältnisse zu einigen seiner Schülerinnen pflegte. Baba fuhr sofort nach Popodara, als er davon hörte, und musste feststellen, dass Emil Cissey Diadia aus dem Klassenzimmer ausgesperrt hatte, nachdem sie einen Botengang für ihn nicht ausgeführt hatte.

»Was haben Sie zu meiner Tochter gesagt?«, fragte Baba ihn.

»Sie sind nur der Vater. Das geht Sie nichts an«, antwortete Emil Cissey. Da der Rektor sich ihm gegenüber so respektlos verhielt, glaubte Baba, der Mann habe zusätzlich zu all seinen anderen Sünden auch noch eine unheilige Tat begangen. Also schlug ihm Baba ins Gesicht.

»Haltet diesen alten Mann von mir fern«, schrie Emil Cissey, doch Baba war bereit zu kämpfen.

»Entweder tötest du mich, oder ich töte dich«, drohte er.

Baba kam nach Hause und sagte zu uns, wir sollten uns auf seine Verhaftung vorbereiten. Aber niemand kam, um ihn zu holen. Emil Cissey ließ Diadia fortan in Ruhe, und nach ein paar Wochen schien die ärgste Krise vorüber zu sein. Sékou Touré trat wieder ans Mikrofon und verkündete im Radio, dass der beabsichtigte Sturz der Regierung hatte abgewendet werden können und dass Guinea als reiner Staat weiterlebte.

KAPITEL 7

# *Das Ankleiden der Königin*

Am Neujahrsmorgen des Jahres 1973 geduldete sich Baba in freudiger Erwartung, bis er sicher war, dass Diadia endlich die Augen öffnete. Er schlich auf Zehenspitzen an ihr Bett, kniete neben ihr nieder und hielt ihr ein in geblümtes Geschenkpapier gewickeltes Päckchen entgegen.

»Alles Gute zum Geburtstag, Halimatou! Du bist mein Neujahrstagwunder, und dein Vater möchte dir an diesem heutigen Tag, an dem du nun einundzwanzig wirst, Folgendes sagen.«

»Baba?«

»Pass immer gut auf dich auf, denn solange du auf dieser Welt wandelst, bist du auch ein Teil von mir. Ich sage immer allen Leuten, dies sind meine Töchter, und ich bin stolz auf sie. Und alle lächeln, denn sie wissen genau, dass Allah mich mit euch gesegnet hat. Du bist die Älteste, und ich bin stolz auf dich.«

Diadia begann zu weinen, und Baba hielt ihre Hand mit dem zarten Werben eines Vaters um sein erstes Kind, das erste Enkelkind Karamoko Alfas.

»Ich habe dir immer alles gegeben, und das werde ich auch in Zukunft tun. Ich möchte, dass du stets glücklich bist, und als Gegenleistung wünsche ich mir von dir, dass du Acht gibst. Bitte, tu nichts, was Schande über uns bringt.

Halte dich selbst in Ehren. Und wenn du eines Tages einen Ehemann wählst, Halimatou, wann immer es auch sein mag, dann werde ich mit dieser Heirat einverstanden sein, denn ich weiß, dass dieses Ereignis das größte Glück in deinem Leben sein wird.«

Ganz sicher hatte noch niemals zuvor ein Fulbe-Vater so etwas zu seiner Tochter gesagt. Diadias Freundinnen waren alle längst verheiratet, vermählt mit Jungen oder Männern, die sie vorher nicht gekannt hatten. Diadia hatte die Hände vieler Mädchen gehalten, die geweint hatten, weil sie nicht mit einem Mann verheiratet werden wollten, von dem sie vorher nicht einmal ein Bild gesehen hatten, mit einem Mann, den nur der Vater gesehen hatte und der sie womöglich mit in sein Dorf nehmen wollte. Oft schon hatte sich Diadia in einen Hochzeitszug eingereiht, gleich hinter dem Mann, der die verstörte Braut über der Schulter trug.

Nein, das war es nicht, was Baba wollte. Vielleicht wollte Diadia ja Ärztin oder Wissenschaftlerin werden. Sie konnte jede Schule in Guinea besuchen und dann nach Paris oder Budapest gehen. Baba hatte von guten Medizinfakultäten in Ungarn und anderen Teilen Europas gehört, und all diese Orte hatte er auf Karten markiert, als er als junger Mann blutende Beine verbunden und den Patienten Medizin verabreicht hatte. Er hatte uns viele Male gesagt: »Die Mädchen in Frankreich gehen zur Schule und heiraten. Sie bekommen auch Kinder. Mein Vater sagte immer, man muss seine Kinder mit der Zeit gehen lassen, und so werde auch ich es halten.«

Diadia ging öfter mit einem sehr gut aussehenden Jungen namens Telli aus. Seine Familie war in Labé hoch angesehen, zwar nicht sehr reich, aber gebildet und nicht überheblich. Genau wie Baba war dieser Junge der Enkel eines Dorfkönigs, seine Vorfahren stammten aus der ersten Königsfamilie des Fouta Djalon. Baba sagte zu Diadia, dass er die Heirat gutheißen würde, wenn sie diesen jungen Mann wählte; wenn nicht, sei es aber auch in Ordnung.

Bereits ein Dutzend Mal, vielleicht auch öfter, war ein Junge mit seinem Vater zu uns gekommen, um bei Baba um die Hand seiner ältesten Tochter anzuhalten. Baba kannte den Mann sehr gut und er vertraute ihm. Baba bot jedes Mal einen herrlichen Anblick, wie er da in seinem besten Boubou saß, sich zurücklehnte, nickte und gelegentlich den Kopf verneigte, eine Hand am Kinn, die Beine untergeschlagen, und bei allen den Anschein erweckte, er würde das Angebot ernsthaft abwägen. Und jedes Mal erhob er sich am Ende mit ausgestreckter Hand und sagte: »Ich fühle mich geehrt, aber ich habe mich entschieden und werde meine Tochter nicht für eine Heirat hergeben.« Dann führte er die beiden verdutzten Besucher zur Tür.

Diadia fühlte sich nicht wohl. Mit sechzehn war sie eines Morgens mit einem seltsamen Kribbeln im Gesicht aufgewacht, und für kurze Zeit war eine Seite ihres Mundes sogar gelähmt gewesen. Am Tag nach ihrem einundzwanzigsten Geburtstag erzählte sie Baba, dass dieses Gefühl wieder da sei, und dass Néné Idrissa einverstanden sei, sie nach Conakry zu begleiten, um einen Spezialisten aufzusuchen.

Einige Wochen vergingen. Diadia schickte eine Nachricht, dass es ihr gut gehe, doch sie wolle sich an der Universität in Conakry einschreiben, um Ärztin zu werden. Baba erzählte es all seinen Freunden und schickte die Nachricht von seiner gescheiten Tochter auch weiter nach Diontou. Hadiatou sagte zu mir, sie habe Angst um Diadia, und ich antwortete darauf: »Dumme Hadiatou, immer hast du vor irgendetwas oder um irgendjemand Angst.«

Im Frühjahr des Jahres 1973 zeigte mir Hadi das Bild eines Babys. »Das ist deine Nichte«, erklärte sie.

Es war Nachmittag, ich war gerade aus der Schule

gekommen, und die Kinder spielten im Garten. Oury machte seine ersten Schritte, Bobo und Pathé liefen einem Ball hinterher, Fifi hatte bereits lange Beine und saß anmutig auf einem Stein, und Koto, schon ein Mann, stand in der Tür. Vater war noch nicht zu Hause, es wehte ein kühler Maiwind, eine ruhige Tageszeit.

»Néné, ich muss dich sprechen«, sagte Hadiatou. Sie setzten sich auf *Joulerras* vors Haus. Ich hörte sie zischend flüstern, ihre Körper nah beieinander, die Gesichter Wange an Wange. Néné fuchtelte mit den Armen in der Luft herum. Noch mehr Geflüster. Néné schüttelte den Kopf, Hadiatous Lippen ganz nah an ihrem Ohr. Ein kurzer Schrei drang aus Nénés Mund, dann presste sie die Hände auf ihre Lippen. Hadiatou stand auf.

»Néné möchte, dass alle hineingehen«, befahl Hadiatou. »Sie möchte alle drinnen haben.« Wir gingen alle an Néné vorbei, die draußen im Garten sitzen blieb.

»Hadiatou, was ist passiert?«, fragte Koto.

»Diadia. Sie hat ein Kind geboren. Ein Mädchen.«

Dann hörten wir ein tiefes Stöhnen und das lange, tiefe Aufheulen einer Verzweifelten. Néné war auf die Knie gesunken, sie grub die Hände in die Kieselsteine und warf sie anschließend hinter ihren Kopf.

»Mein Leben ist zu Ende«, schrie sie. »Ich bin ruiniert, ich bin zutiefst gedemütigt.«

Ich lief zu ihr. Es ist schlimm für ein Kind, die eigene Mutter weinen zu sehen. »Bitte, Néné, weine nicht.«

»Was soll ich tun? Kann ich fortlaufen und nie mehr wiederkommen? Wie soll ich es deinem Vater sagen? Was wird dein Vater tun? Die Mutter. Immer ist die Mutter die Schuldige, besonders bei einem Mädchen.«

Die Frauen aus den anderen Häusern kamen angelaufen. »Diaraye«, sagten sie zu meiner Mutter. »Wer ist gestorben?«

»Niemand«, antwortete sie. »Es ist viel schlimmer.« Schließlich hob sie ihr schmerzverzerrtes Gesicht.

»Holt eure Männer. Jemand muss das Gewehr aus unserem Haus holen. Ich weiß nicht, was er tun wird. Wenn er nach Hause kommt, wird er das Gewehr suchen.«

Die Männer kamen und nahmen das Gewehr mit. Sie beratschlagten sich im Garten und einige von ihnen gingen los, um Baba zu holen und ihm zu sagen, dass er zu Hause gebraucht werde. Als die Gruppe zurückkehrte und Baba ins Haus folgte, kroch Néné zur Seitentür hinaus, sie wollte nicht gesehen werden. Sie packte Essen und Kleidung zusammen, bereit zu gehen.

Ich rannte aufgeregt herum. Was geschah hier nur? Meine Mutter war im Begriff wegzulaufen.

Die Männer sagten es Baba. Auch er schrie auf.

»Warum seid ihr hier?«, brüllte mein Vater. »Seid ihr gekommen, um euch über mich lustig zu machen? Um meine Demütigung mitanzusehen? Geht, ich brauche euch nicht.«

Die Männer redeten auf ihn ein, er solle sich doch beruhigen, aber mein Vater saß nur auf seinem Bett und schluchzte. »Sie war mein ganzer Stolz. Wie konnte sie mir nur so etwas antun?«

Niemand außer Koto bekam Baba während der folgenden zwei Tage zu Gesicht. Nur einmal hörten wir seine Stimme, als er sagte: »Koto soll kommen.« Koto brachte ihm das Essen und schlief mit ihm in einem Bett. Wenn Baba Néné etwas zu sagen hatte, schickte er Koto. Er ließ Koto Essen und Wasser holen. Koto versicherte Baba, dass das Geschehene keine Katastrophe sei. Er bat ihn inständig, das Herz der Familie nicht zu brechen, aber bei Kotos Worten schüttelte Baba nur den Kopf. Er aß und betete und schloss sich in sein Zimmer ein, zusammen mit dem Sohn, der es ihm nie hatte recht machen können.

Als er schließlich herauskam, verbreitete er Hektik und Unruhe im Haus. Er verbot Hadiatou, tanzen zu gehen, und sagte zu ihr, er wolle nicht, dass sie sich mit Jungen herumtreibe. Hadiatou versuchte daraufhin, sich davonzuschleichen, aber mein Vater erwischte sie und zerrte sie zurück ins Haus.

Baba schickte einen Brief an einen von Nénés Verwandten in Liberia und teilte ihm mit, dass er ihm seine zweite Tochter, Hadiatou, zur Frau geben wolle. Bald kam ein Antwortschreiben mit einem Foto darin und dem Versprechen, dass der Verwandte so bald wie möglich nach Labé kommen wolle. Hadiatou zeigte mir das Foto von dem Mann, den Baba für sie ausgesucht hatte. Er trug einen Safarianzug und sein Name war Saikou Diallo.

»Also gut, wenn du willst, dass ich dasselbe tue wie meine Schwester, dann zwing mich nur zu dieser Heirat. Wenn du mich zwingst, dann werde ich es tun«, heulte Hadiatou.

Baba packte sie an den Haaren und schlug sie. Er prügelte sie mit zwei Stöcken gleichzeitig. Jeden Tag schlug er sie, im Garten, im Hauptraum, wo auch immer er sie gerade fand. Hadiatou stolperte durchs ganze Haus, während sie versuchte, den Schlägen auszuweichen, die sie dann doch überall am Körper trafen: am Rücken, an den Beinen, auf dem Kopf. Ich streichelte ihr Haar und versicherte ihr, dass Babas Wut sicher bald abklingen würde, bevor ich die Tür zu meinem lichtlosen Zimmer schloss, um allein zu weinen. Es war das Jahr 1973 und ich war dreizehn Jahre alt.

In der darauf folgenden Woche entschied Baba über Hadiatous Schicksal.

»Ich ertrage es nicht länger. Du wirst heiraten.«

»Das werde ich auch«, sagte sie. »Ich habe mich in einen meiner Vettern verliebt. Ich werde mich mit ihm verloben.« Sie hatte lange darüber nachgedacht und beschlossen, dass alles besser war, als einen Mann zu heiraten, der einen Safarianzug trug.

»Gut. Magst du diesen Jungen?«

Hadiatou war sechzehn. Sie erinnerte sich an nicht viel mehr als den Namen des Jungen, Dourd, und daran, dass er sie ein- oder zweimal gefragt hatte, ob sie mit ihm ausgehen wolle. Er lebte in Kirodia, im Osten von Guinea.

»Ich mag ihn«, antwortete sie.

»Gut! Dann wirst du ihn heiraten.« Baba klatschte triumphierend in die Hände. »Mehr muss ich nicht wissen. Ich will keine Feier. Ich werde die Heirat gutheißen. Wenn du Geld brauchst, werde ich dir helfen, die Summe für ein Haus aufzutreiben, und deine Aussteuer bezahlen. Er braucht mir nichts zu geben. Ich kann einfach ein Mädchen wie dich, das es seinem Vater so schwer macht, nicht hier behalten.«

Saikou Diallo kam im Juni 1973 eines Nachmittags zu uns nach Hause. Ich öffnete die Tür und sah einen großen Mann in einem dunkelbraunen, kurzärmeligen Hemd vor mir. Das Hemd hatte zwei Brusttaschen, dazu trug er passende Hosen, es war ein Safarianzug, aber ich erkannte ihn nicht als den Mann von Hadiatous Bild. Hinter ihm stand ein Motorrad, und da wusste ich, dass er von weit her gekommen sein musste. Er wirkte fremd.

»Ich bin hier, um deinen Vater zu sprechen«, sagte er.

»Mein Vater ist in der Stadt«, antwortete ich. Ich trug einen kurzen Jeansrock. LaFiesta, Yaye Kesso und ich hatten gerade im Haus getanzt, meine Beine fühlten sich beschwingt und kühl an. Wir hatten eine kleine Stereoanlage, aus der gerade James Browns ›I feel good‹ dröhnte. Der Blick des Mannes fiel auf meine nackten Beine, da genierte ich mich und lief los, um Néné zu holen. Danach wickelte ich rasch ein breites Tuch über meinen Rock.

»Mein Vetter, ich heiße dich willkommen«, sagte Néné

und streckte ihm die Hand entgegen. Ihre Mutter und Saikous Mutter waren Cousinen, er war also ihr Vetter zweiten Grades. Ich stand hinter ihr, züchtig bedeckt bis zu den Zehen.

»Mein Mann ist nicht da, aber wenn du später wiederkommst, wird er sich bestimmt freuen, dich zu sehen.«

»Ich komme wieder. Salut.« Er musste sehr beschäftigt gewesen sein oder hatte über sehr vieles nachzudenken, denn er kam erst zwei Tage später wieder. Baba zog sich ein feines Gewand an, und sie sprachen unter vier Augen miteinander.

»Ich glaube, ich kenne deinen Vater«, meinte Baba.

»Mein Vater hieß Ibrahim. Er war ein Islamgelehrter, und wie schon mein Großvater vor ihm lehrte auch er die Kinder den Koran.«

»Genau wie mein Vater«, sagte Baba.

»Er war eigentlich Hirte und tauschte auch Vieh gegen Waren wie Salz und Holz, aber der Koran war sein Leben.«

»Ja, das stimmt«, sagte Baba. »Ich erinnere mich jetzt genau. Als ich ein junger Mann war, wir waren noch nicht lange verheiratet und die Kinder noch klein, hat er uns einmal besucht. Er kam nach Conakry, um von dort ein Flugzeug zu nehmen. Er war auf der Pilgerfahrt nach Mekka. Verwandte hatten ihm gesagt, er könne bei uns übernachten. Ich gab ihm Wasser und Essen, und dein Vater segnete mich dafür, dass ich ihn respektierte wie meinen eigenen Vater. Und er wünschte mir, das habe ich niemals vergessen, er wünschte mir, dass Allah mir jemanden schicke, der mich genauso respektiert.«

»Wusstest du auch«, erzählte Baba weiter, »dass dein Vater als junger Mann ursprünglich die Mutter meiner Frau als Braut gewählt hatte? Sie war jedoch bereits einer anderen Familie versprochen gewesen. Dein Vater erzählte mir davon.«

Baba lächelte bei der Vorstellung, dass viele Jahre später,

*Hodoriye*, das Schicksal oder Allahs Wunsch, ihn mit Ibrahims Sohn zusammenbrachte. Doch Baba hatte schlechte Neuigkeiten für Saikou.

»Wie dein Vater kommst aber auch du zu spät. Es tut mir Leid. Ich habe meine Tochter bereits verheiratet, zwei Wochen ist es nun her.«

»Nein«, entgegnete Saikou. »Ich habe ein Mädchen in deinem Haus gesehen. Ich glaube, sie ist diejenige, die ich will.«

»Sag nicht so etwas. Sie ist noch ein Kind. Sie ist die Schwester des Mädchens, von der ich dir erzählt habe.«

»Selbst wenn du mir ihre Schwester geben wolltest, ich glaube, dieses Mädchen gefällt mir besser«, sagte Saikou. »Wenn du einverstanden bist, besuche ich dich bald noch einmal.«

»Du bist jederzeit in meinem Haus willkommen, aber leider wirst du kein Glück haben.«

Saikou kam nach zwei Tagen wieder. Er war in Tinkin gewesen, um meinen Onkel Sharif zu sprechen, den Bruder Nénés. Sharif galt als weiser Deuter des Korans, ein gelehrter Mann. Er hatte Saikou geraten, ehrlich zu meinem Vater zu sein.

»Ich bin mit meiner ersten Frau unglücklich«, offenbarte sich Saikou Baba gegenüber. »Die erste Heirat wurde mir aufgezwungen. Ich habe die Frau nicht selbst gewählt. Ich brauche eine zweite Frau, die ich selbst aussuche und mit der ich glücklich sein kann.«

»Warum ausgerechnet dieses Mädchen?«, fragte mein Vater.

»Es geht mir nicht mehr aus dem Kopf, wie sie an dem Tag, an dem ich das erste Mal bei euch war, ein Tuch um ihre Beine wickelte.«

Es herrschten unruhige Zeiten damals. Baba schickte Koto mit Geld für Diadia nach Conakry, aber er selbst wollte sie und ihr Kind nicht sehen. Der Urgroßvater des

Kindes, der Häuptling des großen Dorfes Dalaba im Süden des Landes, schickte eine Abordnung zu Baba, die ihn dazu bringen sollte, der Heirat von Diadia und Telli zuzustimmen. Baba weigerte sich jedoch, auch nur einen von ihnen ins Haus zu lassen. Schließlich teilte uns Néné mit, gebeugt von den Jahren und müde, mit roten Augen vom Weinen, dass sie wieder ein Kind erwartete, ihr neuntes.

Baba dachte über Saikous Vater Ibrahim nach. Sie hatten vor vierzehn Jahren zusammen gebetet. Der ältere Mann hatte sich mit Wasser gewaschen, das Baba ihm gereicht hatte. Er hatte Baba mit ernsten Augen angesehen, während er Allah darum bat, jemanden zu schicken, der Baba denselben Respekt erwies, den Baba ihm entgegengebracht hatte. Ich habe mich nach so vielen Jahren daran erinnert, dachte Baba. Ich habe diesen Mann niemals vergessen. Er hätte beinahe die Mutter meiner Frau geheiratet, die den Namen Kadiatou trug, genau wie meine Tochter. Und nun klopft sein Sohn wieder an die Tür meiner Familie.

Plötzlich erschien es Baba wie eine Offenbarung.

*Es ist Kadi. Sie ist diejenige, die Baba respektiert. Niemals ein schlechter Tag mit ihr. Sie ist diejenige, die Saikou Diallos Vater von Allah erbeten hatte, diejenige, die Allah mir geschickt hat.*

Am nächsten Tag traf er sich mit Saikou in der Stadt.

»Ich beabsichtige ernsthaft, deine Tochter zu heiraten«, begann Saikou.

Baba antwortete: »Sie ist noch nicht alt genug, aber wenn du sie fragst, und sie sagt Ja, dann werde ich mit der Heirat einverstanden sein.«

Baba fügte noch eine Bedingung hinzu.

»Sie ist gescheit. Du musst dafür sorgen, dass sie weiter zur Schule geht.«

»Ich verspreche, sie auszubilden und sie glücklich zu machen«, beteuerte Saikou.

Das war im Sommer 1973. Ich hatte gerade die achte Klasse hinter mir. In vier Wochen würde ich vierzehn werden.

Obwohl ich mit zunehmendem Alter mein selbst erworbenes Wissen vergrößert hatte, hatte ich noch keine Ahnung von dem, was damals geschah. Ich wusste nur, dass Baba zurückkam und in sein Zimmer ging. Drei Tage lang ging er nicht zur Arbeit. Immer wenn er den Vorhang zurückzog und mich sah, stiegen ihm Tränen in die Augen. Er wirkte müde. Ich dachte, Baba schliefe vielleicht nicht gut in diesen Tagen, er wäre vielleicht krank, doch niemand sprach dergleichen aus.

Eines Tages fragte mich Néné Idrissa, ob ich sie auf einem Ausflug in die Stadt begleiten wolle. Sie sagte, sie beabsichtige ein paar Leute zu besuchen und wolle dabei die hübsche Tochter ihrer Cousine vorzeigen. Ich sagte ihr, ich sei sehr eingespannt wegen einer Schulaufführung, und am Nachmittag fände auch noch eine Probe statt. »Komm nur mit mir, später werde ich dich dann zur Schule bringen«, entgegnete sie mir darauf.

Sie brachte mich ohne Umwege in das Haus einer anderen Familie und führte mich dort in einen kleinen Raum. Darin wartete der Mann auf uns, den ich das erste Mal auf Hadiatous Foto gesehen hatte.

Er trug einen chinesischen Pyjama, ein langes, rotes Gewand, das in der Mitte von einem Gürtel gehalten wurde. Auf seinen Knien lag eine kleine Segeltuchtasche. Idrissa bedeutete mir, Platz zu nehmen. Der Mann und ich saßen uns auf hölzernen Stühlen in der Mitte des Zimmers gegenüber. Idrissa sprach zuerst.

»Ich habe dich hierher gebracht, damit du diesen Mann kennen lernst, und weil er dir etwas zu sagen hat.«

Dann sprach der Mann.

»Mein Name ist Saikou. Amadou Saikou Diallo. Ich bin

neunundzwanzig Jahre alt. Ich bin Geschäftsmann. Ich habe dich neulich bei euch zu Hause gesehen. Ich bin verheiratet. Ich habe eine Frau und zwei Kinder.«

Warum ist dieser Mann nur so seltsam gekleidet, dachte ich.

»Die Heirat wurde von meiner Familie arrangiert. Nun habe ich erkannt, dass ich meine eigene Wahl treffen muss, denn ich bin nicht glücklich mit meiner ersten Frau. Ich will noch eine Frau, und ich habe dich auserwählt. Ich fragte deinen Vater bereits, denn die Tradition schreibt uns das als den richtigen Weg vor. Ich bin froh, denn er sagte mir, ich solle dich selbst fragen. Nun sag mir, was du darüber denkst.«

Lange starrte ich an die Decke, tief in Gedanken versunken. Néné Idrissa blieb in Hörweite.

»Kadiatou wurde nach ihrer Großmutter benannt, der Cousine deiner Mutter. Aber wir rufen sie alle Mama. Sie hatte schon immer diese wunderbare Art. Also, Mama«, sagte Néné Idrissa schließlich zu mir. »Sag etwas.«

Warum ist Idrissa heute bei mir, fragte ich mich. Wo ist Baba? Wo ist Néné? So viele Schwierigkeiten in der Familie. Mein Vater fühlt sich gedemütigt. Er ist wütend auf meine Schwestern, und sie sind wütend auf ihn. Meine Mutter ist traurig. Meine Schwester Fifi ist traurig, und meine Brüder sind traurig. Und ich glaube, sogar der kleine Oury ist traurig. Das Haus steht auf dem Kopf.

»Herr Diallo, ich weiß nicht, was ich Ihnen sagen soll. Ich respektiere meine Eltern. Ich möchte nur das aussprechen, was auch der Wunsch meiner Eltern ist. Welche Entscheidung meine Eltern auch treffen werden, ich bin einverstanden. Wenn sie Ja sagen, dann ist meine Antwort auch Ja.«

Der Mann im roten chinesischen Pyjama lächelte. Es war ein nettes, breites Lächeln.

»Dein Vater ist bereit, dich mir zur Frau zu geben, aber er möchte, dass ich dich selbst frage.«

Er fasste in seine Tasche und holte ein Paar Sandalen heraus. »Ich möchte dir dies schenken«, sagte er.

Er überreichte mir auch eine Bluse und viele Geldscheine. »Danke«, sagte ich und gab alles in Néné Idrissas Hände, bevor wir uns verabschiedeten.

Auf der Straße fauchte ich Néné Idrissa an.

»Ich brauche diese Sachen nicht. Ich will sie nicht. Du kannst alles haben. Ich gehe jetzt zu meiner Schulaufführung.«

Die Probe fand in der Aula der Oberschule statt, auf der Bühne, auf der ich schon so viele Male gestanden hatte, dort, wo einst auch meine Stimme versagt hatte, als mein Vater im Zuschauerraum gewesen war. Als ich dort ankam, umringten mich die anderen Schüler sofort, um mir bei meiner Verwandlung zu helfen. Sie flochten mir das Haar zu zwei dicken Zöpfen, die sie hochsteckten, sodass sie sich wie ein Bogen über meinem Kopf erhoben. Sie wickelten das Haar in Spitze, die unnatürlich golden gefärbt war, und warfen mir ein steifes Kleid über, das mit kleinen, silbrig glänzenden Pailletten besetzt war. Was auf der Bühne künstlich aussah, wirkte fürs Publikum echt. Ich kam mir vor wie der Quastenlampenschirm, den ich einmal auf dem Markt in der Stadt gesehen hatte.

Mit meinem großen Kopf und der schimmernden Robe spielte ich die Frau des Königs.

»Du bist die Herrin über alles, was dich umgibt«, sagte die zweite Hauptrolle.

»Ich werde mein Volk behutsam führen und meinem König weise dienen«, antwortete ich darauf.

»Und du bist meine Angebetete.«

»Gemeinsam werden wir unserem Volk Frieden und Wohlstand bringen«, sagte ich.

Des Königs Stimme dröhnte durch die riesige, leere Aula, meine Stimme hingegen klang, als hätte sie sich in einem kleinen Ball verkrochen, der fast leblos aus meinem

Mund herausfiel. Die langen Seile, an denen die Lampen von der gewölbten Decke hingen, erinnerten mich an die Schlingen der Gehängten, die ich in der Zeitung gesehen hatte. Da die Sitze leer waren, erkannte ich, wie grau dieser Ort eigentlich war. Ich sah erstmals die Fenster, die sich in langen Reihen zu beiden Seiten des Raumes bis nach hinten erstreckten und durch die ein mattes, gelbes Licht hereinfiel.

Wir tanzten und sangen in einem großen Kreis, ich hatte die Arme um Yaye Kesso und LaFiesta geschlungen, bevor sich schließlich der Kreis um mich und den König auflöste und die Rufe den Raum erfüllten:

*Hoch lebe der König und die Königin, preist sie bis in alle Ewigkeit.*

Inzwischen war es Juli geworden. Ich verließ mit Yaye Kesso und LaFiesta die Schule. Wir gehörten zu den Glücklichen. In der schlimmsten Zeit der Krise vor einem Jahr, als viele Mädchen in unserem Alter ihren Eltern entrissen worden waren, waren wir verschont geblieben. Ich erwähnte meinen Freundinnen gegenüber nichts von dem Zusammentreffen mit Saikou Diallo oder von dem, was dort besprochen worden war, denn ich musste das Erlebte erst einmal in meinem Kopf zurechtrücken.

Das Tageslicht schwand bereits, als ich mich auf den Heimweg machte. Der Himmel war von jenem dunklen Blauschwarz, das mir schon als kleines Mädchen eine Gänsehaut verursacht hatte. Auch jetzt noch jagte es mir Angst ein. In dieser Nacht sah ich Labé jedoch mit anderen Augen. Ich nahm die Betonhäuser wahr, die sich auf den Hügeln aneinander drängten, Hügeln, die sich unter meinen Augen in dunkle Seen verwandelten. Ich konnte förmlich sehen, wie sich die Häuser sanft im Abendhauch wiegten. Die Wäscheleinen, die zwischen den Häusern und Bäumen aufgespannt waren, dehnten sich wie Ankerseile.

Es war noch zu früh für Kerzen oder Petroleumlampen, und die Hügel wurden nur von den sprühenden Funken erleuchtet, die aus den Küchenhäusern flüchten konnten. Würde ich kopfüber in den Hügel springen, ins schwarze Wasser, ich würde verschlungen werden und niemand würde es je erfahren.

Ich war zehntausend Mal sorglos durch Labés Straßen gerannt, gehüpft und gesprungen, aber in dieser Nacht ließ mich die Stadt kaum atmen. Je weiter ich mich von der Aula entfernte und je mehr ich mich meinem Zuhause näherte, desto schwerer wurden meine Beine, jeder Schritt ließ mich scheinbar tiefer in den Boden sinken.

Eine Stunde nachdem ich zu Hause angekommen war, traf Besuch zum Abendessen ein. Saikou Diallo und meine Eltern sprachen viel an jenem Abend. Ich war zwar die ganze Zeit im selben Raum, aber ich schwöre, ich habe kein einziges Wort mitbekommen.

Néné rief mich am nächsten Tag zu sich ins Küchenhaus. Wir setzten uns auf eine kleine Bank, ihr Bauch war wieder dick und unsere Seiten berührten sich, was ihr gefiel. »Also«, sagte sie.

Sie öffnete die Hand und zeigte mir ein Paar goldene Ohrringe. Ich wusste, dass sie ein Geschenk ihres Vaters gewesen waren. »Ich möchte dir das hier geben, denn du wirst bald heiraten«, sagte sie. Nicht einmal Herr Diallo selbst hatte es so deutlich ausgesprochen. Aufgebracht durch Nénés Worte, erhob ich meine Stimme.

»Warum soll ich jetzt schon heiraten?«, fragte ich.

»Mach es mir doch nicht so schwer. Bitte. Du weißt, was deiner Schwester widerfahren ist. Und du weißt auch, dass dein Vater nicht will, dass so etwas noch einmal geschieht.«

»Warum vertraut ihr mir nicht? Glaubt ihr, dass ich einfach so mit einem Jungen gehe und schwanger werde?«

Nénés Körper sank nach hinten gegen die Hausmauer.

Ich hatte Angst, sie könnte völlig zusammenbrechen und von der Bank fallen. Meine Mutter tat mir Leid, weil ich wusste, dass sie genauso hilflos war wie ich. Der Dampf aus den brodelnden Kochtöpfen hüllte uns ein, lange Rinnsale flossen aus Nénés Haar und über ihre Wangen. Néné nahm den Schweiß gern in Kauf, denn das Küchenhaus bot ihr etwas, was sie nirgends sonst fand – eine Zuflucht. Baba würde niemals seinen Kopf hier hereinstecken.

»Auch ich werde Bedingungen stellen«, sagte ich. »Und zwar werdet ihr mich von jetzt an in Ruhe lassen. Ich möchte die restliche Zeit bis zu meiner Hochzeit noch genießen.«

Von nun an würde ich, zumindest eine Zeit lang, so erklärte ich, mein Heil im Palais de Kolima suchen.

»Ich werde tanzen gehen. Ich werde jeden Abend ausgehen, und niemand wird es mir verbieten. Ein wenig Zeit bleibt mir noch, und in dieser Zeit möchte ich mich amüsieren. Einverstanden?«

Drei Nächte lang tanzte ich durch, kein Gedanke an frische Luft. »Stimmt das«, fragten meine Freundinnen. »Wir haben gehört, du wirst heiraten.«

»Es stimmt. Na und? Lasst mich in Ruhe.«

Am nächsten Abend machte ich mich wieder zurecht. Ich zog mein kurzes Kleid an, legte die großen Ohrringe an und streifte mir eine Perücke mit vielen kleinen Zöpfen über. Baba hielt mich in der Tür auf.

»Nein. Du wirst heute nicht ausgehen«, sagte er. »Du bist so oft ausgegangen in der letzten Zeit, und nun reicht es. Zieh die Sachen aus und wisch das Make-up weg, alles. Es wird Zeit, dass du damit aufhörst. Ich möchte, dass du richtig beten lernst. Geh, wasch dir die Hände und bete. Bete, und dann geh zu Bett.«

In dieser Nacht wünschte ich meinem Vater den Tod. Ich weiß, dass Koto sich dasselbe schon oft gewünscht hatte, und Diadia und Hadiatou auch. Wir waren also schon zu viert.

Ich wusch mir nur einen Fuß und nur eine Hand. Ich schloss die Tür zu meinem Zimmer und war unerreichbar für Mond und Sonne, aber Gott sah mich, das wusste ich. Ich breitete die Bettdecke auf dem Boden aus und fiel auf die Knie. Ich senkte den Kopf und flüsterte. »Lieber Gott, töte mich. Gott, töte mich.«

Dann noch einmal ein wenig lauter, denn ich wollte meinen Wunsch mit eigenen Ohren hören.

»Lieber Gott, töte mich. Warum gerade ich? Warum? Warum? Warum?«

Dann ging ich zu Bett.

Ich wachte am nächsten Morgen auf und entdeckte auf dem Bettzeug Blut, meine erste Menstruation.

Ich versuchte wegzulaufen. Drei Tage nachdem meine Periode vorbei war, sagte ich zu meinen Eltern, dass ich vor meiner Hochzeit noch eines tun wolle. Ich wollte nach Conakry fahren, um Diadia zu besuchen.

Ich sagte, ich müsse unbedingt mit ihr sprechen. Baba erlaubte es, und wir einigten uns darauf, dass ich am nächsten Morgen aufbrechen sollte. Sofort fing ich an, meinen Koffer zu packen, und zum ersten Mal seit Tagen fühlte ich mich wieder gut.

Es würde keine Hochzeit geben. Einmal in Conakry angekommen, würde ich dort bleiben und mich verstecken.

Aus meinem Vorhaben wurde jedoch nichts, denn in der darauf folgenden Nacht kam Diadia zurück nach Hause und machte mein Alibi zunichte. Baba sah sie nicht an.

»Wie könnt ihr sie in die Stadt gehen lassen, wenn sie doch bald heiraten soll?«, sagte Diadia.

Ich sah sie mit wilden, glühenden Augen an, sie, die niemals etwas falsch machen konnte, auf die sich Brüder und Schwestern verließen, die Ursache meines neuen Problems.

»Sprich nie wieder so über mich«, zischte ich sie an. »Verstanden? Du weißt genau, was du getan hast.«

Diadia trat vor mich hin, um mich zu schlagen.

»Versuch es doch. Wenn du es tust, dann gibt es einen Kampf«, schrie ich. Wir schlugen aufeinander ein, und es war Koto, der sich zwischen uns stellte. Wenn wir einmal nicht mehr weiterwussten, war es Koto, an den wir uns wandten; Koto, der nun mit gebrochenem Herzen auf dem Fußboden saß und um seine Familie weinte.

Ich traf Saikou Diallo noch ein weiteres Mal, bevor ich ihn heiratete, es war zwei Tage nach Diadias Rückkehr.

Bei den Fulbe sind Söhne wesentlich beliebter als Töchter. Der Grund dafür ist einfach. Wenn ein Sohn heiratet, bringt er seine Frau mit in sein Heimatdorf, um mit ihr bei seinen Eltern zu leben. Auf diese Weise tragen die Söhne zum Erbe der Familie bei. Sie vergrößern den Stamm durch Enkelkinder und erhalten den Eltern das Haus als Mittelpunkt des Universums.

Töchter dagegen gehen aus dem Haus. Pflichtgemäß folgen sie ihren Ehemännern in ferne Städte und Dörfer und werden Teil der Familie des Ehemanns. Alles dreht sich um die Männer und deren Ehre. Aus diesem Grund beginnen die Hochzeitsrituale in dem Dorf, in dem der Vater des Mädchens aufgewachsen ist. Und sie enden im Dorf ihres Ehemannes. Das Mädchen muss für ihre Heirat alles aufgeben. Von allem, was ihr lieb ist – ihre Freunde, ihre Umgebung, vielleicht auch die Schulbank, Geschäfte, Gerüche, vertraute Schritte, leise Geräusche im Haus, ein Klappern des Dachs –, von all dem muss sie sich verabschieden.

Mehr als alles andere empfand ich es als Vertreibung. Es erinnerte mich an die Art, wie Néné Gemüse aus der Erde riss. Das ging niemals sauber und ordentlich vonstatten, Wurzeln rissen auseinander, ein Teil des Gartens wurde aufgewühlt. Es war nicht leicht, aus Nénés Garten herausgerissen zu werden.

Die Söhne gehen, und die Familie wächst. Die Töchter gehen, und die Familie schrumpft. Ich fragte mich, ob Baba wohl auch über diese Dinge nachdachte.

KAPITEL 8

# *Von den Wölfen gefressen*

Ich wurde nach Diontou gebracht, in Babas Heimatdorf.

Man legte mich in die Hütte meiner Großmutter. Viele Frauen besuchten mich dort, und die Flamme, die noch immer brannte, warf ihre hohen Schatten an die Wand. Die Frauen traten neben mich, gaben mir ihren Segen und ein paar freundliche Worte.

»So ein hübsches Mädchen.«

»Ein Engel. So jung und schön.«

»Sie ist eine Ehre für ihre Fulbe-Mutter.«

Das Sprechen war mir verboten. Die Braut ist die Schweigende.

Ein Mann trat in die Tür, ich kannte ihn nicht, ein Abgesandter von Saikou Diallos Familie.

»Kadiatou Diallo? Kadiatou Diallo? Kadiatou Diallo? Deine Mutter, dein Vater und deine ganze Familie haben beschlossen, dich Saikou Diallo zur Frau zu geben. Deine Großeltern und auch die Urgroßeltern vor ihnen und all deine Nachkommen segnen dich mit dieser Heirat.«

Beide Großmütter, die pingelige Néné Diontou und die in mich vernarrte Néné Tinkin, und Tante Djengui strahlten mich an. Sie zogen mir die Kleider aus, tupften mir Gesicht, Hals, Bauch, Beine und Zehen mit einem feuchten Tuch ab. Dann brachte Néné Diontou ein Tuch, das zu klein zu sein schien, um eine Person zu bekleiden, aber bald wusste ich, dass dieses Tuch Geheimnisse barg. Sie nannten es *Selely*. Großmutter schüttelte es auf und es entfaltete sich vor meinen Augen, einen Augenblick lang schwebte es in der Luft, bevor es sich leicht gekräuselt auf meinem Körper niederließ. Es war aus weicher, reiner Baumwolle, strahlend weiß. Die Frauen halfen mir auf, ihre Hände stützten meinen Rücken und bewahrten mich vor dem Umfallen. Sie wickelten mich ein, und ich hatte das Gefühl, versiegelt zu werden, was ich eigentlich gar nicht so schlecht fand. Ich wusste, dass meine Großmütter mir niemals wehtun würden. Das feine Tuch kühlte meinen Körper.

Die Frauen sangen mit geschlossenen Augen, und dabei fielen auch mir die Augen zu. Seit vielen Tagen hatte ich nicht mehr gut geschlafen und bisher auch nie das Gefühl gehabt, dass ich, das Opfer, einmal im Mittelpunkt des Geschehens gestanden hätte. Nun war ich völlig ruhig, bereit zu glauben, dass zumindest diese Frauen mich in diesem Moment für einzigartig hielten. Ich war sogar dankbar, dass man mich von der Pflicht zu sprechen befreit hatte, denn dadurch war auch die Last des Denkens von mir genommen. Sollen diese Frauen für mich sprechen, ich werde schlafen. Baba hatte diesen Handel gesegnet. Nun segneten die Frauen mich.

Ich wurde aus der Hütte getragen, fort vom Feuer, und damit verflüchtigten sich alle vorherigen Gefühle, ließen mich allein zurück. Diese Heirat bedeutete, dass ich für den Rest meines Lebens in der Horizontalen verharren würde. Ein Mann hob mich auf seine Schulter und trug mich hinaus. Er hatte breite Schultern und starke Arme. Es war vermutlich früher Abend. Der Duft der Orangenbäume stieg mir sofort in die Nase. Ich konnte sie zwar nicht sehen, aber ich wusste, wo die Orangenbäume standen, auf halber Höhe des Hügels hinter der größten Hütte. Ich erkannte Großmutters Kieselsteine, sie knirschten unter den Füßen des Mannes. Viele Menschen waren da, sie tanzten und machten Musik bis tief in die Nacht. Es war ein großes Fest, das die anderen auf dem Boden erlebten und ich in der Luft. Schließlich trug mich der Mann den Hügel hinauf, an der Moschee vorbei, zu Diontous einziger, staubiger Straße, an der Stelle vorbei, an der mir Baba einst das Dorf gezeigt und seine weit ausgebreiteten Arme mir alle Möglichkeiten eröffnet hatten.

Als Nächstes fand ich mich auf der offenen Ladefläche eines Lastwagens wieder. Mit solchen Lastwagen wurden in Labé normalerweise die Geschäfte mit Waren beliefert. Ich hatte auch auf den Fahrten durch die Dörfer gesehen, wie sie sich ratternd und spuckend durch den Fouta Djalon gequält hatten. Immer saß eine Horde Jungen auf der Ladefläche oder hielt sich an den Seiten fest, und Männer mit Zigarettenstummeln zwischen den Lippen warfen mürrische Blicke auf unsere Windschutzscheibe, einmal, wenn wir hinter ihnen herkrochen, und dann wieder, wenn Baba überholte und einen höheren Gang einlegte, worauf der Motor eine dicke Dieselwolke durch den Auspuff ausstieß. Die Männer dankten uns stets mit ausdruckslosem Starren dafür, dass wir sie bergauf träge geschlagen hatten.

Ich hatte mir eine Reise auf einem solchen Lastwagen immer hart, eng und heiß vorgestellt, eine Tortur. Doch diese Fahrt war anders. Ich lag auf der Ladefläche, das Tuch noch immer um meinen Körper gewickelt. Mein Kopf ruhte im Schoß von Néné Tinkin. Da wir spät losgefahren waren, mussten wir uns um gefährliche Strahlen der Sonne keine Gedanken machen. Der Wind umspielte uns mit sanften Fingern, und die Frauen plapperten aufgeregt wie Kinder. Eine Karawane aus Autos und Lastwagen folgte uns aus Diontou hinaus und begleitete uns unablässig mit ihren Gesängen. Wir fuhren durch die dunklen Berge, niemand schlief. Alle redeten, sangen und lachten, nur ich blieb stumm. Ich blickte hinauf zu den blinkenden Sternen, die von einem scheuen, versteckten Mond festgehalten wurden. Gut, dass der Mond sich versteckte, denn sein Anblick brachte mich immer zum Tanzen.

Die Fahrt von Diontou nach Hollandé Bouru, Saikou Diallos Heimatdorf, dauerte fast fünf Stunden. Irgendwann hörte ich am Knirschen der Reifen, dass wir die Straße verlassen hatten. Wir fuhren über Steine und abgebrochene Äste. Dann erreichten wir ebenen Boden, vielleicht Gras, eine Weide. Wir mussten fast am Ziel sein. Hohe Gräser wischten im Vorbeifahren gegen den Lastwagen und hießen uns willkommen. Der Lastwagen hielt. Jemand sprang aus dem Führerhaus. Ein Gatter wurde quietschend geöffnet, und ich hörte, wie sich Männer begrüßten. Der Wagen fuhr weiter, blieb schließlich stehen, und ich hörte die Schritte der vielen Menschen, die aus den Autos und Lastwagen hinter uns sprangen. Es wurden immer mehr Stimmen, ein lebhafter Empfang mitten in der Nacht.

Ich wurde hochgehoben, schwebte schwerelos und waagerecht in der Luft, es musste Magie sein. Ich trieb durch dünne Luft, so wie es sie nur in den höchsten Regionen des Fouta Djalon gibt und wie es in den erfundenen Geschichten immer erzählt wird. Ich schwebte über den Dächern der Hütten, und ich hörte die Menschen sagen. *Jomba ari. Jomba ari. Die Braut ist angekommen.* Ein Windstoß fuhr unter meinen Körper und trug mich höher hinauf. Ich stieg bis über die Bäume und über die Kante eines Wasserfalls hinauf und blickte hinunter, ich sah eine riesige Menschenmenge, hunderte von Menschen, vielleicht auch tausende, die fragend auf mich zeigten. *Seht. Das ist das Mädchen. Sprechen kann sie nicht, aber sie kann fliegen.* Doch ich konnte sprechen, und das tat ich auch. Hoch oben in einer Wolke hörte ich sie, aber sie konnten mich nicht hören. »Mama«, sagte ich. »Das ist etwas sehr Interessantes, was hier gerade mit dir geschieht.«

Am Morgen kehrte ich auf die Erde zurück.

Das weiße Tuch wurde fortgenommen, und man legte mir stattdessen einen Schleier übers Gesicht. Ich wurde in ein gelbes Kleid gehüllt, der Stoff seidiger als alles, was ich bisher getragen hatte.

Sie betteten mich auf einen Teppich, der auf einem Polster aus Erde und Gras lag. Die Frauen und ihre Kinder spazierten an mir vorbei. Die Männer kamen gesondert. Die meisten Frauen lächelten mich an und interessierten sich besonders für mein Gesicht. Aus der Art, wie sie stehen blieben und die Finger an die Lippen hielten, schloss ich, dass sie wohl über mein Gesicht redeten. Einige der Frauen kicherten. Die Männer nickten nur, sie wirkten feierlicher.

Die Stunden vergingen. Dutzende von Gebeten und Segen wurden über mir ausgesprochen. Tante Djengui stand rechts neben mir, meine Großmütter links. Auch Diadia war gekommen, sie lächelte mich von Zeit zu Zeit an, aber sie schwieg wie ich. Meine Schwester, meine Schwester, ich war froh, dass sie da war.

Schließlich kamen die Männer. Der eine, es war der Imam, stand bei meinen Füßen, der andere, Saikou Diallo, hinter meinem Kopf. Um ihn sehen zu können, musste ich den Kopf nach hinten biegen. Er trug einen königsblauen Boubou, der sich deutlich vor dem Himmel abzeichnete.

Der Imam fragte meine Großmütter, ob sie dieser Heirat ihren Segen geben würden. »Ja«, antworteten beide, »wir geben dieser Hochzeit unseren Segen.«

Der Imam wiederholte die Frage, diesmal war sie an Saikous Familie gerichtet, und auch sie gaben der Hochzeit ihren Segen. Saikou trat vor und überreichte meinen beiden Großmüttern Geld. Man nennt es das ›Bezahlen der Schuhe‹, denn die Tradition verlangt, dass der Bräutigam den Preis der Schuhe der Großmutter bezahlt.

Als Mitgift musste der Bräutigam der Familie der Braut eine Kuh oder den Wert einer Kuh in Goldstücken übergeben. Also präsentierte Saikou einen kleinen Beutel mit Goldmünzen, zuerst seiner Familie und dann der ganzen Reihe bis zu meiner Familie. Alle lächelten, weil sie die Ehre hatten, die Mitgift in Händen zu halten. Schließlich landete der Beutel bei meiner Tante Djengui.

»Sind alle Bedingungen erfüllt?«, fragte der Imam. Zufrieden fuhr er fort: *»Sale Allah Muhammadin.«*

Bei diesen Worten brach das gesamte Dorf in ein einziges Singen und Springen aus, lauter als alles, was ich während der Feier in Diontou gehört hatte, und auch anhaltender. Sie unterbrachen den Jubel nur zum Beten, und auch das Gebet klang wie ein Jauchzen, währenddessen die Frauen, und auch die Männer, verstohlene Blicke auf mich warfen.

Sie tanzten weiter und feierten meine Unschuld. Einige der Männer führten Tänze auf, die ich in Labé nie zuvor gesehen hatte, schwer und wuchtig. Die Frauen zogen das Tuch von meinem Kopf und tanzten und rannten damit herum, das Tuch immer hinter sich herwedelnd. Nach alter Tradition dient das Tuch der Braut in der Hochzeitsnacht auch als Beweis. Es trägt das Zeichen für die Unschuld oder die Unreinheit der Braut. Die Frauen werden es falten und der Mutter des Mädchens übergeben, die es, zu ängstlich, um es selbst zu entfalten, an ihre eigene Mutter zur Begutachtung weitergeben wird. Die Mutter wird beim Anblick des roten Flecks auf dem weißen Tuch vor Erleichterung aufschreien, andernfalls vor Schande heulen.

Die Verheiratung einer Tochter ist in jeder Hinsicht Sache des Vaters, aber wenn es um die Unschuld des

Mädchens geht, wird mit dem Finger auf die Mutter gezeigt. Sie hat nichts zu sagen, ihre Meinung zählt nichts, sie ist nur für eines verantwortlich: die Unschuld ihrer Tochter.

Aufgrund meines Alters war die Überbringung des *Selely* nicht notwendig. Die Frauen umringten mich, boten mir Essen an und sagten, dass sie sich während der folgenden Woche um alle meine Bedürfnisse und um mein Wohlbefinden kümmern würden. Als ich schließlich schlafen ging, schliefen meine Tante und meine Schwester und noch andere Frauen mit mir im Bett oder auf dem Fußboden um mich herum. Durch die Hochzeit war ich einem Mann gegeben worden, aber jedes Mal, wenn ich mich umdrehte, hing eine andere Frau an mir.

Dennoch wusste ich, dass ich nach Néné nicht Ausschau zu halten brauchte.

Auf dem Land ist es nichts Ungewöhnliches, wenn ein Mädchen schon mit dreizehn verheiratet wird, aber anderswo wirft es Fragen auf. Die Menschen in Labé verstanden, dass Baba seine zweite Tochter weggab, nachdem die Älteste ihm solche Schande gemacht hatte. Aber dass er auch gleich die dritte Tochter verheiratete, verwirrte sie und löste Zweifel aus. Baba spürte das und er beschloss daher, das Ereignis ohne viel Aufhebens vorübergehen zu lassen. Er entschied, dass Néné und er nicht zu dieser Hochzeit gingen, lieber blieben sie zu Hause, als dass ihre Abwesenheit noch mehr Fragen aufwarf.

Ich suchte sie überall. *Néné? Baba? Wollt ihr mich nicht mehr sehen? Ich vermisse euch. Ich kenne die Menschen hier nicht.* Ich flehte Diadia an, mich nach Labé oder Conakry mitzunehmen.

»Ich kann nicht hier bleiben. Bitte, verlang nicht von mir, dass ich hier bleibe.«

»Versuch es, bitte«, bat sie mich. »Ich werde wiederkommen und dich besuchen.«

Bevor sie ging, sagte Diadia zu Herrn Diallo: »Ich habe nur eine Bitte an dich. Warte noch damit, sie zu schwängern. Mach keine so junge Mutter aus ihr.« Er gab ihr sein Wort.

Mein Überlebensinstinkt war es, der mir die Macht gab, über Hollandé Bouru zu schweben. Ich wusste aus meiner Erinnerung, wie es war, in der Luft zu baumeln und um sich zu schlagen, und als Baba mich dieses Mal losließ, fiel ich ein Stück, doch dann stieg ich hinauf in die Lüfte. Ich blickte hinunter auf Baumwipfel und flog noch höher hinauf. Ich besiegte die Schwerkraft. Ich konnte den Fouta Djalon sehen, der sich vor mir bis nach Labé erstreckte. Beaufsichtigt vom Mond, schwebte ich über unserem Haus, dem Haus von Néné und Baba.

Sie erzählten mir später, dass es sehr ruhig war im Haus, während ich im Dorf verheiratet wurde. Nur das Weinen von Koto, Néné und Baba war zu hören. Es wurde nur wenig gesprochen.

Baba wiederholte ständig: »Oh, mein Gott, ich habe meine Tochter verloren.«

Der kleine Oury packte jeden am Bein.

»Ich weiß, wo Mama ist«, sagte er. »Mama ist von den Wölfen gefressen worden.«

In dem Jahr, in dem ich geboren wurde, war Saikou Diallo bereits sechzehn Jahre alt und verließ sein Dorf, Hollandé Bouru, gegen den Willen seines Vaters, um Geld zu verdienen.

Sein Vater hatte immer darauf gehofft, dass Saikou eines Tages seinem Beispiel folgen und ein Mann von tiefem Glauben werden würde, der den Kindern aus den umliegenden Dörfern die Lehren des Koran nahe brachte. Dieser Wunsch drückte sich in Saikous Namen aus, der von dem arabischen Ausdruck *Sheik*, ›heilige Person‹, abgeleitet wurde.

Saikou wuchs heran und studierte den Koran mit großer Hingabe. Seine Mutter, Laouratou, starb, als er neun Jahre alt war, und sein Vater erklärte ihm, dass der Islam ein Wiedersehen mit ihr versprach. Saikou saß oft mit seinem Vater unter einem Pflaumenbaum, das heilige Buch geöffnet auf dem Schoß. Die paradiesische Landschaft um sie herum hatte eine einzige Generation aus nichts als struppigem Buschwerk geschaffen. Etwa fünfzig Familien wohnten in den Hütten, die von Pflaumen- und Mangobäumen und Blaubeersträuchern umgeben waren. Hoch oben in den Bergen lebten sie von dem, was das Land hergab. Sie hatten die sonnenverbrannten Felder so lange bearbeitet, bis sie Getreide, Reis und Fonio ernten konnten.

Saikous Großvater hatte Hollandé Bouru mithilfe der Gewinne aufgebaut, die er aus dem Viehhandel erwirtschaftet hatte. Eine Zeit lang hatte er sogar fünfhundert Stück Vieh besessen. Zu ihm kamen auch die Dorfbewohner, wenn sie spezielle Fragen zum Islam oder zur Moral allgemein hatten. Niemandem gelang der Spagat zwischen Moschee und Markt so gut wie ihm. Saikou konnte sich durchaus vorstellen, dass er den Koran studieren und gleichzeitig das Leben eines Händlers führen konnte. Als er und zwei seiner Brüder nach Casamance im südlichen Senegal aufbrachen, war es das Vorbild seines Großvaters, das ihn leitete.

Zuerst verkauften sie an den Straßen Zigaretten und Süßigkeiten, doch bald konnten sie einen kleinen Lebensmittelladen eröffnen, in dem sie Brot, Zucker, Gemüse, Getreide, Kolanüsse und andere Nahrungsmittel feilboten. Da Saikou wusste, dass die anderen Läden in der Stadt es sich nicht leisten konnten, jemanden nach Dakar zu schicken, um neue Ware zu holen, übernahm er diese Aufgabe. Er kaufte Lebensmittel auf und verkaufte sie weiter an die Geschäfte. Saikou war nun ein Zwischenhändler.

Saikou hatte eine sehr zurückhaltende Art, die ihm im Geschäftsleben zugute kam. Er verhielt sich bei Verhandlungen reserviert, hörte gut zu und sprach nur das Notwendigste. Aus der Politik hielt er sich völlig heraus, was in den frühen sechziger Jahren in Westafrika eine kluge Taktik war, denn überall herrschten Unruhen. Die Stadtbewohner kämpften gegen die Landbewohner. Die Anhänger der Franzosen stießen mit den Anhängern des ›neuen Afrikas‹ zusammen, und Grenzkonflikte plagten die Länder, deren Grenzen von Ausländern gezogen worden waren. Saikou brachte Waren im Wert von zehntausend Dollar nach Koeda, einer Stadt mitten im Erdnussanbaugebiet des Senegal, und lagerte sie in einem Schuppen am Markt. Eines Nachts endete ein Streit zwischen zwei politischen Parteien mit einem Feuer, das zwar den Hauptmarkt völlig zerstörte, doch Saikous Schuppen verschonte.

Er wartete zwei Wochen lang, beteiligte sich an keinem Gespräch, in dem es darum ging, wer das Feuer gelegt hatte und wer es verdiente, dafür gehängt zu werden. Geschickt machte er einen großen Bogen um jede hitzige politische Diskussion. Dann öffnete er eines Tages seinen Schuppen und verkaufte direkt daraus. Es war einer der wenigen Läden, in dem die Menschen nach dem Feuer die Waren fanden, die sie dringend brauchten. Saikou verdoppelte und verdreifachte die Preise und verließ Koeda mit einem Koffer voller guineischer Francs im Wert von dreißigtausend Dollar.

Saikou träumte davon, nach Guinea zu expandieren. Aber Sékou Touré hegte ein tiefes Misstrauen gegen Händler wie Saikou, die in seinen Augen danach strebten, Guinea in einen kapitalistischen Staat zu verwandeln. Im Jahr 1965 wurden viele erfolgreiche Händler ins Gefängnis geworfen. Somit fand in Guinea nur noch inländischer Handel statt, und Saikou musste sich anderweitig orientieren. Seine Wahl fiel auf Liberia.

Er war zweiundzwanzig Jahre alt und auf dem Weg von Liberia zur Elfenbeinküste, um Ohrringe zum Wiederverkauf zu erstehen, als er an der Grenze aufgehalten wurde. Die Grenzpolizisten der Elfenbeinküste verhafteten regelmäßig guineische Händler, von denen sie annahmen, sie würden ihren eigenen Händlern das Geschäft kaputtmachen. Sie steckten Saikou für drei Tage in den Keller eines Polizeireviers und drohten ihm damit, ihn nach Guinea auszuweisen, wo ihn guineische Soldaten, die mit der Elfenbeinküste kooperierten, hinrichten würden.

»Du bist aus Guinea, das weiß ich«, sagte ein Polizist.

»Nein, ich bin Senegalese«, antwortete Saikou.

»Das werden wir sehen.« Der Polizist stellte Saikou einer Frau aus dem Senegal gegenüber, um festzustellen, ob er sich mit ihr in der Landessprache Wolof unterhalten konnte. Da Saikou gerade erst ein Vermögen im Senegal gemacht hatte, sprach er fließend Wolof, womit er den Polizisten überraschte und zufrieden stellte.

»Gott schütze dich, du bist gerettet«, sagte der Polizist. »Du bist zwar trotzdem ein Guineer, aber du bist frei.« Der Polizist setzte ihn in einen Bus, der zurück nach Liberia fuhr. Dort blieb Saikou auch, für eine Weile geheilt von dem Wunsch, die Grenzen zu überschreiten.

Er entschied sich für Greenville, eine Stadt im Bezirk Seino im südöstlichen Teil Liberias, direkt am Atlantischen Ozean. In Greenville vervielfachte er sein Vermögen noch. Und Greenville war auch der Ort, wohin er mich im Sommer des Jahres 1973 brachte.

Wir verließen Hollandé Bouru mit dem Motorrad. Hunderte waren gekommen, um sich von uns zu verabschieden. Néné Tinkin befürchtete sogar, dass ein so großer Menschenauflauf uns vielleicht kein Glück bringen würde.

»Zu viele unreine Augen, zu viel Neid«, sagte sie.

Wir hatten eine lange Reise vor uns, nach Süden und Osten, um Sierra Leone herum. Auf den kurvigen Straßen des Fouta Djalon blieb mir keine andere Wahl, ich musste mich an Saikou festhalten. Zwei Stunden nachdem wir aufgebrochen waren und uns in der Nähe des Dorfes Mamou befanden, rutschte das Motorrad weg und wir stürzten. Saikou ging los und wollte jemanden holen, der das Motorrad reparieren konnte, während ich wartete. Eine Stunde verging, dann noch eine weitere. Autos fuhren vorbei und ein paar Lastwagen. Mir kam der Gedanke, dass die Männer in den Lastwagen bestimmt nichts dagegen hätten, wenn ich einfach zu ihnen hinaufspränge. Ich hätte entkommen können. Man stelle sich einmal vor: Ich, mit vielen anderen dicht gedrängt auf dem Trittbrett, eine Ausreißerin, nur ein weiteres Gesicht in der Menge.

Aber ich lief nicht fort. Das war das erste Mal, dass ich nicht fortlief.

Wir verbrachten lange Zeit im Busch, wo wir viel miteinander redeten.

Wir fanden kleine Lichtungen und setzten uns einander gegenüber. Unsere Knie berührten sich nicht. Mit keinem Körperteil berührten wir uns. Er fragte mich, ob ich Angst hätte, und ich sagte Ja. Ich erzählte ihm, dass ich nur ein einziges Mal von Labé fort gewesen sei, und das war, um meine Großeltern zu besuchen. Ich sagte ihm, dass ich nicht genau wisse, was man von mir erwarte. Ich gestand ihm, dass ich Angst vor Tigern und Löwen hätte und erzählte ihm, dass ich in Labé Geier gesehen hätte, aber sie ließen einen in Ruhe, solange man lebte. Er versicherte mir, dass es in diesem Teil Afrikas keine wilden Tiere gebe. Er fragte mich, was mir gefiel.

»Ich singe gern und spiele sehr gern in Schulaufführungen. Ich mag meine Freundinnen Yaye Kesso und LaFiesta, und auch Buntu Touré, die meine Brüder ›Untoo‹, das Fleischbällchen, nennen. Ich tanze auch gern«, erzählte ich ihm und hielt inne. »Aber das weißt du ja schon.«

»Ja, natürlich. Ihr habt getanzt, als ich das erste Mal bei euch zu Hause war.« Wir lachten darüber.

Wir schwiegen auch häufig für lange Zeit. Dann wieder spielte er mir Musik auf einem Plattenspieler vor. Wir hörten gern kubanische Musik, Marvin Gaye und einen guineischen Musiker namens Kandia. Eines Tages brachte mir Saikou eine Gebetsmatte mit. Sein Rücken war breiter als der meines Vaters, und das ließ sein Beten vollkommen anders wirken. Wenn er sich während des Gebets vorbeugte und wieder aufrichtete, wirkte das viel kraftvoller aber auch umständlicher als bei meinem Vater. Seine Stimme war tief, doch die Melancholie wie in der Stimme meines Vaters fehlte.

Er war sehr freundlich zu mir. Er sagte, er würde mir alles geben, was ich wollte. Er verlangte nichts von mir. Er wollte, dass ich mich wohl fühlte.

Saikou besaß drei Tankstellen in Seino, fünf Märkte und Gemischtwarenläden und ein Sägewerk mit fünfzig Beschäftigten. Fast alle Menschen, die für ihn arbeiteten, waren auch mit ihm verwandt. Nicht weniger als dreihundert Mitglieder seiner Familie waren ihm nach Greenville gefolgt. Saikou lieh vielen von ihnen Geld, aber auch Fremden gab er Kredit, damit sie in der Stadt ein Geschäft eröffnen konnten. Zusammen mit seinen Brüdern hatte er eine islamische Schule und eine Moschee gebaut. Außerdem besaß er drei Autos und einen Pritschenwagen. Saikou war noch in andere Geschäfte verwickelt, aber von diesen wusste ich wenig. Er hatte einmal etwas von Goldhandel erwähnt. »Für mich zählt nur das Geschäft«, sagte er immer.

Saikou sagte oft, dass Greenville boomte. Ich war mir nicht ganz sicher, was er damit meinte. Meistens sagte er das am Ende eines Tages, wenn er von der Runde durch seine Geschäfte zurückkam. »Wir haben Glück, dass wir an einem solch boomenden Ort wie diesem leben«, sagte er.

»Boomend?« Unter einem ›Boom‹ stellte ich mir einen Ort mit viel Tanz und Musik vor, mit vielen Autos und sogar Fernsehern. Aber was es auch war, es konnte nicht in Greenville sein. Die Menschen dort prahlten damit, dass kein anderer Ort in Westafrika eine so grüne Küste besaß, und das stimmte wahrscheinlich auch. Das bedeutete jedoch nur, dass das Land mehr Busch besaß als andere Länder. In Greenville gab es eine neue Straße, die an der Küste des Atlantiks entlang führte und Greenville mit der Hauptstadt Monrovia im Nordwesten verband, doch das machte aus Greenville noch lange keine Stadt. Man brauchte noch immer vierundzwanzig Stunden für die Fahrt in die Hauptstadt. Für mich war Greenville ein großes Dorf, das vielleicht einen Vorteil hatte – viele Liberianer sprachen fließend Englisch, was mir zumindest das Gefühl gab, ich sei mit etwas verbunden, das sich außerhalb dieses Ortes befand.

Saikou baute zwei geräumige Häuser, und wir lebten in einem davon, das direkt hinter dem größten seiner Geschäfte lag. Der Laden und das Haus waren nicht aus Gras und Lehm oder Zement gebaut, sondern aus Holz, was ungewöhnlich war. Wir waren von einigen anderen Häusern und Hütten umgeben, aber dahinter gab es nur Buschland. Ich hatte ein eigenes kleines Zimmer, aber schon in der ersten Nacht und auch in allen darauf folgenden Nächten kamen ganze Rattenfamilien aus den Löchern im Fußboden und taten so, als wären sie zu Hause. Es lief immer nach dem gleichen Schema ab. Sie blieben stehen, setzten sich auf die Hinterbeine, reckten mir ihre kleinen Nasen entgegen und huschten dann fröhlich kreuz und quer durchs Zimmer. Ich lernte, mit über den Mund gezogener Decke zu schlafen.

Wir lebten zusammen mit Saikous Bruder Abdoulaye und dessen Frau Madinatou, und mit Aissata, Saikous anderer Frau und den zwei Kindern, von denen Saikou mir erzählt hatte, Alfa und Diaraye.

Saikou gab mir am ersten Tag, gleich nachdem wir mit dem Motorrad angekommen waren, eine strenge Anweisung: »Ich will nicht, dass du mit Aissata sprichst«, sagte er.

Solche Verbote, so dachte ich, stellen oft durchaus etwas Positives dar. Oft schlenderst du nur so vor dich hin und wartest, dass etwas passiert, schaust nicht nach links oder rechts, und dann *Buummm!* In deinem Kopf startet eine Rakete, und du wachst schlagartig aus der Schlafwandlerei auf. Und das nur, weil jemand ein Verbot ausgesprochen hat.

Dieser Mann kennt mich nicht, dachte ich. *Sprich nicht mit ihr* bedeutete für mich *Natürlich werde ich mit ihr sprechen, und zwar wann immer ich will.*

»Warum nicht?«, fragte ich Saikou. »Sie ist ein Mensch wie du und ich. Warum sollte ich nicht mit ihr sprechen?«

Aissata war ein hübsches dünnes Mädchen, aber an der Art, wie sie sich bewegte, erkannte ich, dass sie sich ihrer Schönheit nicht bewusst war. Ihre Schultern hingen herunter, und die Arme baumelten wie schwere Gewichte neben ihrem Körper. Sie bewegte sich durch ein Zimmer oder über den Hof, ohne dabei die Füße zu heben. Ich wusste immer, wenn sie in der Nähe war, ich hörte es an ihrem schlurfenden Gang. Sie blickte mir nur selten ins Gesicht, auch die anderen sah sie nicht an, außer Madinatou, die sich durchaus mit ihr, wenn auch flüsternd, unterhielt.

»Wo kommst du her?«, fragte ich.

»Aus der Nähe von Hollandé Bouru.«

»Siehst du deine Familie oft?«

»Nicht oft. Nur wenn sich die Gelegenheit ergibt.«

»In welche Schule bist du gegangen?«

»Ich bin nicht zur Schule gegangen.«

»Tanzt du gern?«

»Ich habe doch jetzt zwei Kinder.«

So verhielt es sich stets, ich hätte gern mit ihr gesprochen, aber sie wollte mit mir nichts zu tun haben. Oder sie wusste nicht, über was sie mit mir reden sollte. Oder aber, und darüber dachte ich lange nach, es bereitete ihr Unbehagen, mit mir zu sprechen.

Saikou brüllte sie oft an. Er sagte ihr, sie solle sauber machen, kochen und auf die Kinder aufpassen, alles andere ginge sie nichts an. Sie durfte ihn niemals etwas über seine Geschäfte fragen. Manchmal weinte sie. Manchmal richtete sie sich aber auch auf und stritt mit ihm, aber nie lange. Dann ließ sie die Schultern wieder hängen, nahm die Kinder und schlurfte davon. Sie war zweiundzwanzig. Ich fragte sie, wie alt sie gewesen war, als sie geheiratet hatte. »Dreizehn«, antwortete sie.

Die Antwort erschütterte mich. Saikou hatte sich für mich entschieden, ohne mein Alter zu kennen, das glaubte ich zumindest. Ich hatte mittlerweile die Geschichte gehört, wie sein Vater meinen Vater gesegnet hatte, und da kam mir der Gedanke, dass bei unserer Heirat vielleicht das Schicksal eine Rolle gespielt haben mochte.

»Warum bist du fortgegangen und hast dir eine neue Frau geholt?«, schrie Aissata ihn an, nachdem ich etwa drei Monate dort war.

»Sie ist meine gebildete Frau, und ich liebe sie«, sagte er. »Ein Mann sollte mehr als eine Frau haben. Dir geht es doch gut hier.«

Später ging ich zu Aissata ins Zimmer und sagte: »Es tut mir Leid.« Sie antwortete nichts darauf, obwohl sie es vielleicht gern getan hätte, so wie sie mich ansah. Saikou ging an der Tür vorbei und sah uns zusammen.

»Ich habe dir doch gesagt, dass du mit Aissata nicht sprechen sollst.« Er meinte natürlich, dass ich nicht *so* mit ihr sprechen sollte. Er hatte kein Problem damit, wenn Aissata zu mir sagte: »Könntest du auf Alfa aufpassen?« Oder wenn sie mich bat, die Zwiebeln für den Eintopf zum Abendessen zu holen. Aber wenn wir unsere Stimmen dämpften, und wenn Aissata ihre sonst so traurige Haltung änderte, wenn auch nur für einen Moment, dann schritt Saikou ein.

»Du solltest nicht so mit ihr umgehen«, sagte ich.

»Ich sage *dir, wann* du zu sprechen hast. Sag mir nicht, wie ich reden soll.«

»Ich darf doch wohl sagen, was ich denke«, entgegnete ich.

Saikou hatte schon einmal ein junges Mädchen geheiratet, aber so wie ich Aissata einschätzte, hatte er bestimmt noch mit keiner Frau auf diese Art gestritten.

»Du bist noch ein Kind, ich muss auf dich aufpassen«, erklärte er.

Dann rutschte es mir heraus.

»Ich habe meine Rechte«, schrie ich trotzig.

Einige Tage später fuhr Saikou in die Hauptstadt. »Geschäfte«, sagte er nur. Er ließ mich mit seiner missmutigen ersten Frau, zwei kleinen Kindern und seinen vielen Brüdern und Schwestern allein, die anscheinend alle der Meinung waren, dass irgendetwas mit mir nicht stimmte.

Ich tanzte zwar nicht mehr, aber ich saß oft im Garten auf einer Schaukel und trällerte französische Lieder vor mich hin.

Die Luft hier hatte nicht die Leichtigkeit der Luft in Labé oder Diontou oder Tinkin. Sie war stickig von den heißen

Winden, die über den Ozean bliesen, und meine Lieder erstickten daran.

Eines Tages fiel mir ein Lied aus einer Theateraufführung in der Schule ein, Worte, die von der Rebellion des Volkes kündeten.

*Mawbhè bhèn no tanpudè –*
*Duti dhin Fewtiké –*
*Mobondiren, mobondiren –*
*Wallè bhè.*

Ich verneigte mich, die Vorstellung war vorbei, und ich weinte. Doch es war ein sehr egoistisches Weinen, ich weinte nur um mich selbst. Nicht um Diadia oder Hadiatou, Néné oder Baba, nicht einmal um Koto.

Ich war allein mit meiner Qual, doch dann fiel mir seltsamerweise Fatima ein. Sie schloss ich in mein Weinen ein, armes Baby, das in die kochende Erdnusssoße gefallen war. Selbst nachdem ihre Haut wieder vollständig nachgewachsen war, hatte sie nicht gesprochen. Die Verbände waren lange schon abgenommen, doch sie beobachtete nur und lauschte den Erwachsenen, aber selbst sprechen wollte sie lange Zeit nicht. Sie haben ihre Stimme gestohlen, hatte ich damals entsetzt gedacht.

Saikous Schwester und sein Schwager fragten mich niemals etwas über meine Familie oder was ich gern essen würde. Ich erinnerte mich daran, wie Néné immer gepredigt hatte, dass es wichtig sei, die Neulinge im Haus ganz besonders gut zu behandeln, doch in diesem Haus kannte man keine solchen Gepflogenheiten. Niemand hörte Radio oder sprach über die neuesten Nachrichten. Außer mir war in diesem Haus niemand zur Schule gegangen. Ihre Hauptsorge lag darin, dass die Regale in dem großen Geschäft neben dem Haus stets gut gefüllt waren.

In dem Geschäft gab es alles zu kaufen. An einer Wand

stapelten sich Getreide, Kekse, Reis, Dosensuppen, Makkaroni-Soßen, Schokoladenpulver, Zahnpasta, Schmerztabletten, Batterien und Seifen in den Regalen. Die Regale an der gegenüberliegenden Wand beinhalteten von Plastikeisenbahnzügen bis zu Sandalen wirklich alles. Es gab nicht viel, was in dem Laden *nicht* verkauft wurde. Ein Regal nur für Frauen bot Lippenstifte, Haarteile und künstliche Fingernägel an. Eine Auswahl an Teppichen, Stoffen und Nähgarnen gab es in einem kleinen Zimmer im oberen Stockwerk. Rund um das Geschäft standen Krüge, die mit Petroleum gefüllt waren, das die Leute für ihre Lampen brauchten. Und draußen um die Ecke thronte ein riesiger Kühlschrank, in dem Erfrischungsgetränke und Säfte aufbewahrt wurden.

Im Oktober 1974 hatte ich bereits mehr als ein Jahr an diesem Ort verbracht. Während dieser Zeit hatte ich das Tanzen ganz aufgegeben und keinerlei westliche Kleidung, geschweige denn Minikleider, getragen. Ich hatte weder den Gesang eines Griot gehört, noch ein Buch gelesen. Saikou war wieder fort, er war schließlich doch wieder nach Guinea gefahren, um dort Geschäfte zu tätigen. Da ich wenig zu tun hatte, verbrachte ich die meiste Zeit in dem großen Laden. Es gefiel mir, hinter dem Ladentisch zu stehen und die Geschäftsfrau zu spielen, denn so konnte ich andere Menschen treffen und meine neuesten Geschäftsideen ausprobieren. Ich hatte aus Eiern, Butter, Zucker und Mehl einen ganzen Berg Butterkekse gebacken. Sie verkauften sich gut, aber dann sagte Abdoulaye eines Tages zu mir: »Hör auf damit. Saikou will nicht, dass du dich im Laden herumtreibst.«

Ich spielte oft mit Alfa. Ich erzählte ihm von meinem Zuhause. Mein Verhältnis zu Aissata blieb zwar weiterhin kühl, aber in Bezug auf Alfa vertraute sie mir. Eines Abends putzte ich eine Petroleumlampe, sie fiel mir aus der Hand und zerbrach in tausend Stücke. »Alfa, los, nichts wie weg«, sagte ich. Wir hatten uns schon eine halbe Stunde lang in den Büschen hinter dem Haus versteckt, als Aissata uns suchen kam. »Du darfst das nicht so ernst nehmen«, sagte sie, und dann lachten wir zusammen. Saikou war fort, deshalb konnten wir, die Frauen des Hauses, miteinander lachen.

Kurze Zeit später, eines Sonntagnachmittags, schaltete sich der Kühlschrank des großen Ladens von selbst ab. Im Geschäft gab es keinen Strom, es musste mit Petroleum beleuchtet werden. Ein Vetter Saikous, Alguassimu, der etwa dreißig Jahre alt war, arbeitete gerade im Geschäft. Ich stellte mich neben Abdoulaye, der einen kleinen Deckel abschraubte und sich auf den Boden kniete, um sich den defekten Kühlschrank genauer ansehen zu können.

»Das dachte ich mir«, sagte er. »Das Brennerlicht ist ausgegangen. Ich muss nur den Kühlschrank wieder anstellen, dann geht auch das Licht wieder an.«

»Nein, tu das nicht«, rief ich. »Ich glaube nicht, dass das gut ist. Wenn du das tust, wird etwas Schreckliches passieren.« Aber Abdoulaye hörte in meiner Stimme nur das Kind sprechen. Er beachtete mich gar nicht.

»Es ist Sonntag, und wir haben viele Kunden. Ich möchte Cola und Sprite verkaufen.«

Alguassimu fasste hinter den Kühlschrank und fand den Schalter.

*Klick.*

Das nächste Geräusch wurde unverkennbar durch schnell und heftig entweichende Luft aus der Maschine verursacht. *FffffwwwwwUUUp!* Dann ein Zischen, und anschließend ein gefährlich lautes *POPPP!!*

Wir sprangen zurück. Ein langer Flammenschwanz peitschte hinter dem Kühlschrank hervor, und mehr brauchte es nicht. Die Flamme züngelte die nächste Wand hinauf, teilte sich und wuchs in zwei Richtungen weiter, bis sie das Dach erreichte. Innerhalb weniger Sekunden trug das Dach einen glutroten Hut, und das Feuer machte einen eleganten Satz über den schmalen Zwischenraum zu unserem Haus. Aus allen Richtungen liefen die Leute herbei, um zu helfen. Alle dreihundert Verwandten von Saikou schienen auf einmal angelaufen zu kommen. Einige rannten mit Decken über dem Kopf ins Haus und zerrten nach wenigen Sekunden Alguassimu heraus, der schrie, weil seine Beine brannten. Ich eilte zu ihm und warf Erde und Sand auf ihn, um das Feuer zu löschen. Ich zupfte an seinen Hosen, aber sie waren aus Polyester und klebten an seiner Haut.

Trotz alledem ging das Brennen des Ladens und des Hauses relativ leise vonstatten, nur ein stetiges *PUFF! PUFF! PUFF!* war zu hören, was zweifellos von den explodierenden Petroleumbehältern stammte, die wie brennende Blumentöpfe um den Laden herumstanden. Das Feuer verschlang gierig die herzhafte Mahlzeit aus Holz, Stoff, Wolle, Tabak, Teppichen, klebrigen Plastiktellern und gebrauchten Haaren, Matratzen, Stühlen, Tischen und all unseren Kleidern. Es fraß alles auf. Stehen blieb nur das verkohlte Gehäuse des großen Kühlschranks.

Sofort fielen die Blicke von Saikous Verwandten auf mich.

»Warum war sie heute da?«, fragte Madinatou.

»Was tut sie hier überhaupt?«, fragte Abdoulaye. »Sie ist die ganze Zeit da. Saikou muss etwas unternehmen mit diesem Mädchen.«

Und zu mir sagte Abdoulaye: »Irgendetwas hast du mitgebracht. Ich weiß nicht, was es ist.«

Nach diesem Ereignis, Saikou war noch immer nicht zurückgekehrt, fand ich Wege, um die Verwandten zu meiden. Wir zogen in Saikous zweites Haus. Früh am Morgen ging ich fort und wanderte in den Busch, wo Saikou und ich immer geredet und gebetet hatten. Ich fand einen Bach und eine morsche kleine Brücke, die bestimmt schon hundert Jahre dort stand. Hier wollte ich in Zukunft singen und nachdenken.

Néné ahnt nichts davon, dass ich hier mitten im Busch stehe. Wir haben kein Telefon im Haus. Ich kann sie nicht einmal anrufen. Sie weiß nicht, was ich tue oder was mit mir geschieht. Baba hat die ganze Zeit gewusst, dass es darauf hinauslaufen würde, ich hier, Hadiatou dort, Diadia allein mit ihrem Baby, und Koto, der auf keine von uns mehr aufpassen kann. Wir sind immer zusammen gewesen, niemals getrennt, und er hat uns nie gesagt, dass der Tag kommen würde, an dem meine Brüder und Schwestern und ich in alle Himmelsrichtungen verstreut sein würden. Er muss es gewusst haben, und er hat nichts gesagt.

Saikou erhielt in Conakry die Nachricht, dass Geschäft und Haus zerstört waren. Bei seiner Rückkehr stürzte ich mich sofort auf ihn.

»Bring mich nach Hause«, schrie ich. »Ich möchte nicht bei dir bleiben. Ich brauche dich nicht mehr. Sie glauben, ich bringe dir Unglück, deshalb werde ich gehen. Ich möchte kein Unglück bringen.«

»Das ist nicht dein Ernst«, entgegnete Saikou überrascht.

»Doch, das ist mein Ernst.« Nun weinte ich. »Du lässt mich immer allein. Bedeutet Ehefrau zu sein gleichzeitig, allein zu sein? Ich möchte hier weg. Ich möchte weg von dir.«

»Wenn du mich jetzt verlässt, dann wird das große Schande über uns beide bringen«, meinte er. »Alle werden denken, du hast mich verlassen, weil ich mein Geld verloren habe, mein Geschäft und mein Haus.«

»Na und? Deine Familie wird das nicht denken. Sie werden wissen, warum ich gehe«, sagte ich.

»Und du? Wenn man heiratet, wird von einem erwartet, dass man beim anderen bleibt, in guten wie in schlechten Zeiten, arm oder reich«, entgegnete Saikou. »Du kannst nicht einfach gehen, sobald etwas Schlimmes passiert ist.«

»Ich bin nicht von hier. Es ist mir gleich, was andere denken. Außerdem, Saikou …« Ich sprach ihn nur selten mit seinem Namen an. »Es ist dir doch egal. Warum willst du, dass ich bleibe?«

Die Antwort darauf musste bereits in ihm gewohnt haben, denn er zögerte keine Sekunde.

»Kadiatou, ich weiß, dass in unserer Kultur die erste Frau normalerweise die Wichtigere ist, diejenige, die für ihren Mann und seine Familie den Mittelpunkt darstellt. Aber nicht bei mir. Du bist eigentlich meine erste Frau. Du bist schön und klug, und wenn ich dich sehe, bin ich glücklich. Wenn du gehst … wenn ich dich verliere, dann werde ich mich von diesem Schlag niemals mehr erholen.«

Es war das erste Mal, dass ein Mann solche Worte zu mir sagte. Niemals hatte ich gehört, dass Baba zu Néné so gesprochen hätte, und doch klangen diese Worte vertraut. Ich hatte so etwas schon mehr als einmal gehört, nämlich neben Yaye Kesso und LaFiesta im dunklen Kino von Labé.

Mein Ärger verflog schlagartig.

»Ich weiß, dass es für dich hier nicht einfach ist«, sagte er. »Aber jetzt bin ich bei dir, und ich werde auf dich aufpassen. Niemals wieder wirst du einen Grund haben fortzugehen.«

Wir küssten uns. Er sagte: »Ich liebe dich.«

Und ich erwiderte: »Ich liebe dich«, so als hätte ich es vorher schon einmal gesagt.

Wir verließen Händchen haltend das Haus und fuhren mit dem Pritschenwagen zu einem Aussichtspunkt und schauten auf den Atlantik. Wir redeten weiter und hielten uns an den Händen. Wir fuhren zum großen Laden und sahen den Arbeitern zu, wie sie neue Balken hochzogen und Nägel einschlugen. »Siehst du«, sagte Saikou, »wir bauen schon wieder auf.«

In den darauf folgenden Tagen nahmen wir unsere Spaziergänge im Busch wieder auf. Wir fuhren mit dem Lastwagen spazieren, durch dichten Wald, nicht weit entfernt vom Ozean. Es stimmte, Liberia hatte wirklich die grünste Küste in ganz Westafrika. Wir fanden schmale Kiesstrände, die von Wald umgeben waren. Ein- oder zweimal nahm Saikou mich sogar zu Geschäftsterminen mit und ließ mich bleiben, während er Geschäfte machte.

Ich ging davon aus, dass Abdoulaye und Madinatou nicht glücklich darüber waren, aber ich kümmerte mich nicht darum, was sie dachten. Ich stand im Mittelpunkt von Saikous Aufmerksamkeit. Er hatte nur Augen für mich. Erstmals fühlte ich mich erstaunlicherweise, wunderbarerweise wie seine Frau.

Und Ende des Jahres 1974 war die fünfzehnjährige Mama schwanger.

TEIL DREI

# So wird es nie wieder sein

## KAPITEL 9

# *Amadous Geburt*

Ich begriff zuerst gar nicht, was geschah. Wie konnte ich auch? Meine Hüften schmerzten, mein Bauch schwoll an, und mein Innerstes schien zu gären, aber nicht so stark, dass ich es jemandem hätte erzählen müssen. Das war im Februar des Jahres 1975. Ich schlief viel. Ich wachte auf, aß einen Teller Reis mit Soße und legte mich dann wieder hin. Zwei Wochen lang verbrachte ich die Tage ausschließlich mit Schlafen und Essen, Schlafen und Essen. Eines Morgens brachte Saikou mich in die Klinik. Der Arzt, der mich untersuchte, war ein Liberianer, leicht ergraut und mit einem kleinen Bauch. Er horchte mein Herz ab, klopfte Brust und Rücken mit warmen Fingern ab, strich mit der Hand sanft über meinen Bauch und nahm mir Blut ab, das er in ein Glasröhrchen füllte. Wenig später überbrachte er uns die Neuigkeiten.

»Sie bekommen ein Baby«, sagte er.

Saikou lächelte. Mir liefen abwechselnd heiße und kalte Schauer über den Rücken, doch dann dachte ich, *ich bekomme ein Baby, genau wie Néné.* Der Anflug eines Lächelns erreichte meine Lippen, verschwand jedoch gleich wieder. *Wo ist Néné? Ich will zu Néné.*

Ein Berg von Sorgen türmte sich vor mir auf. In erster Linie brauchte ich mehr Informationen. Ich hatte viele

Babys gesehen, doch niemand hatte mir je erzählt, wie sie den Bauch der Mutter verlassen. Jedes Mal, wenn Néné mit einem neuen Kind nach Hause gekommen war, fragte ich mich, wie das Baby so schnell so groß werden konnte. Ich stellte gern Fragen, aber diese eine hatte ich leider nie gestellt.

»Wie soll das Baby da nur herauskommen?«, fragte ich Saikou.

Er lachte und sagte, dass ich es schon erfahren würde, wenn es so weit sei, und dass sich die Natur um alles kümmern werde. Diese Antwort bescherte mir einige ruhelose Tage, aber dann wollte ich wirklich wissen, wie es vonstatten ging. Wie kam das Baby von hier nach da? Ich hätte den Arzt fragen sollen. Es war mir ein Rätsel, und ich zermarterte mir den Kopf darüber.

Wahrscheinlich wird das Baby aus irgendeiner kleinen Öffnung des Körpers herausgenommen. Aber wo? Das werde ich später noch herausfinden. Wenn das Baby herauskommt, ist es winzig, wiegt nichts, und innerhalb kurzer Zeit wächst es heran. Sie fangen sofort an, das Baby zu füttern, sodass es dick und rund ist, wenn die Mutter es nach Hause bringt. Aber nein, das kann nicht sein. Nur vom Essen kann ein Baby nicht so schnell wachsen. Also wandte ich mich wieder an Saikou.

»Ich denke, dass das Baby ganz klein ist und rund wie ein Ball, wenn es herauskommt, und dann wird Luft in das Baby geblasen, es füllt sich, und dann sieht man, dass es kein Ball ist, sondern Beine und Arme hat, ein echtes, großes Baby.«

Ich hatte bis dahin nicht gewusst, dass Saikou so lachen konnte. »Du machst Witze«, prustete er.

»Bitte, Saikou, sag mir, was passiert. Wenn du es weißt, dann sag es mir.«

Er rümpfte die Nase. Eine, zwei, drei Sekunden schlichen vorbei.

»Das Baby kommt auf dem Weg heraus, auf dem es hineingekommen ist.«

Ich wandte mich ab, mein Mund war trocken wie Sand.

»Entsetzlich«, murmelte ich. »Das ist ja schrecklich.«

Dann kam Ruhe über mich und meinen Bauch. Diese innere Ruhe umgab mich wie ein abgeschlossener Raum, der mir das Glück der vollkommenen Zurückgezogenheit gewährte, das Wissen um den Frieden in meinem Leib.

Das Baby war sehr ruhig. Manchmal fragte ich mich, ob es überhaupt am Leben war. Aber anscheinend konnte es meine Frage hören und versetzte mir im rechten Augenblick einen sanften Stoß, wie um mir zu sagen: »Mama, du weißt doch, ich tue das, was ich tun muss.« Ich streichelte meinen Bauch als Antwort. »Ja, das weiß ich.«

Ich wurde rund wie ein Ball, was mir gut stand. Ich gehörte nicht zu den Frauen, die lediglich an einer Stelle schwanger waren und nur einen dicken Bauch bekamen. Bei mir war alles schwanger. Néné Tinkin hätte gelacht über meine pummeligen Finger, und Néné Diontou hätte mir wahrscheinlich befohlen, mich augenblicklich zu setzen. Aber mir fehlte nichts. Ich aß ordentlich, und jeder Anflug von Schmerz oder Übelkeit verschwand schon nach kurzer Zeit wieder. Nach der ersten Untersuchung ging ich nur noch einmal zum Arzt. Die Leute auf der Straße deuteten auf mich und wunderten sich über das Leuchten, das ich ausstrahlte. Saikou sagte, er habe nicht gewusst, dass eine schwangere Frau so schön sein könne.

Für Saikous Geschmack war ich sogar zu schön. Er sagte mir, dass ich von nun an im Haus bleiben solle. Ein Mädchen in diesem Zustand sollte nicht durch die Stadt laufen und sich mit den Leuten unterhalten. Aber ich genoss das Aufsehen, das ich erregte, und ganz besonders gefiel es mir, wenn die Frauen viel Wirbel um mich veranstalteten und mir auf der Straße mit einer Tasse Tee oder anderen kleinen Gefälligkeiten entgegeneilten.

Ende Juli ging ich mit Saikou zum Namensgebungsfest eines Babys. Als es vorbei war, sagte ich zu Saikou, dass ich gern noch bei den Frauen bleiben wolle, die die Zeremonie Arm in Arm verließen. Er erlaubte es mir, aber ermahnte mich, vorsichtig zu sein und mich nicht zu sehr anzustrengen. Die Frauen wechselten sich dabei ab, sich bei mir unterzuhaken, und fühlten sich geehrt, dabei gesehen zu werden, wie sie einem schönen, runden Mädchen halfen. Unablässig fragten sie mich, ob ich mich ausruhen wolle, aber ich spazierte gern mit ihnen herum und ging weiter. Schließlich blieb ein kleiner Wagen, ein Peugeot, am Straßenrand stehen. Der Fahrer sagte, er wisse, dass ich Saikou Diallos Frau sei. »Bitte, lass mich dich nach Hause bringen«, bat er.

Gern nahm ich das Angebot des Mannes an. Er fuhr mich zu unserem Haus, wo Saikou bereits wartete.

»Ich sage dir noch einmal, dass du dich nicht in der Stadt herumtreiben sollst«, sagte er.

»Was denkst du eigentlich, was ich da draußen tue?«

»Die Angelegenheit ist für mich erledigt«, sagte er. Am Tag darauf kaufte er den Peugeot des Mannes.

3. August 1975, mein sechzehnter Geburtstag. Einige Tage danach machte ich mir selbst ein Geschenk und ließ mir die Haare wieder zu dicken afrikanischen Zöpfen flechten. Die Prozedur dauerte zehn, wenn nicht sogar zwölf Stunden, und am Abend saß ich noch immer umringt von flechtenden Mädchen im Friseursalon. Inzwischen hatte Saikou jedoch schon das Auto genommen und suchte mich in der ganzen Stadt, überall fragte er, ob mich jemand gesehen habe. Ich kam um zehn Uhr abends nach Hause, wo Saikou vor dem Haus ungeduldig auf und ab stapfte, bei ihm standen Madinatou und Abdoulaye. Er

brüllte mich so laut und scharf an, wie ich es bislang bei ihm noch nicht erlebt hatte, bei herausgestreckter Brust schlug seine Faust unablässig in die flache Hand, er deutete in den Himmel und war plötzlich riesig groß, sein Körper schien besessen zu sein von einem verrückt gewordenen Geist.

»Wenn du wütend bist oder du mich wirklich schlagen willst, dann lass uns hineingehen«, sagte ich. Ich marschierte an den zusammengekniffenen Augen der Verwandten vorbei ins Haus.

»Wo warst du?«, fragte er.

»Ich habe mir die Haare flechten lassen«, antwortete ich und ließ die Fäuste, die Saikou in die Hüften gestemmt hatte, dabei nicht aus den Augen. Er schien bereit, mich zu schlagen.

»Glaubst du, dass ich mit diesem dicken Bauch noch irgendetwas anstellen kann?«, fragte ich ihn.

»Das ist mir egal. Du sagst mir jetzt, wo du gewesen bist. Dann fahren wir los, und du wirst mir zeigen, wo du den Tag verbracht hast. Ich muss mit den Leuten sprechen.«

»Niemals«, antwortete ich. »Das ist ein grober Vertrauensbruch, das werde ich nicht tun.«

»Du wirst mit mir kommen und es mir zeigen. Du wirst mitfahren, denn nur auf diese Weise kann ich es erfahren.«

Mit dieser Bemerkung war es Saikou gelungen, meinen Ballon zum Zerplatzen zu bringen. Die Ruheblase zerbarst, und heraus tönte mein gellender Schrei.

»Sprich nicht so mit mir. Ich werde dich verlassen. Augenblicklich. Ich werde meinen dicken Bauch nehmen und fortgehen. Ich werde dieses Baby bekommen, und du wirst mich niemals wiedersehen. Jetzt bin ich einmal diejenige, die herumbrüllt.«

Damit war der Aufruhr beendet. Saikou sank zusammen und wandte sich ab, er hatte erkannt, dass es besser war, mich in Ruhe zu lassen, solange ich in diesem Zustand war. Wenn ich richtig gezählt habe, dann war dies das dritte Mal, dass ich *fast* weggelaufen wäre. Doch getan habe ich es wieder nicht.

Saikou hatte in Monrovia zu tun. Ich half ihm, seine Kleider zusammenzulegen und sie in seine Tasche zu packen. Dann begleitete ich ihn noch zum Auto. Wir verabschiedeten uns, und er fuhr davon. Sofort danach spürte ich, wie mein Bauch zu einem harten Ball wurde, und ich wäre beinahe gestürzt. Mit winzigen Schritten gelang es mir, ins Haus zu kommen, gebückt, fast kriechend erreichte ich mein Bett. Aissata und Abdoulaye fragten mich, ob ich etwas brauche, aber ich antwortete, dass ich nur Rückenschmerzen hätte, sonst ginge es mir gut. Aissata setzte sich zu mir ans Bett.

»Ich kann bei dir bleiben, Kadi. Wir reden, dann wirst du dich gleich besser fühlen«, sagte sie. Sie griff nach meiner Hand.

»Nein, es geht mir gut. Bitte lass mich allein.« Niemand hatte mir gesagt, wann das Baby kommen würde oder wie ich mich fühlen würde, wenn es so weit war. Jetzt, da ich wirklich jemanden brauchte, der mich auf seine Schultern hievte und wegbrachte, kam niemand.

Ich blieb zusammengerollt im Bett liegen und schloss die Augen. Als ich sie wieder öffnete, war es bereits Nacht. Mein Bauch war wie ein Stein, und ich fühlte, wie die Muskeln im Rücken und in den Hüften an dem harten Bauch zogen. Immer und immer wieder spürte ich den Schmerz wie einen festen Griff, er rollte auf mich zu, gewann an Kraft, zog noch fester und dann noch kräftiger, bevor er sich drohend wieder fortstahl. Am Morgen war ich schweißgebadet, und es gelang mir ein leises Rufen. »Bitte, jemand muss kommen und mich holen.«

Ich bat Abdoulaye, in die Stadt zu gehen und zu telefonieren. »Ruf Saikou an und sag ihm, was hier geschieht. Sag ihm, er soll schnell kommen«, erklärte ich.

Im Krankenhaus legten sie mich in ein Bett und brachten mich in einen Raum, den ich ganz für mich allein hatte. Eine Ärztin untersuchte mich. Sie hatte starke, wissende Hände, Hände wie Néné. Sie sagte, dass es bald so weit sei, aber wir müssten noch warten. Eine weitere Nacht verging, dann noch ein Morgen. Die Ärztin kam zurück und untersuchte mich erneut. Ich beobachtete ihr Gesicht und suchte darin nach irgendetwas Beunruhigendem. Sie lächelte und sagte: »Dieses Baby hat seinen ganz eigenen Zeitplan. Es ist alles bestens.« Sie hielt meine Hand. »Du bist so jung. Du bist stark. Es wird alles gut werden, und bald wirst du dein Baby im Arm halten.«

Die Ärztin kümmerte sich rührend um mich. Ihr Name war Clarisse. Sie half mir in ein heißes Bad. Sie massierte mir eine Lotion in den Rücken, so wie Néné es getan hätte. Ihre Stimme ähnelte der von Néné. *Mama ist brav.* Sie trocknete mich ab, zog mir frische Kleider an und fütterte mich mit einem Löffel.

Eine weitere Nacht brach an. *Wo ist Néné? Sie weiß nicht einmal, dass ich schwanger bin. Wie kann ich ohne Néné ein Kind bekommen? Wie? Wie soll das gehen? Sie weiß es vielleicht sogar. Sie hat immer alles gewusst. Wo ist Saikou? Er müsste Abdoulayes Nachricht doch längst erhalten haben. Er hätte schon längst hier sein müssen. Wo kann er nur sein?*

Kurz vor drei Uhr nachmittags wurde ich aus dem Bett gehoben und auf einen Metalltisch gelegt. Ich blickte um mich und sah Clarisse, und ich dankte Gott dafür, dass er mir diese Frau geschickt hatte, wenn schon Néné nicht bei mir sein konnte. Genau in diesem Moment hob ich meinen Kopf und schrie.

»Oh, mein Gott! Frauen müssen hart arbeiten!«

Clarisse legte ihr Gesicht an meine Wange, ihre Tränen vermischten sich mit meinen.

»Ja, Kind, es ist nicht leicht, eine Frau zu sein«, sagte sie.

»Ja. O ja.« Unsere Tränen vereinten sich zu einem Fluss. »Aber alles wird gut werden. Ich bin bei dir.«

Als das Baby herauskam, hielt sie es an den Beinen, mit dem Kopf nach unten. Es gab keinen Laut von sich. Aber ich hätte schwören können, dass Licht durch das Kind hindurchschien.

»Sieh dir dein Baby an! Sieh es dir an.« Das Gesicht der Ärztin war voller Verwunderung. Sie bohrte mit den Fingern durch eine dünne Schicht, die das Baby vom Kopf bis zu den Zehen bedeckte, und zog sie auseinander, als würde sie einen Vorhang öffnen.

»Du hast einen Jungen«, rief sie.

Sein Schreien war laut und kräftig, ein wenig zornig, wie ich fand. Ich sah die Ärztin an.

»Das ist ganz normal, das ist gut. Es ist seine Art, der Welt mitzuteilen, dass er jetzt da ist«, erklärte sie mir.

Sie legte ihn mir auf die Brust, und ich fühlte seine Wärme. Ich fühlte seinen Mund an meinem Kinn, und meine Nase schnupperte seinen Duft. Er beruhigte sich schnell. Ich legte meine Lippen an seinen Kopf und spürte, wie ihn der Schlaf mit einem leichten Schauder übermannte. Der Schlummer zauberte einen Ausdruck tiefer Zufriedenheit auf sein Gesicht. Seine Lippen formten eine gerade, friedliche Linie, und die sanft geschwungenen Wimpern ruhten ebenfalls. War es dumm von mir zu denken, dass selbst die Augenlider meines Babys zufrieden wirkten? Konnte ein so lauter Schrei von einem so friedlichen Baby stammen, einem so winzigen Baby?

Die Ärztin legte ihn auf eine glänzende Waage und erklärte mir, er wiege zweieinhalb Kilo. »Dieses Kind werden wir noch ein wenig aufpäppeln müssen«, meinte sie. Doch mich kümmerte das nicht. Ich empfand es als

Glücksfall, dass er so klein war, denn dann war weniger an ihm dran, was sich eine Erkältung einfangen oder verletzen konnte.

»Bitte, lassen Sie ihn bei mir«, bat ich die Ärztin, die die Angst aus meinem Wunsch heraushörte. »Natürlich, Liebes«, antwortete sie.

In jener Nacht schlief mein Baby in einem Körbchen neben meinem Bett. Ich lächelte ihn an und sagte ihm, dass er keine Angst zu haben brauche, denn ich würde die ganze Nacht wach bleiben und dafür sorgen, dass ihm nichts geschehe. Er sah aus, als wüsste er mehr als ich, und ich beobachtete, dass sein Mund im Schlaf ab und zu zuckte und er die Lippen schürzte, als wollte er jemanden küssen.

Oh, mein Gott, war ich müde, aber ich führte einen erbitterten Kampf gegen den Schlaf. Ich wurde von der Vorstellung geplagt, dass Saikou schon lange auf diese Nacht gewartet hatte. Er würde sich leise ins Zimmer schleichen und vergewissern, dass ich tief und fest schlief, und dann das Baby nehmen und sich lautlos mit ihm fortstehlen. Falls ich aufwachte, würde er mir erklären, dass ich zu jung wäre, um für ein Baby sorgen zu können, und dass er jemanden gefunden hätte, der sich um das Baby kümmerte. Das Baby wäre bereits fort und mit dem Düsenflugzeug unterwegs in ein fremdes Land, wo es ihm gut ginge. Ich fuhr aus meinen Träumen hoch. *Das Baby! Wo ist das Baby?* Es hatte sich nicht bewegt. Sei nicht albern, sagte ich mir, aber derselbe hartnäckige Traum zog mich erneut in den Schlaf, aus dem ich abermals erschrocken auffuhr.

Das ungute Gefühl fiel erst von mir ab, als das erste Tageslicht ins Zimmer fiel. Ich blickte das Baby an und spürte ein so starkes Glück, dass mein Herz davon schmerzte. Ich wunderte mich über die Augen und Wangen, die Zehen und Fingernägel und erst die Ohren, lustige Ohren. Oh, du lieber Gott, wer hat diese kleine Kreatur nur erschaffen, sag mir, dass ich es war. Wenn das Mutterliebe ist, dann versichere mir, dass ich stark genug bin, sie zu ertragen. Sag mir, dass das Brennen in meiner Brust mich nicht hinwegschmelzen lassen wird. Ich bin gut. Ich glaube fest daran, dass ich gut bin. Lieber Gott, sag mir, dass ich gut bin. Gib mir denselben Frieden, den du auch dem Baby gegeben hast.

Ich stieg aus dem Bett und legte eine Hand auf die Brust meines Babys. Es streckte und schüttelte sich.

»Du wirst Amadou heißen«, sagte ich zu dem Baby. »Du wirst den Namen deines Großvaters Baba tragen, dem ich noch gar nichts von dir erzählen konnte. Er ist nicht hier, und niemand hat ihm gesagt, dass du da bist, aber er liebt dich schon jetzt, und ich vermisse ihn mit all der Kraft, die mein Herz erübrigen kann.«

Saikou kam zurück, als Amadou sechs Tage alt war, einen Tag nach meiner Entlassung aus der Klinik. Er hatte einen Hochstuhl mitgebracht, einen speziellen Babylaufstall, zwei Gitterbetten und einige Stofftiere. Meine Augen blitzten ihn eiskalt an.

»Ich werde es meinem Bruder niemals verzeihen, dass er mir nicht Bescheid gesagt hat, dass du in den Wehen liegst. Nie werde ich ihm das verzeihen«, sagte er.

»Er hat dich nicht angerufen?«

»Nein. In Monrovia traf ich zufällig einen Mann aus Seino auf der Straße, und ich fragte ihn, ob alles in Ordnung sei zu Hause. Er sagte: ›Ja, aber ich glaube, eine von den Frauen in deinem Haus ist niedergekommen.‹ Saikou erzählte, dass er den Mann am Kragen gepackt und ihn angeschrien habe: »Was? Sag das noch mal! Das ist meine Frau.« So schnell er konnte, hatte er sich ein kleines Flugzeug gemietet und war nach Hause geflogen.

Als ich die Geschichte hörte, beruhigte ich mich wieder. Abdoulaye trug also die Schuld, nicht Saikou. Abdoulaye war niemals in die Stadt gefahren, hatte niemals telefoniert. Er erzählte Saikou, er habe gedacht, es sei nur wieder eine dieser Frauengeschichten und unnötig, ihn zu informieren. Ich konnte nicht glauben, dass jemand so etwas tun konnte, aber ich war lieber auf Abdoulaye wütend als auf Saikou.

Mir gefiel es, wenn Saikou das Baby hielt, während ich es wickelte, wenn er so angestrengt nach unten schaute, das Kinn auf die Brust gepresst. Saikou liebte es, dem Kind die Flasche zu geben. Er machte sogar die Milch warm und rührte sie, und er hatte ein Talent dafür, dem Baby das Bäuerchen zu entlocken. Er fütterte das Kind bei jeder Gelegenheit, bis ihm seine Geschäfte dazwischenkamen. Wir hatten schon all die speziellen Baby-Utensilien im Haus, und Saikou gab mir genügend Geld für Baby-Kleidung. Allmählich ließ sein Interesse jedoch nach, er stand immer seltener zur Verfügung, das Baby zu halten, und er fragte nur noch selten, was das Bay aß oder wie viel es wog.

Meine Arme sagten mir, dass Amadou nicht zunahm. Er fühlte sich so leicht an wie an dem Tag, an dem ich ihn mit nach Hause gebracht hatte, aber keiner der Erwachsenen im Haus schien sonderlich beunruhigt darüber zu sein. Sie bereiteten keine speziellen Speisen für das Baby oder für mich zu, nur die gewöhnlichen Reis- und Fleischgerichte. Ich wusste, wenn Néné hier gewesen wäre, hätte sie nach alter Fulbe-Tradition die junge Mutter vierzig Tage lang verwöhnt. Um dem Körper zu helfen, den Blutverlust, der durch die Geburt entstanden war, wieder auszugleichen, hätte sie Hühner gekocht und sie mit Nelken und Minze und wahrscheinlich noch mit einem Dutzend anderer Kräuter und Gewürze aus dem Garten gespickt. Nur der beste und dickste Dampf wäre gut genug gewesen für die Gerichte, die Amadou und mich aufpäppeln sollten, und das ganze Haus hätte unter Nénés Bann gestanden. Sie hätte Amadou und mich in Badewasser mit gekochten Wurzeln und Blättern gesetzt, und danach hätte sie uns beide ordentlich mit Karitébutter eingerieben.

Doch nichts dergleichen geschah. Madinatou fragte nie, ob ich etwas brauchte. Mit Sicherheit machte sie sich keine Sorgen um Amadous Gewicht, stattdessen machte sie sich noch lustig. Wenn sie mich mit Amadou sah, den ich auf den Rücken gebunden hatte, rief sie: »Sieh dir das kleine Ding an. Was ist das? Das ist doch kein Kind, das ist eine Maus.«

Ich legte das Baby viele Male am Tag an die Brust, aber oft weinte er und wollte nicht lange trinken, stattdessen schlief er ein. Mit zehn Wochen hatte er immer noch nicht an Gewicht zugelegt. Ich brachte ihn ins Krankenhaus, wo sich die Ärzte alle auf die weiche Stelle auf seinem Kopf konzentrierten. Bei Amadou war die Öffnung größer als bei anderen Kindern. Sie reichte bis zum Hinterkopf und glich eher einem langen Spalt als einem kleinen Loch. Die Ärzte erklärten, das sei die Ursache für die Unterernährung des Kindes. Das sei, als wäre er mit einer Schädelfraktur geboren worden, und Amadous Körper brauche jede Kalorie, um diesen Bruch zu heilen, meinten sie.

Wir wandten uns den traditionellen Methoden zu. Eine ältere Frau, Mama Tarissa, die in derselben Straße wohnte, mixte spezielle Säfte und Tränke für Amadou. Sie mahlte Blätter zu einer Salbe, die sie direkt auf die weiche Stelle seines Kopfes rieb. Er legte etwas an Gewicht zu, aber nicht so viel wie die anderen Kinder, die ich in der Stadt gesehen hatte. Er schlummerte oft an meiner Brust ein, und ich dachte, das wäre gut, ein Zeichen seiner Zufriedenheit.

Wir kannten einen Mann, der nach Labé reiste, und er nahm die Nachricht von der Geburt Amadous mit dorthin. Er kehrte zurück mit einer anderen Neuigkeit. Auch Hadiatou hatte ein Kind bekommen, einen Jungen, nur wenige Tage, nachdem mein Baby zur Welt gekommen war. Der Mann erzählte, dass Hadiatou in Labé sei. Bestimmt war sie nach Hause gefahren, damit Néné ihr bei der Geburt helfen konnte. Néné war also zumindest bei einer von uns gewesen in dieser schweren Stunde. Ich dankte Gott. Néné hätte ohnehin nicht an zwei Orten gleichzeitig sein können.

Ich wünschte mir jedoch, sie könnte Amadou sehen. Wenn ich ihn hinlegte, weinte er nicht, und er verlangte auch nicht lautstark, dass ich ihn wieder auf den Arm nahm, aber er beobachtete mich ständig. Seine Augen verfolgten mich, wenn ich durchs Zimmer oder über den Hof ging. Er streckte sich, um mich sehen zu können, oft hob er dabei den Kopf ein wenig, drehte sich zur Seite und fiel dann wieder zurück auf den Rücken. Es war der Wunsch, mich immer im Blickfeld zu haben, der ihn dazu brachte, sich ganz herumzudrehen. Er hatte sich angewöhnt, mit den Lippen zu schmatzen, und das hörte sich an, als ob er sagte: »Mama, du machst deine Sache gut.«

Als er sechs Monate alt war, machte ich mir noch immer Sorgen um sein Gewicht. Er wachte jede Nacht dreimal hungrig auf. Ich verstand nicht, warum er trotz der vielen Stunden, die ich ihn stillte, keine schönen, dicken Babyoberschenkel bekam. Saikou meinte, Mütter würden sich immer zu viele Sorgen machen. Ich fragte Aissata, aber sie zuckte nur die Schultern. Madinatou lachte wieder und sagte, es sei gut, ein so kleines Baby zu haben, so passe es wenigstens in jede Tasche.

Dann tauchte eines Tages plötzlich Diadia in Greenville auf.

»Diadia, Diadia, du bist hier«, rief ich. Es war schon so lange her, dass ich jemanden aus meiner Familie gesehen hatte.

»Als ich erfuhr, dass du ein Baby bekommen hast, habe ich sofort beschlossen, dich zu besuchen«, sagte sie. Sie hatte ihr Kind bei Néné gelassen und nur eine kleine Tasche bei sich. Sie schlenderte ins Haus, selbstsicher und bestimmt, das Rückgrat so gerade wie ein Pfosten, wieder ganz die alte Diadia, die schon immer zu etwas Besonderem berufen gewesen zu sein schien.

»Oh, mein Gott!«, rief sie. »Sieh dich an. Was ist geschehen? Warum bist du so dünn?« Ich? Ich war dünn?

»Du siehst aus, als könntest du einen Monat Schlaf gebrauchen. Schläfst du denn nicht? Isst du nichts? Sofort isst du etwas und legst dich hin. Tu es für mich. Schlaf nur, ich passe inzwischen auf das Baby auf. Du musst deine Augen schließen, Mama. Du musst dich ausruhen. Oh, mein Gott, du bist ein Mädchen und siehst aus wie eine alte Frau. Was ist hier nur los?«

Ich war dünn? Ich war müde? Das hatte ich gar nicht bemerkt. Niemandem war das aufgefallen. Ich legte mich hin und sah Diadia zu, wie sie mit Amadou auf dem Arm auf und ab marschierte und ihn in den Schlaf wiegte. Diadia, eine Mutter. Ich hätte mich am liebsten auf sie gestürzt und ihr Gesicht und ihre Arme geküsst. Diadia war bei mir! Aber meine Beine weigerten sich. Jemand ist zu mir gekommen, dachte ich. Sie ist den ganzen weiten Weg gefahren. Mir gefiel die Art, wie sie ins Haus gekommen war, als wäre sie schon einmal hier gewesen, als wäre es ihr Haus. Ich bin wieder bei meiner Familie. Ich sank mit einem tiefen Seufzer aufs Kissen, glücklich, dass ich mich ausruhen konnte, glücklich, Diadia um mich zu haben. Ich fühlte mich, als trüge sie auch mich auf dem Arm, Seite an Seite mit Amadou.

»Was gibst du dem Baby?«, fragte Diadia.

»Er bekommt Ziegenmilch und Kuhmilch und ein wenig Säuglingsnahrung, aber meistens will er meine Milch«, antwortete ich.

»Bist du sicher, dass er bei dir auch genug Milch bekommt?«

»Natürlich, er saugt stundenlang an der Brust, bis ihm die Augen zufallen.«

Diadia bat mich, es ihr zu zeigen. Sie beobachtete Amadou aufmerksam, sah, wie er sich an die Brust klammerte, wie er den Mund schloss und wieder öffnete und wieder schloss, wie er mich anlächelte, während er trank. Und sie sah auch, wie er einschlief.

»Mama, ich glaube nicht, dass er sehr viel Milch bekommt«, meinte sie. »Fühlen sich deine Brüste manchmal hart an, sehr hart?« Ich wusste nicht, was ich darauf sagen sollte.

»Ich zeige es dir.«

Sie drehte Amadou vom Rücken auf die Seite, sodass sein Bauch sich mir zuwandte, anders als ich ihn sonst hielt. »Siehst du, das wird ihm das Signal geben, dass er hier ist, um zu arbeiten, und nicht, um zu schlafen.« Diadia zeigte mir, wie ich meine Brustwarze in seinen Mund stecken und seinen Gaumen kitzeln sollte. Seine Kiefer arbeiteten mit allen Muskeln. Sein ganzer Körper summte und brummte vor Zufriedenheit, auch noch als er fieberhaft zu saugen begann, um auch noch den letzten Rest herauszuholen. Und als er fertig war, leckte er sich die Mundwinkel. Ich war so wund wie niemals zuvor, aber Amadou und ich schliefen in dieser Nacht durch.

Am nächsten Tag wurde Diadia wütend.

»Wie kann er dich hier behalten? Niemand ist da, der sich um dich kümmert und dir etwas beibringt. Und er ist die Hälfte der Zeit fort. Er kann doch von dir nicht erwarten, dass du alles von allein kannst. Er weiß doch, dass er ein junges Mädchen geheiratet hat. Dann macht er dir ein Kind, statt dich in die Schule zu schicken. Er hat Baba versprochen, dass du die Ausbildung bekommst, die du brauchst. Aber nichts. Niemand in diesem Haus war in der

Schule. Handeln, etwas anderes können sie nicht. Handeln, Geld verdienen, noch mehr handeln. Das ist nicht das Leben, das wir Fulbe kennen.«

»Aber Saikou füttert das Baby gern. Er macht ihm die Milch zurecht. Du solltest ihn sehen«, erzählte ich ihr.

»Er weiß schon, was ich meine. Er hat versprochen, dir kein Baby zu machen, solange du noch so jung bist, solange du noch zur Schule gehen solltest. Und dann das. Du bist kein Dorfmädchen. Er macht dir ein Kind und lässt dich hier in diesem Haus allein.«

Doch dann hielt Diadia plötzlich inne. Ich drehte mich um, um nachzusehen, ob vielleicht jemand ins Zimmer gekommen war. Sie setzte sich und fing an zu weinen.

»Was ist, Diadia?«, fragte ich.

»Es tut mir so Leid. Du bist so weit weg von der Familie.« Ich nahm sie in die Arme, Amadou lag zwischen uns. »Niemand hat dir geholfen«, sagte sie.

Nach zwei Wochen fuhr Diadia nach Labé zurück, aber nicht ohne vorher Saikou ein weiteres Versprechen abgerungen zu haben. Sie sagte zu ihm: »Hol meine Schwester aus dem Busch.«

Von da an trank Amadou gut. Mit acht Monaten war er pausbackig, und seine Oberschenkel waren genauso pummelig, wie ich sie haben wollte, rund und prall vor Babyspeck. Er sprühte vor neuer Energie, und schon bald entpuppte er sich als Entdecker und fing an zu krabbeln, wobei er die Hände kaum benutzte. Die Leute meinten, es sei unüblich, dass ein acht Monate altes Kind bereits zu laufen anfing. Aber eines Nachmittags ließ ich Amadou einige Sekunden lang aus den Augen, und als ich zurückkam, stand er auf den Beinen und kam auf mich zu. Ich schrie, und Amadou blieb auf der Stelle stehen. Er plumpste auf den Hosenboden und weinte und zeigte mir damit, wie hart selbst die erfreulichen Momente des Mutterseins waren.

Als Amadou etwa achtzehn Monate alt war, kam es mir vor, als würde er sich langsam entwickeln, so wie ein Foto. Seine Augen wurden zu weichen Halbmonden, die zwischen der hohen, breiten Stirn und den interessanten Wangenknochen ruhten, eindringlich, aber nicht bedrohlich. Er hatte einen breiten Mund, aber insgesamt betrachtet waren Mund und Kinnpartie wenig ausgeprägt, was seinem Erscheinungsbild eine vornehme Bescheidenheit verlieh. Sein Lächeln schien immer von ganz weit her zu kommen.

Nun wurde auch offensichtlich, dass seine Ohren ein wenig abstanden. Madinatou sagte, sie sähen lustig aus, aber diese Ohren machten ihn wachsam und signalisierten der Welt, dass man zu ihm kommen konnte, dass er ein Zuhörer, ein Empfänger war für alles, was ihm begegnete.

Lange schon war es an der Zeit, ihn zu seinen Großeltern zu bringen, ihn in den Genuss ihrer Güte kommen zu lassen.

Das war im Mai 1977, in einer Zeit, in der man beim Überschreiten einer Grenze Risiken mit einkalkulieren musste. Saikou warnte mich, dass die guineische Regierung jedem misstraute, der ins Land kam. Viele Leute wurden als Spione verhaftet, und es war besonders gefährlich, ein Baby mitzunehmen, sagte er. Außerdem wäre das Baby in Guinea mehr Krankheiten ausgesetzt als in Liberia.

Ich fuhr mit Amadou auf der Ladefläche eines Lastwagens davon und war drei Tage lang mit vielen anderen Reisenden zusammengepfercht. An der guineischen Grenze schürzte ein Polizist die Lippen, als er Amadou sah, der ein weißes Hemd, blaue Hosen und neue Schuhe trug, die ich für seine erste Begegnung mit Néné und Baba gekauft hatte.

»Du siehst nicht aus wie eine, die auf einem Lastwagen reisen muss«, sagte der Polizist. Er hob Amadou hoch. »Seine Haut ist zu gesund und seine Kleider sind zu schön. Und du, deine Haut glänzt so.« Er schloss daraus, dass ich Ausländerin sein musste, und befragte mich nach meinem Vorhaben.

»Ich fahre nur zu meiner Familie nach Labé«, sagte ich und hielt ihm unsere Ausweispapiere entgegen. Er schüttelte den Kopf, und ich befürchtete schon, wir würden zu einer Polizeistation gebracht werden oder vielleicht sogar zurück nach Liberia geschickt, aber Amadou wählte den richtigen Zeitpunkt, um dem Polizisten ein kleines Lächeln zu schenken. »Fahr direkt nach Labé und mach keine Umwege«, meinte dieser nur noch und faltete hastig meine Papiere zusammen.

Kontrollpunkte vor jedem Dorf und jeder Stadt verzögerten die Fahrt. Die Offiziere dort hielten oft Maschinengewehre und Pistolen an Pässe und andere Dokumente, meist jedoch nur, um Bestechungsgelder einzuheimsen, für die sie im Gegenzug die Leute rasch weiterfahren ließen. Dennoch war der Fahrer des Lastwagens der Meinung, es sei gefährlich, bei Tageslicht zu fahren. Jeden Morgen lenkte er also den Wagen von der Straße, und wir verbrachten den Tag versteckt im Busch. Nach Sonnenuntergang zwängten wir uns wieder auf die Ladefläche.

Wir kamen spät am Abend bei Baba und Néné an, und ich war sofort umringt von meinen jüngeren Brüdern und Schwestern, Bobo, Pathé, Fifi, Oury und der Kleinsten, Hassah, die mittlerweile fast fünf war. Ich war dankbar dafür, dass meine Mutter und mein Vater sich nicht sehr verändert hatten. Néné umarmte mich, ebenso Baba, der sonst eigentlich lieber Hände schüttelte. Zu Amadou sagte er: »Du bist das erste Kind, das eine verheiratete Enkelin Karamoko Alfas zur Welt brachte.«

Es war ein ruhiges Heimkehren, bis Koto aus Kankan

weit im Osten Guineas zurückkehrte, wo er studierte. Wir umarmten uns, und ich klammerte mich an ihn und weinte an seinem Hals, unfähig, damit aufzuhören. Schließlich fing ich mich wieder, und ich spürte, dass Néné und Baba neben uns standen und sich fragten, weshalb ich beim Wiedersehen mit Koto so sehr weinte.

»Mein Bruder.« Das waren die einzigen Worte, die ich herausbrachte. Mehr konnte ich nicht sagen.

Néné schenkte Amadou natürlich ihre volle Aufmerksamkeit. Sie kochte sofort ganz besondere Gerichte aus Fonio und Mais, die besten Gerichte für ein kleines Kind, wie sie behauptete. Sie rührte große Schüsseln Joghurt für ihn an, und bei jeder sich bietenden Gelegenheit schob sie ihm ein Stück Banane in den Mund. Baba kitzelte Amadou oft sanft unterm Kinn und am Hals. Alle wollten sofort erfahren, ob Amadou Mamas Persönlichkeit geerbt hatte, und wenn Amadou sich nicht füttern lassen wollte und darauf bestand, seinen eigenen Löffel zu halten, dann sagten sie: »Er hat seinen ganz eigenen Willen, genau wie Mama.«

Néné hatte viele Neuigkeiten zu berichten, vieles davon lag jedoch schon mehr als ein Jahr zurück. Zuerst erzählte sie mir, dass Hadiatous Niederkunft sehr schwer gewesen sei. Der Junge mit Namen Mauri war sehr groß, und nach der Geburt waren Hadiatous Beine monatelang gelähmt gewesen.

»Und deine Schwester hat geweint in ihrem Bett: ›Ich bin so froh, dass du bei mir bist, aber was ist mit Mama?‹ Und ich sagte: ›Was redest du da? Willst du mir damit sagen, dass Mama auch ein Baby bekommt?‹ Hadiatou meinte: ›Ich weiß es nicht, aber stell dir vor, sie bekommt ein Baby, so wie ich, und du bist nicht da.‹ Das bereitete mir große Sorgen, und dann hörten wir, dass du wirklich zur selben Zeit ein Baby geboren hast.«

Ich erfuhr von Néné, dass Yaye Kesso mit ihrem Mann

und ihrem Baby in Conakry wohnte. Viele Mädchen und Jungen aus meinem Bekanntenkreis waren nach Conakry gegangen. In die Stadt zu ziehen war fast schon zum Ritus des Erwachsenwerdens geworden, und das obwohl alle wussten, dass der Platz zum Leben zehnmal so teuer war wie in Labé, dass fast alle Menschen in Conakry in beengten Verhältnissen und fast aufeinander lebten, dass die Luft schwül war und stank, und dass die Diebe in der Nacht ungeniert über die Hofmauern kletterten. Ich verstand trotzdem, weshalb meine Freunde nach Conakry gegangen waren. Die Ministerien und Banken waren dort. Man konnte durch die Hauptstraßen fahren und die Flaggen auf den Botschaften der fremden Länder wehen sehen. Ich würde Conakrys Lärm dem starren Leben in Greenville in jedem Fall vorziehen. In Conakry liefen Schiffe aus aller Welt ein, und dort wurden sie auch vom Stapel gelassen. Conakry war einfach die Hauptstadt. Dort hatte man auch mitten im Chaos immer noch viele Möglichkeiten.

Eines Tages forderte Néné mich auf, mich zu setzen, und dann erzählte sie mir, dass meine Freundin LaFiesta, mit der ich so oft im Palais de Kolima tanzen gewesen war und in den Schulaufführungen gesungen hatte, im Krankenhaus von Labé an einer Blinddarmentzündung gestorben war.

Einige Mädchen hatten noch nicht geheiratet. Eine von ihnen, sie trug denselben Namen wie Nénés beste Freundin, Maimouna, ging noch zur Schule, um Krankenschwester zu werden. Wir trafen uns, und Maimouna wollte wissen, warum mein Vater eine Tochter weggegeben hatte, die so gern zur Schule gegangen war. »Wir zwei werden heute Abend tanzen gehen, dann kannst du wieder einmal du selbst sein«, schlug sie vor. Ich war sofort begeistert von diesem Plan, aber ich sagte zu Maimouna, dass ich meine Familie verschweigen müsse.

»Sag niemandem, dass ich ein Baby zu Hause habe. Ich möchte nicht, dass sie Fragen stellen.«

Rasch zog ich mich um, schlüpfte in eine Hose und eine ärmellose Bluse. Ich war so aufgeregt, als ich aus dem Haus lief, dass ich auf dem Kiesweg stolperte und mir die Knie aufschlug. Amadou kam mir aus dem Haus hinterhergelaufen, Tränen liefen ihm übers Gesicht. Er schlang die Arme um meinen Hals und blickte mich mit seinen ernsten Augen fragend an. Es erschreckte mich, den besorgten Ausdruck eines Erwachsenen in seinem Gesicht zu sehen.

»Es geht mir gut. Mach dir keine Sorgen um mich«, sagte ich.

Während meines Aufenthalts in Labé ging ich oft mit Koto spazieren. Er erzählte mir, dass die Bedingungen an seiner Schule alles andere als ideal waren. Die Klassen waren überfüllt, und die meisten Schüler mussten Bestechungsgelder zahlen, um nicht der Schule verwiesen zu werden. Koto hätte lieber im Ausland studiert, aber Sékou Touré hatte den Studenten verboten, nach Übersee zu fahren.

Baba weinte noch immer manchmal vor Gram über das, was er ›seiner Mama‹ angetan hatte, erzählte Koto. Auch von seinen plötzlichen Ausbrüchen und Wutanfällen war er noch nicht geheilt. Koto erzählte, dass Baba und Diadia einmal einen heftigen Streit gehabt hätten, während er daheim für sein Examen lernte. Baba habe dabei die Beherrschung verloren, berichtete Koto. Er versuchte, Diadia zu schlagen, aber Koto ging dazwischen, und Baba wandte sich von Diadia ab und traf Koto, worauf dieser eine Platzwunde an der Lippe davontrug. Baba hatte sich nie dafür entschuldigt, aber Tage später übergab Néné Koto eine Nachricht.

»Dein Vater möchte dir dafür danken, dass du zwischen ihn und deine Schwester getreten bist. Wärst du nicht da gewesen, hätte er vielleicht etwas getan, was er später sehr bedauert hätte.«

Man könnte meinen, es läge in der Macht eines Kindes, die Leute von den schlechten Seiten ihres Charakters zu befreien. Doch dem ist nicht so. Das Baby kommt, und alle weinen und schreien vor Erleichterung, und man denkt, es könnte alle über die Schwelle ziehen, fort von den Eitelkeiten und Verwirrungen, hin zu Bescheidenheit und Ordnung, zu einem einfacheren Leben. Aber dann stellt man fest, dass die Menschen sich doch wieder an das klammern, was sie kennen, denn was sonst sollten sie tun?

Das Baby kommt, und alle wollen ihm etwas beibringen: laufen, sprechen, essen, lieben, sehnen, trauern. Zu gegebener Zeit erfährt das Kind etwas über seine Vergangenheit und über die guten Dinge, für die einzusetzen es sich lohnt. Aber vielleicht sollte es gerade andersherum sein. Vielleicht sollten die, die schon lange hier sind, die Schüler sein, und das Kind der Lehrer.

Ich ließ Amadou bei Néné, um Hadiatou zu besuchen, die nun in Conakry lebte. Bei unserem letzten Zusammentreffen war sie mir besiegt erschienen, eine Gefangene. Die Hadiatou hingegen, die ich nun in der Stadt antraf, war glücklich und hatte nichts mehr mit dem verbitterten Mädchen gemein, das ich zuletzt gesehen hatte. Ihr Sohn hatte ein großes, glückliches Gesicht. Ständig kam er angelaufen und sprang ihr in die Arme, und jedes Mal war es ein ausgelassenes Wiedersehen. Hadiatou war von ihrem Ehemann bereits geschieden und wollte sich bald wieder verheiraten. »Ich liebe ihn«, verriet sie mir. Nach einem Monat verließ ich Conakry und war erleichtert, dass Hadiatou überlebt hatte, ebenso wie Diadia, und dass sie

Anspruch darauf erhoben, ihr eigenes Leben zu führen. Aber was war mit mir?

Als ich nach Labé zurückkehrte und in unser Haus kam, schlief Amadou bereits, aber er glühte vor Fieber. Roter Schorf bedeckte sein Gesicht, und seine Zähne waren schwarz. Néné berichtete, er habe sich die ganze Zeit übergeben. Es seien die Windpocken.

»Er wird sterben. Néné, wird er sterben?«, fragte ich ängstlich. Da fiel mir ein, dass Saikou mich davor gewarnt hatte, Amadou nach Guinea zu bringen.

»Es wird ihm bald besser gehen. Alle Kinder bekommen das einmal in ihrem Leben.«

Ich berührte Amadous Stirn mit meinen Lippen und fühlte das Feuer in ihm. Sein kleiner Körper war schweißgebadet. Néné hatte ihm nur die Windel angezogen, und er hielt sich ein Tuch ans Gesicht, es war mein grüner Baumwollschal, der mit winzigen Blättern bedruckt war. Während ich fort war, so erzählte mir Néné, habe er das Tuch nicht ein einziges Mal losgelassen. Drei Tage lang kühlte ich seine heiße Stirn mit feuchten, kalten Tüchern. Néné gelang es, ihm ein paar Löffel Hühnerbrühe einzuflößen, aber sonst wandte sich Amadou von allem Essbaren ab. Ich schlief bei ihm und maß jede halbe Stunde die Temperatur mit den Lippen. Als das Fieber schließlich gesunken war, fing Amadou wieder an zu essen. Er aß alles, was Néné ihm vorsetzte, Berge von Reis, bündelweise Bananen und den Joghurt direkt aus dem Rührfass. Entzückt über seinen dicken, runden Bauch, führte er die alte Tradition fort und sprang direkt in das Fass. »Seht nur«, rief Néné. »Genau wie Mama in Tinkin.« Mit seiner Genesung hätte eigentlich auch meine Angst vorüber sein müssen, aber das Unbehagen blieb. Einmal krank geworden, war er vor der nächsten Krankheit nicht gefeit.

In Labé führte ich ein Doppelleben. Am Tag war ich die Mutter, nachts schlüpfte ich in meine Verkleidung und war ein ganz gewöhnliches achtzehnjähriges Mädchen, eine Studentin, die Ärztin werden wollte oder Lehrerin. Genau wie Maimouna erzählte ich: »Ich bin an der Fakultät.«

Ich drehte mich unter dem zuckenden Licht auf der Tanzfläche zusammen mit meinen Freunden, befreit von der Aussicht auf den bestürzten Saikou, der meine Rückkehr erwartete, aber nicht frei von Überwachung. Wo immer ich auch hinging, Bobo folgte mir. Er besuchte nun die Oberschule und war von Baba zum Spion ernannt worden. Sein Auftrag bestand darin, Berichte abzuliefern darüber, wo ich hinging, mit wem ich sprach und besonders mit wem ich tanzte. »Wenn du mich nicht in Ruhe lässt, dann schlage ich dich«, drohte ich Bobo, aber er blieb mein Schatten, seinem Vater treu ergeben.

Wenn ich nach dem Tanzen nach Hause kam, saß Néné oft noch im großen Zimmer mit dem schlafenden Amadou auf dem Arm. Ich setzte mich neben sie, und Wange an Wange betrachteten wir Amadous Gesicht.

»Er hat so etwas an sich«, meinte Néné eines Abends. Sie schüttelte den Kopf. »Ich kenne kein Kind, das so ist wie er, am ehesten noch Koto, aber ich weiß nicht, ein Kind, das eine solche Weisheit ausstrahlt …«

»Ich glaube, ich sehe es auch, aber was genau meinst du?«, fragte ich.

»Amadou ist jetzt zwei Jahre alt. Die meisten Kinder in dem Alter werden erst allmählich sie selbst, aber Amadou hat etwas, von dem ich nicht weiß, wie ich es nennen soll, er ist irgendwie ungewöhnlich. Kinder rennen doch meistens hin und her, sie haben ihren Platz noch nicht gefunden. Aber Amadou … Als du in Conakry warst, saß er jeden Abend hier und beobachtete Baba und mich. Eines Nachmittags lief er zufällig einem alten Mann über den Weg, der sein Leben damit zugebracht hatte, die Sterne zu beobachten. Der Mann sagte: ›Das ist kein gewöhnliches Kind. Wir sollten ihn nicht als Kind bezeichnen. Er kommt vom höchsten Gestirn.‹ Er schien sich sehr sicher zu sein. Er sagte: ›Dieses Kind sollte nur in Weiß gekleidet werden.‹«

»Aber Néné.« Ich war mir nicht sicher, ob mir das gefiel, was ich da hörte. »Ist das denn gut für ein Kind? Er ist doch noch ein Baby. Er sollte rennen und spielen wie die anderen Kinder auch. Manchmal schaue ich ihn an, und ich spüre, wie sehr ich ihn liebe, und dann habe ich Angst um ihn.«

Néné lachte. »Mach dir um ihn keine Sorgen. Du hättest ihn mit Oury und Hassah sehen sollen, wie sie zusammen Fußball spielten, und mit den anderen Kindern auf der Straße.« Vermutlich hatte sie Recht. Amadou lief und sprang gern herum. Er liebte es, in den Wäschekorb zu hüpfen und sich unter Decken zu verstecken. Baba hatte ihm Spielzeugautos geschenkt, und er und Oury verbrachten Stunden damit, mit ihnen durchs Haus zu sausen.

»Ein Kind wie er ist ein Segen«, sagte Néné, »denn er wird sich eines Tages um dich kümmern.«

Während ich tanzte, rebellierten in Guinea die Frauen, die auf den Märkten Joghurt, Reis, Salat und Früchte verkauften. Sékou Touré hatte sie von den Märkten vertrieben und in eine Art Schwarzmarkt gedrängt. Zwei Jahre zuvor hatte er nämlich angeordnet, dass in Guinea alle Erzeugnisse nur noch von staatlichen Genossenschaften verkauft werden durften. Er stationierte auf allen Märkten eine so genannte Wirtschaftspolizei, die alle fern hielt, die versuchten, außerhalb dieses Systems zu verkaufen. Viele Frauen gingen trotzdem weiter zum Markt, sie trugen ihre Waren unter übergroßen Schals oder gingen von Haus zu Haus. Bis zu einem Tag im August des Jahres 1977.

Eine Frau ging mit einem großen Behälter voller Reis zum Madina-Markt, dem größten Markt in Conakry, und setzte sich direkt vor die Wirtschaftspolizei des Präsidenten.

»Du musst sofort von hier verschwinden«, forderte ein Polizist sie auf.

»Du müsstest mich schon umbringen, willst du mich von hier vertreiben«, antwortete die Frau darauf.

Der Polizist versuchte ihr den Reisbehälter zu entreißen, aber die Frau wehrte sich. Die anderen Frauen, die ihre Waren im Verborgenen verkauften, sprangen ihr zu Hilfe und begannen auf den Polizisten einzuschlagen. Die Kunde von dem Vorfall verbreitete sich wie ein Lauffeuer in der Stadt, worauf sich noch viel mehr Frauen auf den Weg zum Markt machten, und bald marschierte der Frauenzug auf den Präsidentenpalast zu.

Sie erzwangen sich an den Toren Durchlass und verlangten, Sékou Touré zu sprechen. Als er schließlich vor ihnen erschien und rief: *»Pour la révolution!«*, wäre es an den Frauen gewesen, den Ruf zu wiederholen. Aber sie schwiegen.

*»Victoire«*, brüllte er. Aber die Frauen antworteten nicht darauf.

»Du hast uns betrogen«, riefen sie stattdessen. »Wir sind hungrig und müde, wir verlangen nicht mehr als die Freiheit, unsere Waren überall und frei verkaufen zu dürfen.«

Das Verwunderliche an dieser Geschichte war, dass Sékou Touré ihnen genau das gab, was sie forderten. Sie durften ihre Waren wieder frei verkaufen – und das noch am selben Tag!

Amadou wurde in Labé zwei Jahre alt. Ich hatte noch keinen Zeitpunkt festgelegt, wann ich nach Liberia zurückkehren wollte, unter anderem auch, weil die Spannungen an den westafrikanischen Grenzen sich noch verstärkt hatten. Wir hörten davon, dass Menschen erschossen wurden, während sie versuchten, von einem Land ins andere zu gelangen. Ich hatte nichts dagegen, noch abzuwarten. Amadou war bei mir, und ich konnte jeden Abend tanzen gehen. Bis Baba verkündete, dass er damit nicht glücklich sei.

»Jede Nacht machst du das, und du vergisst dabei völlig, wer du eigentlich bist. Du bist eine verheiratete Frau. Du hast einen Sohn. Du verhältst dich deinem Mann gegenüber nicht anständig.« Baba verlangte, dass ich sofort zu Saikou zurückkehrte, und wusste dabei genau, dass ich es nicht wagen würde, Amadou mit auf diese Reise zu nehmen.

»Das ist gut so«, sagte Baba. »Ich habe gesehen, dass du zu jung bist. Ich werde dir helfen. Du gehst zurück zu deinem Mann, und Amadou wird hier bei uns bleiben, bis er vier ist und in die Vorschule gehen kann.«

»Das werde ich nicht tun. Ich will mein Kind behalten«, schrie ich und hatte schwarze Zähne und fiebrige Haut vor meinem geistigen Auge. »Wenn du mich zwingst, ohne mein Kind zurück zu meinem Mann zu gehen, und wenn mein Kind wieder krank wird und vielleicht stirbt, dann werde ich für den Rest meines Lebens nie mehr mit dir sprechen.«

Der Kopf meines Vaters schnellte zurück, und er hielt das Kinn hoch erhoben. Ich war mir nicht sicher, ob ich ihn verärgert hatte oder vielleicht so verblüfft, dass er nachgeben würde. Keins von beiden war der Fall.

»Du bist nicht Allah«, sagte er ruhig. »Dieses Kind wird nicht sterben. Es wird ihm gut gehen bei uns. Geh nur.«

## KAPITEL 10

# *Im Angesicht des Schicksals*

Eines der Versprechen, die er Diadia gegeben hatte, hielt Saikou. Er holte mich aus dem Busch und brachte mich nach Norden, nach Monrovia. Eine Stadt wie diese hatte ich noch niemals zuvor gesehen. Die meisten Straßen waren gepflastert, und die Häuser verfügten größtenteils über elektrisches Licht und Fernsehgeräte. Die Läden waren groß und quollen beinahe über von allen nur erdenklichen Waren. Sie boten so viel Auswahl, dass man einen rollenden Wagen brauchte, um seinen Einkauf zu erledigen, und alles war strahlend hell erleuchtet. Hier gab es mehr Licht als in ganz Labé. Der Einkauf wurde zum Erlebnis.

Noch interessanter waren die Geschäfte an der Broad Street, die Kleider aus New York und Kalifornien verkauften. Auf den Preisschildern standen ausgefallene Namen in geschwungenen Buchstaben, und schon allein diese Schildchen beeindruckten mich tief. In Labé und Seino waren Preisschilder eine Seltenheit. Dort nahm man eine Bluse vom Ständer und setzte somit die Preisverhandlungen in Gang. Der Verkäufer taxierte einen ganz genau, bevor er eine Zahl nannte, und versuchte, die Möglichkeiten der Kundin einzuschätzen, bevor er ihre Börse schröpfte. In Monrovia aber schoben die Frauen ihre amerikanischen Dollar mit gekonnter Nonchalance über die Ladentische.

Amerika war allgegenwärtig, von der Währung bis hin zu den Zeitschriften wie *Newsweek* und *Cosmopolitan*, die man in den Cafés kaufen konnte, und die Menschen schwelgten darin, ohne ein schlechtes Gewissen dabei zu haben. Es sei Teil ihres Geburtsrechts, hörte ich von einigen, denn Liberia wurde von befreiten Sklaven gegründet, die aus Amerika gekommen waren mit dem sehnlichen Wunsch, endlich unabhängig zu leben. So hatte das Land seinen Namen erhalten, ›Land der Freiheit‹. In Monrovia lebten tausende von US-Liberianern, Menschen, die die Vereinigten Staaten verlassen hatten, um zu ihren afrikanischen Wurzeln zurückzukehren. Sie brachten ihre englische Sprache mit und noch etwas anderes: Bücher, Ideen und eine Energie, die sich aus der Erfüllung tiefster Herzenswünsche entwickelte. Reiche Händler aus Indien und dem Libanon lebten in den schicksten Apartments der Stadt, und auch sie gaben ihre Dollars mit vollen Händen aus.

Unnötig zu erwähnen, dass ich nur Zuschauer des ausschweifenden Lebensstils der anderen war, obgleich ich versuchte, mich mit dem Kauf einiger Paar Stiefel und mehrerer Hüte aufzuheitern. Das erste Mal in meinem Leben wohnte ich in einem Apartment. Es lag im zweiten Stock eines Mietshauses in der Benson Street und hatte einen Balkon. Von dort beobachtete ich den Verkehr, die Menschen und Autos, Busse und Taxis. Wie immer wollte Saikou nicht, dass ich allein auf die Straße ging. Also kein Restaurant- oder Kinobesuch für mich. Selbst wenn ich nur Obst einkaufte, hatte ich schon ein schlechtes Gewissen. Da stand ich, drückte eine Mango und versuchte, ihre Reife festzustellen, und musste doch dauernd denken: »Beeil dich, Kadi. Saikou wird schon wieder wütend sein.« Das, was ich am liebsten gemacht hätte, nämlich wieder zur Schule gehen, war undenkbar. Er sagte, die anderen Studenten und Lehrer würden ein Mädchen von achtzehn Jahren sehen und nicht denken, dass sie verheiratet sei. Sie bekämen eine falsche Vorstellung.

»Ich muss aber zur Schule gehen«, sagte ich. »Das ist wichtig. Du hast es Baba versprochen.«

Wir schlossen einen Kompromiss. Saikou zahlte einen Privatlehrer, der mich zu Hause unterrichtete. Es war mein erster Englisch sprechender Lehrer, ein Mann, der dem Arzt in Seino, der meine Schwangerschaft festgestellt hatte, sehr ähnlich sah.

Ich las ein englisches Buch, das von einem Bergsteiger handelte, der sich, auf dem höchsten Gipfel angelangt, noch einmal seinen vorangegangenen Kampf gegen Wind und Kälte in Erinnerung rief. »Was sagst du zu der Geschichte?«, fragte der Lehrer.

»Die Geschichte handelt von den Strapazen, die er durchmachen musste, aber ich bin froh, dass sie dort beginnt, wo er sein Ziel bereits erreicht hat.«

»Und was hältst du vom Schluss des Buches?«, fragte er.

»Es hat mich überrascht, dass er sich nach allem, was er durchmachen und überstehen musste, nur eines wünschte, nämlich auf den nächsten Berg zu steigen, auf einen noch höheren. Ich würde am liebsten gleich weiterlesen.«

Das Gesicht des Lehrers strahlte. »Du bist klug. Du hast verstanden, dass der Autor mit dem Ende der Geschichte beginnt, anstatt mit dem Anfang. Und der beste Schluss eines Buches ist überhaupt kein Schluss. Das bringt den Leser weiter. Dein Mann muss dich zur Schule schicken. Du hast eine große Zukunft vor dir.«

Der Lehrer hatte dabei allerdings nicht an eine Zukunft

als Schönheitskönigin gedacht. Denn etwa zur selben Zeit fragte man mich, ob ich Guinea nicht bei der Wahl zur Miss Westafrika vertreten wolle. Der guineische Botschafter in Liberia kannte Saikou und erzählte ihm, dass man ihn auf mich aufmerksam gemacht habe, auf die Frau des erfolgreichen Geschäftsmannes aus Seino. Der Botschafter meinte, ich sei die ideale Miss Guinea.

Als Saikou mit diesen Neuigkeiten nach Hause kam, konnte ich nur darüber lachen. »Ich? Ich in einem Schönheitswettbewerb?«

»Was ist daran so lustig?«, sagte Saikou. »Du siehst, was passiert. Du gehst aus, und die Leute sehen dich. Und dann werden sie auf dich aufmerksam.«

Mein Lachen verstummte abrupt. Ich sah, dass er es ernst meinte.

»Wie kommt es, dass sie dich ausgewählt haben? Wie kommt es, dass sie dich überhaupt kennen? Du gehst in die Stadt, die Leute sehen dich mit deinen Hüten und Stiefeln, und dann kommen sie auf so eine Idee, aber damit das gleich klar ist, ich werde das nicht erlauben.«

Ich wusste nicht, was plötzlich über mich kam. Ich fühlte mich mit einem Mal schwindlig und schwer. Für den Bruchteil einer Sekunde glaubte ich, meine Knie würden nachgeben. Das Gefühl kam und ging, und Saikous stechendem Blick nach zu urteilen, hatte er es nicht einmal bemerkt. Ich stellte mich dicht vor ihn.

»He, warte mal. Ich bin ein Mensch, und ich kann sehr gut alleine über mein Leben bestimmen. Dieser Schönheitswettbewerb interessiert mich nicht. Ich möchte nur eins. Ich möchte endlich zurück zur Schule.«

»Du kannst nicht zur Schule gehen.«

»Wenn du mich nicht zur Schule schickst, muss ich mich scheiden lassen. Ich möchte nicht mehr so leben. Entweder schickst du mich zurück in die Schule oder nach Guinea.« Saikou rieb sich das Kinn und dachte nach.

»Wenn du deshalb die Scheidung willst, dann werde ich zustimmen, aber bevor du das tust, gehen wir zum Arzt. Ich muss sicher sein, dass du nicht schwanger bist, wenn wir uns trennen.« Saikou war zu schlau, um irgendein Risiko einzugehen. Am nächsten Tag gingen wir zum Arzt, aber Saikou wusste bereits, was der Arzt sagen würde.

»Wie konntest du das wissen?«, fragte ich ihn.

»Weil du dich jetzt genauso benimmst wie damals, als du mit Amadou schwanger warst. Weil du rebellisch wirst, wenn ich in deine Nähe komme. Du willst mich nicht, du stößt mich fort, du bist aggressiv. Deshalb glaube ich, dass du schwanger bist.«

»Und jetzt?«, fragte ich.

»Jetzt wirst du das Kind bekommen.«

»Was ist mit der Schule?«

»An meiner Entscheidung hat sich nichts geändert. Du bist jetzt schwanger. Also hör auf, über die Schule nachzudenken.«

Ich deutete mit dem Finger auf Saikou.

»Hör mir zu. Ich werde das Kind wegmachen lassen und dich verlassen, wenn du dein Versprechen nicht hältst.« Mit diesen Worten gelang es mir erstmals, ihm ernsthaft Angst einzujagen.

»Wenn du das tust«, sagte er, »dann werde ich darum beten, dass du an der Schwangerschaft stirbst.«

Somit war die Entscheidung gefallen.

»Ich kann das nicht zulassen, und ich kann dich nicht in die Schule schicken. Es wird keine Scheidung geben. Du gehst zurück nach Guinea. Du wirst Monrovia sofort verlassen.«

Das war im Januar 1978. Ich war mit meinem zweiten Kind im vierten Monat schwanger und saß wieder auf einem Lastwagen. Wieder ging ich weg von Saikou, aber verlassen hatte ich ihn nicht. Das, was ich jetzt tat, im Dunkeln durch Afrika zu tuckern, war kein Verlassen.

Dies war ein Gedanke, der mich während der Fahrt durch die Nacht nicht losließ. Ein anderer brachte mich zum Lächeln. Bald würde ich meinen Amadou küssen, er war der einzige Mann in meinem Leben, der keine Forderungen stellte.

Vor dem Schlafengehen erzählte ich Amadou die Geschichte von den Affen, die im Pflaumenbaum lebten. Eines Tages wurden sie von ihrem Anführer zusammengerufen, und er verkündete, dass es Zeit wäre, die Pflaumen vom Baum zu ernten. Doch in der Nacht vor der Ernte, während die anderen Affen schliefen, aß der Affenanführer, der auch der Größte in seiner Herde war, alle Früchte alleine auf. Die anderen Affen erwachten am nächsten Morgen, und als sie sahen, was geschehen war, begannen sie, mit dem Finger aufeinander zu zeigen. »Wer hat das getan? Wer hat uns betrogen?«, riefen sie, und alle Affen riefen: »Ich nicht. Ich nicht. Ich nicht.«

»Lasst uns zum Fluss gehen«, riefen sie. »Wir gehen zum Fluss, und der Fluss wird es uns sagen.«

Ein Affe nach dem anderen sprang in den Fluss. Diejenigen, die an der Oberfläche trieben, würden als unschuldig gelten. Der Affe aber, der unterging, weil er voll gestopft und schwer war von den vielen Pflaumen, würde als Schuldiger entlarvt werden können.

Der Affenanführer sprang als Letzter ins Wasser. Er ging sofort unter. Die anderen Affen zogen ihn heraus, und der Anführer prustete: »Nein, es ist meine Robe. Ich muss meine Robe ausziehen.« Er legte die Robe ab, sprang noch einmal hinein und ging wieder unter.

»Du bist es gewesen«, riefen die anderen.

»Es ist meine Hose«, meinte er darauf. Er zog also auch die Hose noch aus. Die anderen Affen lachten schon.

Als er dann wieder unterging, legte er auch noch seine Halskette ab. Es nützte nichts. Also nahm er auch den Hut ab und zog das Hemd und die Schuhe aus. Am Ende sprang er völlig nackt ins Wasser – und versank wieder.

»Seht euch diesen bösen Affen an«, riefen die anderen und deuteten auf ihn. Der Affenanführer, der seine Macht auf sehr unkluge Weise ausgenutzt hatte, schlurfte mit eingezogenem Schwanz davon.

Amadou wollte nicht einschlafen, bis ich ihm die Geschichte noch einmal erzählt hatte, und noch einmal, und jedes Mal lachte er am Ende.

»Amadou, es ist Zeit, schlafen zu gehen«, sagte ich zu ihm.

Er schlüpfte unter die Decke, und sie bewegte sich dabei fast nicht. Seine Bewegungen hatten etwas Leichtes und Müheloses an sich. Er war ein ganzes Stück gewachsen in den vier Monaten, in denen wir getrennt gewesen waren, seine Brust war ausgeprägter und der Babyspeck fast völlig verschwunden.

Néné erzählte mir, dass er allerhand Unfug mit ihr trieb. Er hatte hinterm Haus ein Versteck gefunden und ließ sich oft von ihr suchen. Wenn sie ihn nicht fand, sprang er irgendwann plötzlich aus seinem Schlupfwinkel und rief: »Néné Labé, hier bin ich.«

Als ich fortgegangen war, hatte er noch nicht viel gesprochen, hauptsächlich, weil er sich auch ohne Worte verständlich machen konnte, meinte Néné. Aber mittlerweile hatte sich auch seine Sprache verbessert. Néné behauptete sogar, er habe schon ganze Sätze gesprochen. »Néné, ich möchte meinen Reis.« »Néné, es wird Zeit, dass du kochst und das Essen auf den Tisch stellst.« Überrascht stellte ich noch etwas anderes fest: Amadou nahm die linke Hand zum Essen. Er würde der einzige Linkshänder in der Familie sein.

Eines Tages fiel er im Garten hin und musste an der Stirn genäht werden. Noch bevor die Fäden gezogen waren, stürzte er erneut. Die Wunde verheilte nur langsam und hinterließ eine winzige Narbe. Da lag ich nachts neben ihm und versprach, ihn nicht noch einmal zu verlassen. »Sollte ich das jemals wieder tun, dann komm und hol mich«, sagte ich zu ihm.

Ich schmiegte mich an ihn, sein Körper fühlte sich warm und gesund an. Néné hatte gut auf ihn aufgepasst. Ich spürte Amadou an meinem Bauch, in dem das andere Baby langsam anfing, sich zu bewegen. Dieses Baby zwischen uns machte sich nun mit Ellbogen und Füßen deutlich bemerkbar: »Ich bin auch da.«

Während Amadou sich in meinem Bauch kaum bewegt hatte, trat und stieß dieses Baby wie wild in mir herum. Übelkeit und die damit einhergehenden Schmerzen, denen ich bei Amadou entkommen war, überfielen mich nun oft. Meine Stimmung konnte innerhalb von Minuten von absolutem Hochgefühl zu tiefer Düsternis wechseln. Glücklicherweise war Néné diesmal bei mir. Sie kochte Suppen und Eintöpfe, gemischt mit gekochten Taroblättern und gewürzt mit allem, was sie in ihrem Garten fand. In diesem Zustand, sagte sie, brauche mein Körper Hilfe, um mich und das Baby ernähren zu können. Die Bäder, die sie mir einließ, halfen, meine Launen zu mildern.

Bei diesem Baby wurde ich auch dicker als bei Amadou, aber das hielt mich nicht von meinem Wunsch ab, wieder tanzen zu gehen. Es war die einzige Möglichkeit, mit meiner Freundin Maimouna und anderen Gleichaltrigen zusammen zu sein.

»Nein. Du kannst mit deinem dicken Bauch nicht tanzen gehen«, schimpfte Baba.

»Also gut. Du sagst Nein, von mir aus. Du hast mich

mit diesem Mann verheiratet, und ich habe es hingenommen. Ich habe deine Entscheidung respektiert, und ich tue meine Pflicht als Ehefrau. Ich habe einen Sohn, und in meinem Bauch wächst ein zweites Kind heran. Ich will tanzen gehen, aber du verbietest es mir. Also werde ich stattdessen hier sitzen bleiben, die ganze Zeit, sodass du mich immer sehen kannst.«

Am nächsten Morgen wachte ich früh auf. Ich wickelte mich in ein langes Tuch, steckte mir die Haare hoch, sodass ich aussah wie eine Verrückte, und ging in den Garten, um mich unter einen Mangobaum zu setzen. Ich verschränkte die Arme vor der Brust, und als Baba zum Morgengebet aus dem Haus kam, wartete ich dort und starrte vor mich hin; eine versteinerte Rebellin, entschlossen, ihn zu quälen.

»Was geht hier vor?«, fragte er.

Ich würdigte ihn keines Blickes, sagte kein Wort. Als er am Nachmittag aus dem Büro nach Hause kam, sah er mich wieder an derselben Stelle. So ging es tagein, tagaus. Wenn er fortging, saß ich unter dem Baum. Dann lief ich ins Haus und aß, spielte mit Amadou, hörte Musik, aß noch einmal, und wenn ich Baba zurückerwartete, setzte ich mich wieder unter den Baum.

»Das ist nicht zu glauben, jeden Tag sitzt du hier«, sagte er. »Denkst du, dass sich dadurch etwas an meiner Meinung ändern wird? Jetzt kann ich verstehen, warum dein Mann dich fortgeschickt hat.« Aber ich saß nur da, entschlossen, seine Bestrafung fortzuführen. Schließlich wurde es ihm zu viel. Er kam zu mir, die Augen rot vor Tränen.

»Bitte, tu mir das nicht an. Ich erlaube dir auszugehen, wenn es das ist, was du damit bezwecken willst.«

»Nein! Nichts da! Ich gehe nicht aus, denn du willst, dass ich hier bleibe. Du wirst sehen.« Er ließ mich sitzen, und bald hörte ich das Radio aus seinem Zimmer.

An diesem Abend machte ich mich zurecht, um tanzen

zu gehen. Ich zog ein Jeanskleid und die Stiefel aus Monrovia an. Ihre Absätze waren wie lange, dünne Eisenstachel. Néné warf einen Blick auf mich und schlug die Hände über dem Kopf zusammen. »Nein, nicht. Mit solchen Stiefeln kann man doch nicht laufen.«

Ich machte ein paar Schritte. Eins. Zwei. Drei. Dann schrie ich laut auf.

»Néné, hilf mir.« Die Stachel schienen meine Beine und meinen Bauch zu durchbohren. »Bitte, hilf mir. Ich werde sterben.«

»Nein, du wirst nicht sterben, aber du musst endlich akzeptieren, dass du schwanger bist.«

»Bitte, bitte«, schrie ich. Ich krallte meine Nägel in die Wand und weinte.

Néné half mir zum Stuhl, und irgendwie gelang es ihr, die Stiefel von meinen Füßen zu zerren. Ich keuchte. »Nie mehr. Ich werde damit aufhören.«

Ein Schmerz ersetzte den anderen. Am nächsten Tag begann ein Zahn auf der linken Seite zu pochen. Heiße Suppe ließ mich zusammenzucken. Kaltes Wasser jagte den Schmerz vom Kopf bis zu den Zehen. Am darauf folgenden Tag wurden die Qualen immer schlimmer, bis ich mich auf dem Boden krümmte und jammerte. Amadou weinte und sagte: »Was ist, Mama?« Ich konnte kaum den Kopf zu ihm heben.

Néné und Baba brachten mich zum Zahnarzt. Dieser eröffnete mir, ich habe zwei Möglichkeiten. Er könne den Zahn entweder ziehen oder ihn behandeln.

»Ziehen Sie ihn!«, verlangte ich weinend.

Er holte eine glänzende Zange aus der Schublade und klemmte sie um den Zahn. Es begann ein Reißen und Zerren, und sogar das Baby beteiligte sich mit heftigen Hieben gegen meine Rippen an der Folter. Von innen und außen schlugen sie nun auf mich ein. Néné und Baba traten in die Tür, um zu fragen, was sie tun könnten.

»Geht weg!«, kreischte ich. O Gott, sieh nur, was mit mir geschieht, Blut und Speichel laufen mir übers Kinn, das Baby übt sich in Karate, und die Finger und Werkzeuge dieses Fremden zwängen sich in meinen Mund. Sogar der Zahnarzt schwitzte. »Nur noch eine Sekunde«, presste er zwischen den Lippen hervor. Nun versuchte er es nur mit den Fingern. Wieder ein schreckliches Reißen und Ziehen. Noch ein paar Hiebe aus meinem Bauch. »Aufhören«, schrie ich. »Aufhören, ich kann nicht mehr.« Ich ging nach Hause mit dem halb gerissenen Zahn, und ich wollte ihn im Mund behalten, bis das Baby auf die Welt kam.

Meine Schmerzen ließen mich denken, dass Baba Recht hatte mit seinem Glauben an das Schicksal. Die Moslems sind davon überzeugt, dass alle Menschen auf vorbestimmten Wegen wandeln. Nur ein höheres Wesen konnte die Schmerzen durch alle Teile meines Körpers gleichzeitig strömen lassen. Aber zu welchem Zweck? Um mir eine Lektion über das Leiden zu erteilen, sodass ich für all das, was ich hatte, wieder dankbar wurde? Das klang vernünftig. Oder war es noch einfacher? Vielleicht erging es mir wie dem Affenanführer in Amadous Geschichte: All meiner unrechten Gedanken und Missetaten überführt, musste ich zwangsläufig auf den Grund des Flusses sinken.

In den letzten Monaten der Schwangerschaft ging es mir besser, selbst mit dem hartnäckig schmerzenden Zahn. Néné rieb meinen Rücken mit Unmengen von ihrem speziellen Tonikum ein. Man durfte es nur im achten und neunten Monat anwenden, dadurch entspannten sich angeblich die Geburtsmuskeln. Nahm man es schon früher, ging man das Risiko einer Fehlgeburt ein. Sie mischte kleine Fonio-Körner mit Sira-Ngongo-Blättern, die wie Gras im Garten wuchsen, und bereitete daraus einen dicken Brei. Ich aß jeden Tag zwei Schüsseln davon, und das zwei Monate lang, bis ich Ende Juni 1978 – mit der guten Néné an meiner Seite und Baba betend im Garten – meiner Tochter Laouratou das Leben schenkte. Wir nannten sie Laoura.

## KAPITEL 11

# *Die andere Kadiatou*

Nun begann das gute Leben.

Ende des Jahres kehrte ich in das Apartment in der Benson Street in Monrovia zurück. Nicht lange danach fuhr Saikou geschäftlich nach Lomé, der Hauptstadt von Togo, und danach nach Brüssel, und ließ mich mit einem kleinen Jungen und einem Baby allein, aber auch mit einem Dienstmädchen, einem neuen himmelblauen Peugeot 504 und dem uneingeschränkten Zugang zu seinem Bankkonto.

Ich fackelte nicht lange. Ich plünderte nacheinander die Geschäfte in der Broad Street, der Randall Street und der Benson Street. Ich kaufte von allem nur das Beste – Kleider und Hosenanzüge, Schuhe, Handtaschen und Sonnenbrillen. Ich war Stammkundin im Friseursalon, ging zur Maniküre und Pediküre, und die Männer schauten mir bewundernd hinterher, während ich von einem Geschäft zum anderen ging.

Ich lernte eine Frau aus Dalaba in Guinea kennen, die ebenfalls Kadiatou Diallo hieß und mich in die Cafés und Kinos mitnahm. Sie schleppte mich sogar mit zur Sassa Disco, einem Tanzclub im Dorf der *Organisation of African Unity*, wo die Kellner uns Mineralwasser servierten. Die andere Kadiatou war auch verheiratet und hatte eine

Tochter, die genauso alt war wie Amadou, also fast vier, und ich staunte über die Freiheiten, die sie genoss, denn sie konnte ungehindert mit mir durch die Stadt streifen. Ich hatte eine neue Freundin gewonnen. Ich vermisste zwar die Zeit mit meinen Freunden in Labé und die Vertrautheit, die wir als selbstverständlich erachtet hatten, doch die Freundschaft mit der neuen Kadiatou gab mir etwas anderes: Die Möglichkeit, mir eine eigene Vergangenheit zu schaffen.

Sie kannte Baba und Néné nicht. Sie war keine Cousine ersten oder zweiten Grades, die die Familiengeschichte in- und auswendig kannte. Die Geschichte von Diadia und dem, was ihr widerfahren war, und wie Baba seine beiden anderen Töchter weggeschickt hatte, eine davon dreizehn Jahre alt, verfälschte nicht ihren Eindruck von mir. Sobald ich ihr irgendein Detail aus meinem Leben erzählt hatte, verlor es augenblicklich an Gewicht. Die Geschichte entfernte sich schnell von mir, und es war, als durchtrennte die neue Kadiatou meine Verbindung zu den Sorgen, die mit den Erlebnissen einhergingen.

Wenn ich zur Schule ging oder in den Tanzclub, ließ ich die Kinder bei Esther, die offiziell zwar als Dienstmädchen eingestellt war, aber auch als Babysitter, Köchin und Näherin fungierte. Sie war siebzehn und Liberianerin.

Oft sagte ich zu meiner neuen Freundin: »Ich gebe ganz schön viel von Herrn Diallos Geld aus.«

Amadou und Kadiatous Tochter Benette wurden ebenfalls enge Freunde. Benette war schüchtern und hatte so kurze Haare wie ein Junge. Wir aßen gemeinsam zu Mittag und zu Abend und sahen alle miteinander fern: die amerikanische *Sesamstraße,* eine afrikanische Zeichentrickserie und auch *Kojak* und *Columbo*. Wir gingen alle zusammen ins Rivoli-Kino, einschließlich Esther und Laoura, um Filme aus Indien und Amerika anzuschauen.

Sonntags gingen wir zu Prince's Way und aßen Eis. Wir

schleckten die Köstlichkeiten im Auto, Esther und ich vorn, Amadou und Laoura auf dem Rücksitz. Amadou schlang seine Vanille- und Schokoladenportion – seine Lieblingssorten – in Windeseile hinunter, und wenn er um mehr bat, sagte ich nie nein. Danach fuhren wir zum Sugar Beach und parkten neben den vielen Fords und Chevrolets, die zu der Zeit die beliebtesten Autos in Monrovia waren. Esther konnte gut schwimmen, ich hingegen überhaupt nicht. Nordguinea bot nicht gerade viel Gelegenheit, schwimmen zu lernen. Auch Amadou fühlte sich nicht sehr zum Wasser hingezogen. Im Gegenteil, er hatte sogar Angst davor. Esther sprang kopfüber in den Ozean, während ich mit Laoura im Arm Amadou im seichten Wasser auf der anderen Seite der Dünen Gesellschaft leistete. Einerseits hätte ich ihn gern mit Esther im tiefen Wasser gesehen, sich furchtlos in den Wellen tummelnd, aber andererseits blieb ich auch gern bei ihm und betrachtete Ozean und Himmel und die Linie, an der sie sich trafen.

In diesen Momenten sah ich Amadou vor meinen Augen wachsen. Mit der Weite des Meeres vor mir, spürte ich, wie seine Kraft zunahm und sein Blick sich in die Ferne richtete. Es war ein Punkt weit draußen am Horizont, der ihn faszinierte. Das Lachen anderer Kinder erreichte ihn nicht. Seine Augen blieben unerschütterlich auf diesen Punkt gerichtet.

Mit nur zwanzig Jahren wusste ich bereits, dass ich dieses Bild von uns gemeinsam am Sugar Beach niemals vergessen würde. Das war mein Trost, denn ich wusste auch um die unverrückbare Wahrheit, dass diese Tage niemals zurückkehren würden.

An seinem ersten Vorschultag im September 1980 trug Amadou kurze Hosen mit einem glänzenden Gürtel, ein weißes Hemd und eine rote Fliege. Er hatte eine kleine rote Plastikschachtel mit seinem Pausenbrot dabei und hielt Händchen mit Benette, seiner besten Freundin und nun auch Klassenkameradin. Diese Schule war anders als jene, die ich aus Guinea kannte. Sie kostete viel Geld, siebenhundert Dollar pro Schuljahr. Die Mauern waren aus sauberen braunen Ziegeln gebaut, und jeden Morgen putzte jemand entweder die Fenster oder die Treppengeländer. Die Flure waren durchdrungen von Sonnenlicht, und jeden Morgen traten die Lehrer auf die Eingangstreppe und riefen: »Kommt, Kinder. Kommt herein.«

Die Vorschule befand sich genau in der Stadtmitte, am Fuße der steil ansteigenden Broad Street. Oben an der Straße glitten große Limousinen lautlos über die Zufahrt zum Ducor, dem vornehmsten Hotel der Stadt. Das Hotel besaß einen Swimmingpool, ein Restaurant und einen prächtigen Garten. Alleine Amadou in der Vorschule abzuliefern fühlte sich schon glamourös an.

Die Kinder kamen aus Liberia, Europa und Amerika, und alle sprachen Englisch. Gleich in der ersten Schulwoche feierte Amadou mit seiner Klasse seinen fünften Geburtstag. Er trug eine Krone aus Baumwolle auf dem Kopf, die die Lehrerin für ihn gebastelt hatte, und führte den Umzug an, den die Kinder durchs Klassenzimmer veranstalteten.

Mit Saikous Erlaubnis durfte auch ich wieder zur Schule gehen. Es war jedoch keine Schule, in der ich einen höheren Schulabschluss hätte machen können, stattdessen lernte ich dort Schreibmaschine schreiben und Buchhaltungsgrundlagen. Es war immerhin ein Anfang, und zum ersten Mal seit sieben Jahren saß ich wieder als Schülerin in einem Klassenzimmer, was für Saikou eine Übung in Vertrauen war, denn er riskierte, dass die Leute mich ›sahen‹.

Ich war ein hübsches Mädchen und als solches zog ich Aufmerksamkeit auf mich.

Saikou schickte seine Gewinne aus dem Ausland, und ich gab sie weiterhin mit vollen Händen für Seidenschals, Ohrringe, juwelenbesetzte Uhren, Parfüm und die besten Hautcremes und Badeöle aus. Ich gab jede Menge von Saikous Geld aus, um mich in die Gesellschaft einzuführen. Auf dem Nummernschild meines Peugeots stand ›A41‹, und als mein Gesicht allmählich in der Stadt bekannt wurde, riefen die Leute: ›Oh, da fährt ›A41‹, wenn ich vorbeisauste. Ich kaufte immer noch mehr Kleider, tanzte immer öfter, und Esther und ich lagen oft am Pool des Ducor Hotels. Ich lernte sogar, ein wenig zu schwimmen.

Alles war wunderbar, nur ein Gedanke nagte an mir. Was würde Saikou sagen, wenn er entdeckte, dass ich fast das gesamte Geld von seinem Bankkonto in Monrovia durchgebracht hatte? Er war schon neun Monate fort, viel Zeit, um Geld auszugeben. Mittlerweile hatten die Unruhen Westafrikas auch auf Liberia übergegriffen. Reisbauern, Händler und andere, die unzufrieden mit der Regierung waren, strömten protestierend nach Monrovia. Sie verlangten ihren gerechten Anteil. Während ich meine Freiheit und das leichte Leben voll auskostete, mussten andere Liberianer ums Überleben kämpfen.

Eines Tages rief Saikou aus Togo an und sagte mir, dass er mich vermisse. Ich sollte ihn besuchen kommen und mit ihm einen Platz ausfindig machen, an dem die gesamte Familie leben konnte, sollten sich die Umstände in Liberia verschlimmern und eine neue Regierung an die Macht kommen, die die Bedingungen für die Geschäftsleute verschlechterte. Ich ließ die Kinder bei Esther und Koto, der gerade zu Besuch war, und flog nach Lomé. Auf den Gedanken, meine besten neuen Kleider zu Hause zu lassen, kam ich nicht. Ich betrat Saikous Hotel und sah von Kopf bis Fuß einfach nur teuer aus: ein samtweiches Kleid, lange, geflochtene Haare und lackierte Fingernägel. Saikou konnte den Blick nicht von mir abwenden.

»Ich hoffe, du hast nicht mein ganzes Geld ausgegeben«, sagte er, klang dabei jedoch nicht verärgert. Er schien die Frau gern anzuschauen, zu der sich seine Ehefrau entwickelt hatte.

»Warum?«, fragte ich.

»Weil dein Haar schön ist und du gut aussiehst.«

»Nein. Etwas davon habe ich schon ausgegeben, aber nicht alles.«

»Das ist in Ordnung«, meinte er.

Saikous Anbetung war ein Ereignis. Er führte mich in teure Restaurants, wir saßen in Cafés und nippten Espresso, kauften in einer der vornehmsten Boutiquen Lomés ein. Saikou suchte ein zweiteiliges Kleid im marokkanischen Stil für mich aus, blau, an der Seite mit Goldfäden bestickt, und sagte: »Probier es an.« Als er mich damit im Spiegel sah, hob er mich hoch und küsste mich in aller Öffentlichkeit. Romantik kehrte in Saikous und Kadis Ehe ein. Er war begeistert davon, mit mir zusammen zu sein, und begierig darauf, zu erfahren, wie viel Geld sich auf dem Konto in Monrovia angesammelt hatte. Ich beschwichtigte ihn, dass später auch noch Zeit sei, über solche Dinge zu sprechen, bis die Zeit schließlich ablief.

»Jetzt sag es mir«, drängte er. »Wie viel Geld haben wir auf der Bank?«

Ich senkte den Blick. »Nichts«, antwortete ich.

»Was?«

»Nichts.«

Er fing an zu zittern, dann schrie er. Der Schweiß lief ihm plötzlich in Strömen über die Wangen, oder waren es Tränen?

»Oh, mein Gott! Willst du mir damit sagen, dass du über dreißigtausend Dollar ausgegeben hast? Du hast das ganze Geld ausgegeben?«

Saikous Ausbruch holte mich in die Wirklichkeit zurück. Ich hatte etwas Fürchterliches angestellt, ich hatte alle Ersparnisse verprasst. Vielleicht könnte ich auf verminderte Schuldfähigkeit wegen zu viel Freiheit plädieren. Ich könnte dem Richter erklären, dass ich einfach nicht wusste, was ich tat. Nun fing ich an zu zittern.

»Es tut mir Leid«, murmelte ich. »Ich habe alles gekauft, was mir gefiel. Ich fühlte mich einsam und wollte mich aufheitern.«

Mit der Romantik war es nun vorbei. Zwei Tage lang sprach Saikou nicht mit mir. Ich aß allein und sprach sogar mit mir selbst. »Diesmal«, sagte ich mir, »verdienst du die Strafe.« Am dritten Tag wollte er mit mir reden.

»Wie dem auch sei, du hattest deine Chance, denn das Geld war für dich bestimmt. Ich wollte dir beibringen, wie man mit Geld umgeht und wie du deine eigenen Geschäfte machen kannst. Ich wollte dir eine Chance geben. Das Geld war dazu bestimmt, dich ins Geschäftsleben einzuführen. Ich wollte, dass du nach Europa fährst und einkaufst und die Waren dann hier vertreibst. Parfüm, Juwelen, alles, was du willst, aber du hast alles vertan.«

Er schickte mich zurück nach Guinea, diesmal in ein großes Haus, das er in Labé gebaut hatte, während er sich seinen nächsten Schachzug ausdachte. Ich ging den guineischen Weg, immer wieder führte er nach Hause. Zu diesem Zeitpunkt besaß Saikou mindestens fünf Häuser in drei Ländern. In Monrovia marschierten die Demonstranten mittlerweile durch die Stadt und einige Versammlungen endeten mit Straßenschlachten. Geschäfte wurden geplündert und Gebäude in Brand gesteckt. Deshalb schickte Saikou unser gesamtes Hab und Gut zusammen mit mir nach Labé, darunter alle unsere Möbel, den Peugeot, den er für mich gekauft hatte, und den Mercedes, den er selbst fahren wollte.

Wir blieben fast ein ganzes Jahr in Guinea, und Saikou

begann von dort aus die Welt zu erobern. Er holte Aissata, seine erste Frau, ebenfalls nach Labé. Angelockt vom Gewinn versprechenden Goldmarkt, fuhr er nach Genf, Brüssel und Amsterdam, um dort zu handeln. Er eröffnete ein Bankkonto in der Schweiz. Amadou und Laoura fragten oft nach ihrem Vater, und ich erklärte ihnen, dass er ein reisender Vater sei. Daraufhin erzählte Amadou den anderen Kindern: »Mein Vater ist ein Reisender«, als wäre es ein Beruf, niemals zu Hause zu sein.

Als Saikou im Frühling des Jahres 1981 endlich nach Labé zurückkehrte, hatte er Neuigkeiten für mich. Er wollte eine dritte Frau. Ich sagte zu ihm: »Wenn du das tun willst, dann musst du vorher mit meinem Vater sprechen, denn er hat mich dir anvertraut.«

Sie trafen sich im großen Zimmer. Baba und Saikou saßen in den zwei bequemen Sesseln, Néné und ich auf dem Sofa gegenüber.

»Ich sollte eine dritte Frau heiraten«, erklärte Saikou. »Ich lebe an so vielen verschiedenen Orten, und ich brauche jemanden, der sich um meine Angelegenheiten kümmert. Für Kadiatou wird sich nichts ändern. Ihr wird es auch weiterhin an nichts fehlen.«

Néné rutschte unruhig auf dem Sofa herum. Sie setzte sich kurz auf, sank dann wieder zurück in die Kissen und fuhr mit den Fingernägeln geräuschvoll über den Bezug. Saikou war ihr Cousin und Schwiegersohn. »Ich habe in Conakry ein Mädchen gefunden«, sagte er. Da hatte Néné genug gehört.

»Jetzt hör mir mal zu. Du hast unsere Tochter direkt von der Schule geholt, mit dreizehn Jahren. Damals hast du gesagt, du bräuchtest eine zweite Frau, weil deine erste Frau nicht gebildet genug sei. Nun willst du sie hier mit zwei Kindern abladen, um dir eine andere Frau zu suchen. Sag mir, warum du meine Tochter verlassen willst.«

»Nein, nein, ich werde genauso wie bisher für sie sorgen, das viele Geld …«

»Aha! Es geht ums Geld? Ich kenne die Geschichte mit dem Geld. Sie hat dein ganzes Vermögen ausgegeben, und ich sage dir eines, du hast es verdient. Wenn du dein Geld zurückwillst, werden wir eines unserer Häuser verkaufen und dir die Summe zurückzahlen.«

»Nein, nein. Darum geht es doch gar nicht«, erwiderte Saikou. »Ich wollte doch nur, dass sie lernt, was Disziplin heißt. Es geht nicht um das Geld.«

Baba sagte nichts, er blickte nur finster drein. Seine halb geschlossenen Augen, die Saikou argwöhnisch betrachteten, ließen Baba noch bedrohlicher wirken. Entweder schlief er jetzt gleich ein, oder er sprang Saikou an den Kragen. Er zeigte Néné die Handflächen, für sie die Aufforderung, dass sie frei sprechen durfte.

»Es reicht dir noch nicht, dass du unsere Tochter nur zur Befriedigung deiner Bedürfnisse genommen hast«, sagte sie. »Sie war ein Mädchen, als du sie geheiratet hast. Sie ist immer noch ein Mädchen, und jetzt willst du sie nur wegen des Geldes verlassen. Das Einzige, was dich interessiert, ist Geld.«

Saikou wandte sich an meinen Vater, der noch immer unbeugsam in seinem Schweigen verharrte. Baba nickte nur und sah dabei aus wie ein Mann, der endlich etwas Vernünftiges gehört hatte. Saikou verließ Néné und Baba ohne einen Gruß.

Bald verbreitete sich das Gerücht im Viertel, dass die schlechte Ehefrau, die Saikous gesamtes Vermögen durchgebracht hatte, ihren Weg zurück nach Labé gefunden hatte. Nein, nein, dachte ich, so war es nicht. Ich war neun Monate allein mit zwei Kindern in einer fremden Stadt gewesen, das zweite Mal, dass ich an einem fremden Ort einfach meinem Schicksal überlassen worden war. Ich hätte all die Hüte und Stiefel gern gegen so etwas wie ein normales Leben eingetauscht.

»Hör mir zu«, sagte ich zu Saikou. »Dieses Geld ist zu Gift in meinem Blut geworden. Wenn ich die Möglichkeit hätte, es dir zurückzuzahlen, würde ich es tun. Ich habe dir wehgetan, aber was du getan hast, ist schlimmer, du hast meinen Namen ruiniert.« Es war noch früh am Morgen. Ich trug ein bodenlanges Satin-Nachthemd, das ich in einem Geschäft in der Broad Street gekauft hatte, was jedoch meinen Argumenten nicht gerade Nachdruck verlieh.

»Und das mit Recht«, meinte er. »Du hast nämlich meinen Ruf ruiniert. Eine Frau, die ihren Mann so missachtet …«

»Es geht immer nur um deinen Ruf. Solange du der große Geschäftsmann bist, bist du glücklich. Du lässt mich mit den Kindern zurück wie in einem goldenen Käfig, und du erwartest, dass alles sauber und ordentlich ist, wenn du zurückkommst. Ich möchte endlich weg von dir und dieser Ehe.«

Saikou packte mich an den Schultern und warf mich zu Boden. Mein Nachthemd war fast bis zu den Hüften hochgerutscht. Saikou baute sich drohend über mir auf, und ich rechnete damit, dass er mich schlagen würde. Doch unser Dienstmädchen kam zufällig in diesem Moment an der Tür vorbei.

»Sieh mich an, wie ich hier mit nackten Beinen liege, sodass alle es sehen können.«

Saikou ging in die Knie und zog das Nachthemd wieder über meine Beine. Er war ein achtunddreißigjähriger Mann; ich war nicht einmal zweiundzwanzig. Aber ein Streit wie dieser, der damit endete, dass ich besiegt am Boden lag, ließ mich um Jahre altern. Wieder war eine Tür vor mir zugeschlagen, dachte ich.

»Nein, nein, nein. Ich liebe dich. Ich möchte bei dir bleiben. Ich habe es mir anders überlegt«, sagte er.

Meine Debattierkünste hatten einen weiteren Tag herausgeschunden. Saikou beschloss, sich doch keine dritte Frau zu nehmen, und ich begann erneut, alles zusammenzupacken. Nächster Halt: Togo.

Amadou zusammen mit Saikou, das war ein seltener Anblick. Seit wir das Buschland Liberias verlassen hatten, Amadou war damals noch ein Baby gewesen, hatte Saikou seinen Sohn immer nur für kurze Zeit gesehen. Ein paar Wochen, höchstens zwei Monate, eingeschoben zwischen langen Perioden der Abwesenheit. Ich konnte mich kaum erinnern, wann Saikou seinen Sohn das letzte Mal in den Armen gehalten hatte, und Laoura kannte ihren Vater noch weniger. Als wir nach Togo zogen, blieb Saikou die erste Zeit bei uns. Laoura bekam endlich Gelegenheit, auf seinem Schoß zu sitzen und hoch oben auf seinen Schultern zu reiten. Er nannte sie »mein kleines Mädchen«. Der sechsjährige Amadou hatte diese Nähe zu seinem Vater nie gehabt. Er hatte mittlerweile ein Alter erreicht, in dem er sich mit Wichtigerem beschäftigte, und sein Vater sprach mit ihm über die Bedeutsamkeit der Koranstudien und darüber, dass er seine Hausaufgaben mit größter Sorgfalt zu erledigen habe.

Als Amadou noch klein war, dachte ich manchmal, er hätte etwas von Saikou in seinem Gesicht und in seinem Gebaren, aber nun, da ich sie zusammen sah, traten die Unterschiede zwischen den beiden klar hervor. Saikou war ein Koloss von einem Mann, was ich mir bei Amadou selbst für die Zukunft nicht vorstellen konnte. Saikou wirkte stets fordernd, während Amadou immer bescheiden war und darauf vertraute, dass die Dinge zu ihm kommen würden. Und wenn dem nicht so war, war er trotzdem zufrieden.

Ihre Unterhaltungen glichen den nichts sagenden Gesprächen zwischen entfernten Verwandten.

»Gefällt es dir in der Schule?«

»Wo wohnst du, wenn du auf Reisen bist?«
»Passt du auch auf deine Mutter auf?«
»Wie ist es in Europa?«
»Am wichtigsten ist, den Koran zu lernen, ein guter Moslem zu sein und für die Familie zu sorgen.«

Als wir im Sommer 1981 in Togo ankamen, führten wir so etwas wie ein geregeltes Familienleben. Saikou ging jeden Morgen ins Büro und kam rechtzeitig zum Abendgebet und Abendessen zurück. Mein Bruder Bobo, der nun Marketing an der Universität von Togo in Lomé studierte, wohnte bei uns. Saikou hatte auch seine anderen beiden Kinder zu uns geholt, Alfa, der nun dreizehn war, und die neunjährige Diaraye. Wir lebten in einem großen, zweistöckigen Haus aus braunen Ziegeln, das von einer Betonmauer mit Eisentor umgeben war. Während die Küste Liberias saftig grün war, hatten wir hier genauso viel Sand wie Gras um das Haus herum. In der Auffahrt standen immer mindestens drei Autos, und oft nahmen wir das Frühstück auf einer ummauerten Terrasse ein. Wir hatten Bedienstete, eine Köchin, eine Haushälterin, ein Kindermädchen und einen Gärtner. Wir zahlten allen den üblichen Lohn von dreizehn Dollar pro Monat und hätten uns noch mehr Gehilfen leisten können. Amadou ging in die erste Klasse der École des Sœurs, der einzigen französischen und abermals teuersten Schule in der Gegend. Auf der Landkarte erscheint Togo nur wie ein schmaler Streifen, der zwischen Ghana und Benin eingeklemmt liegt, die es vor dem restlichen Afrika beschützen. Vielleicht war das aber auch nur mein Eindruck, den ich aus dem gesicherten großen Haus heraus gewonnen hatte. Auch hier brodelte es in der Bevölkerung, und Saikou, der sich Gedanken machte, dass ihm vielleicht jemand seinen Reichtum neiden könnte, stellte auch noch einen Wachmann ein, der das Tor vierundzwanzig Stunden am Tag im Auge behielt.

Amadou war ein privilegiertes Kind, sein Verhalten ließ jedoch anderes vermuten. Die anderen Kinder fragten ständig nach neuen Spielsachen und Fahrrädern, nicht so Amadou. Wenn man ihm erklärte, dass der Hosenboden seiner Schuluniform durchgewetzt sei, antwortete er, er wüsste nicht, was er mit einer neuen Uniform solle. Als Sohn eines reichen Mannes hätte er alle Freiheiten gehabt, aber er nahm sie nicht in Anspruch. Wenn er am Nachmittag von der Schule heimkam, ging er als Erstes in die Küche, um mit der Köchin zu plaudern, und er liebte es, dem Dienstmädchen bei der Verrichtung ihrer täglichen Hausarbeiten zuzusehen. Er fragte sie nach ihren Familien oder beobachtete sie einfach nur.

Amadou war klein und deshalb flink beim Fußball, an jedem Verteidiger flitzte er vorbei. Er wäre geschickt genug gewesen, um bei den größeren Kindern der Nachbarschaft mitzuspielen, aber er spielte lieber mit den Jüngeren. Deren Spiele hatten ein gemächlicheres Tempo und waren von freierer Natur. Sie spielten, sie saßen zusammen, sie spielten, sie redeten. Diese Art von Spiel entsprach zwar nicht ganz Amadous Fähigkeiten, passte dafür aber zu seinem Wesen.

»Irgendetwas stimmt nicht«, sagte Saikou eines Tages zu mir. »Er spielt mit Babys, dabei ist er schon ein großer Junge. Aber er selbst sieht sich nicht so.«

»Ich glaube nicht, dass es das ist«, sagte ich. »Amadou hat etwas Ungewöhnliches an sich, das ihn ihn zu etwas Besonderem macht.« Genau dieses Gespräch hatte ich schon einmal mit Néné geführt, als Amadou zwei gewesen war, und nun führte ich es mit Saikou wieder. Aber während Néné in Amadou einen Weisen gesehen hatte, sah Saikou in seinem Sohn nur einen Außenseiter. Saikou war es auch ein Dorn im Auge, wenn Amadou den Bediensteten Gesellschaft leistete.

»Warum will unser Junge unbedingt in der heißen Küche

stehen und sich mit den Hausangestellten unterhalten, während die anderen draußen herumrennen? Das ist doch nicht normal.«

Entsetzt stellte Saikou fest, dass Amadou beim Essen die linke Hand benutzte, woraufhin er versuchte, ihn umzugewöhnen. »Mit der rechten Hand geht es einfacher. Versuch es einmal.« Nach einer Woche aß Amadou sein Essen tapfer mit der rechten Hand, aber er kleckerte so viel Reis und Suppe auf Kleider und Fußböden, dass Saikou bald der Geduldsfaden riss. »Jetzt kann ich nichts mehr für ihn tun. Ich habe alles versucht, was in meiner Macht stand«, rief er.

Amadou zeigte es nicht, aber für ihn war sein Vater ein ebenso großes Rätsel, wie er es umgekehrt für Saikou war. Was Saikou nicht bemerkte, war, wie Amadou hinter ihm herstarrte, wenn er wieder einmal einen seiner Vorträge darüber gehalten hatte, wie irgendetwas zu sein hatte. Auch realisierte Saikou nicht, dass Amadou das Bild, das er von seinem Vater hatte, durch mich vervollständigte.

Amadou war sieben, als er sich einmal unbemerkt hinter uns schlich, während wir unseren morgendlichen Streit ausfochten. Als er am Nachmittag von der Schule kam, wartete er, bis Saikou hinaufgegangen war.

»Mama, was ist heute Morgen passiert?«, fragte er. Er sprach langsam. »Warum war mein Vater so wütend?«

»Mach dir keine Sorgen, Amadou. Es war nur eine kleine Auseinandersetzung.« Ich sah ihn an und mir fiel auf, wie zerbrechlich er doch war.

»Ich war heute so traurig in der Schule. Glaubst du, dass mein Vater noch immer wütend auf dich ist?«

»Natürlich nicht. Bitte, Amadou, es ist nichts«, beschwichtigte ich ihn.

Amadou konnte ganz plötzlich überall und nirgends sein. Oft stand er unvermittelt hinter Bobo, seinem Halbbruder Alfa oder mir, und keiner von uns hatte ihn kommen gehört. Eines Abends sahen wir einen sehr brutalen Film im Fernsehen, und ich war froh, dass Amadou nicht mit uns im Zimmer saß. Am nächsten Tag erzählte er mir: »Der Film gestern Abend war nicht gut. All diese Menschen tun sich gegenseitig weh oder bringen sich um.« Manchmal, wenn ich mich gerade mit jemandem unterhielt, etwa am Telefon, drehte ich mich unversehens um, und dann war Amadou da, er saß auf dem Fensterbrett und sah mir zu, ein vollkommen lautloses Wesen.

In Togo beaufsichtigte ich das Hauspersonal, kümmerte mich um die Kinder und unterhielt die Überraschungsgäste, die Saikou regelmäßig zum Abendessen mit nach Hause brachte. Ich genoss viele Privilegien und hatte meine Freiräume. Ich wurde nicht täglich mit einem mürrischen Schwager konfrontiert, der in mir eine Hexe sah, oder mit einem Abbild meiner selbst in der unglücklichen ersten Frau meines Mannes. Meine Schwester Fifi kam und blieb bei uns, Diadia besuchte mich, und mit Bobo im Haus fühlte ich mich fast wie zu Hause.

Das Leben, das ich mit der anderen Kadiatou in Monrovia geführt hatte, schien lange zurückzuliegen. Die Stiefel aus Liberia trug ich nicht mehr, die Hüte hatte ich verschenkt, die Hosen aus meinem Schrank verbannt. Ich war klüger geworden, hatte sechs Fast-Scheidungen erlebt, ein Schreckgespenst in Gestalt einer angedrohten Frau Nummer drei, mehrere Verbannungen, wer weiß wie viele Reisen auf dem Lastwagen über die gefährlichen westafrikanischen Grenzen, und nicht zu vergessen die aufregenden Ausfahrten mit meinem Peugeot 504, Kennzeichen A41. Diese neue Beständigkeit änderte zwar nichts an dem, was geschah, aber zumindest war ich wachsamer, als es geschah.

Ich bekam wieder ein Kind, Ibrahim, benannt nach Saikous Vater, geboren im Juni 1982.

Das vierte Kind, Abdoul, benannt nach Saikous Onkel, kam im November 1983.

Sie waren wunderschön, ganz anders als Amadou, größer, ausgelassener, von Anfang an lauter und furchtloser, sie spürten die Freiheit, die Amadou als Ältester nie gehabt hatte. Das Haus schien manchmal vor Kinderlärm zu bersten.

Saikou war uns jedoch schon wieder einen Schritt voraus. Diesmal lockte ihn die Suche nach immer noch mehr Schätzen nach Singapur.

Zu diesem Zeitpunkt – mein neues Bewusstsein steckte noch in den Geburtswehen – hätte ich Saikou vielleicht noch aufhalten können. *Diesmal gehst du nirgendwo hin.* Viele Gedanken schossen mir durch den Kopf. Ich könnte ihm zum Beispiel artig nachwinken, wenn er losfuhr, und dann mit Amadou, Laoura, Ibrahim, Abdoul und seinen beiden anderen Kindern, Alfa und Diaraye, einfach in Singapur aufkreuzen. Irgendwie hatte ich es geschafft, im Alter von vierundzwanzig Jahren Mutter von sechs Kindern zu sein, oder genau genommen, eine allein stehende Mutter von sechs Kindern zu sein. Dies hätte mindestens einen neuen Streit erfordert, einen neuen Aufruhr.

Aber mir war nicht nach Protest zumute. Ich sorgte dafür, dass Saikous Koffer ordentlich gepackt wurden. Ich legte ihm vier Boubous, zwei Geschäftsanzüge und mindestens sechs Safarianzüge hinein. Amadou und ich warteten mit ihm am Flughafen. Wir tranken Soda, machten ein wenig Smalltalk, und dann war Saikou fort. Amadou und ich fuhren zurück nach Hause. »Ich glaube, mein Vater bleibt lange weg«, sagte er.

»Mama! Ich kann nichts sehen. Es ist so dunkel! Mama! Ich mag die Dunkelheit nicht!«

Amadou hatte einen Albtraum. Er rief nach mir. Als ich zu ihm kam, saß er aufrecht im Bett und weinte wie nie zuvor. Er zitterte am ganzen Körper, so stark, dass er mit den Zähnen klapperte. »Mama, Mam, Mam.«

»Ich bin hier, Amadou.«

»Mama, geh nicht weg. Bleib hier.«

»Ist schon gut. Leg dich wieder hin. Du hast nur schlecht geträumt. Ich werde hier bleiben, dann geht es dir gleich besser.« Ich massierte die Stelle zwischen seinen Augen, bis sich die Furchen auf seiner Stirn glätteten und sein Atem sich beruhigte. »Ist ja gut. Du musst keine Angst mehr haben.«

In der nächsten Nacht schrie er wieder, diesmal jedoch nicht so laut. Ich lief an sein Bett und fand ihn schlafend, er stieß nur noch murmelnde Laute und lange Seufzer aus. »Amadou, deine Mama ist hier. Es ist alles gut.«

Die Träume ließen ihn nicht mehr los. Er bat mich, während der Nacht das Licht anzulassen. Manchmal erinnerte er sich an seine Träume. Er träumte von Wasser, das seinen Körper hinaufstieg, bis es ihm bis zur Brust reichte. Ich verbrachte meine Nächte damit, zwischen seinem und meinem Zimmer hin und her zu laufen, und tagsüber achtete ich auf alle möglichen Zeichen, um herauszufinden, was seine Nachtruhe so nachhaltig störte. Er war nun in der dritten Klasse und begeistert von den Büchern, die er mit nach Hause brachte. Einige Geschichten handelten von den Heldentaten der Afrikaforscher. Andere beschrieben die Kindheitsjahre von Thomas Edison oder den Gebrüdern Wright. Amadou war gut in Geschichte, mit Mathematik hatte er jedoch zu kämpfen. Die Lehrer verlangten, dass die Schüler jede Woche ein Buch mit nach Hause nahmen, Amadou brachte für gewöhnlich fünf oder sechs mit heim.

Am Abend trat Amadou vor versammelter Familie oft als Michael-Jackson-Imitator auf. Wir klatschten in die Hände und lachten, wenn er sich am Boden zu einem Ball zusammenkauerte und auf dem Rücken herumwirbelte.

Dann ging er zu Bett, und es dauerte nicht lange, bis die Albträume wiederkamen.

Amadou bewunderte seinen Halbbruder Alfa, der sechs Jahre älter war als er. Alfa interessierte sich nicht für das, worüber sich Kinder normalerweise unterhielten, und doch hatte er viele Freunde und den Status eines Anführers inne. Die Jungen in seinem Alter fuhren mit ihren Fahrrädern hinter ihm her und erlaubten ihm, den Ton anzugeben. Wenn er sich auf dem Sand ausstrecken wollte, dann taten es alle. Wenn er Ball spielen wollte, dann spielten sie eben Ball. Selbst wenn er sie ignorierte, sie folgten seinen Zeichen. Amadou wurde einer seiner Anhänger.

Eines Nachmittags sah ich Alfa und Amadou nach Hause kommen, Alfa hatte den Arm schützend um Amadous Schultern gelegt. Er hielt ein Tuch an Amadous Mund. Ich sah Blut auf dem Tuch und aus Amadous Mund fließen. Amadou hielt sich die Hand unters Kinn, um die herunterlaufenden Tropfen aufzufangen. »Weine nicht, bitte weine nicht«, sagte Alfa. Ich lief zu Amadou.

»Was ist passiert?«

Amadou deutete auf Alfa. »Mein Bruder hat mich geboxt.«

»Warum tust du so etwas?«, fragte ich Alfa.

»Ich will nicht mit ihm spielen, aber er folgt mir überallhin. Er ist ein Kind. Ich habe ihm gesagt, dass er gehen soll, aber er hat es nicht getan. Ich habe meine Freunde da draußen, und hier drinnen habe ich einen Idiotenbruder. Ich habe ihm mehr als einmal gesagt, er soll verschwinden, aber er hat mich nur groß angeschaut. Was hätte ich tun sollen? Er wollte sogar noch bleiben, als ich ihn schlug.«

In dieser Nacht wurde Amadou nicht von Albträumen geplagt, aber dafür konnte nun ich nicht mehr schlafen. Ich hatte im Laufe meines Lebens Strategien entwickelt, um mit meiner Isolation fertig zu werden. Wenn ich mir nicht mehr anders zu helfen wusste, konnte ich immer noch aufstehen und schreien, bevor ich zerplatzte; aber für eine so unverstandene und wehrlose Seele wie Amadou bedeutete Einsamkeit etwas anderes.

Ich war nun seit zehn Jahren verheiratet. Ich hatte geweint vor Schmerz, Wut, Verwirrung, Ekel und Selbstmitleid. Doch bis jetzt hatte ich niemals aus Angst um mein Kind geweint. »Idiotenbruder.« »Irgendetwas stimmt nicht«, hatte Saikou gesagt. Wenn er es doch nur besser wüsste. Sein Sohn besaß die ungewöhnliche Fähigkeit, sich so klein zu machen wie der Raum, den er gerade in Anspruch nahm. Aber das machte Amadou nicht schwach. Es war töricht von Saikou, seinen Sohn danach zu beurteilen, wie wenig er sprach. Der Schlüssel zu Amadou lag nicht in dem, was er sagte, sondern in dem, was er sah.

Bald begann er zu stottern. Sein Mund öffnete sich, aber die Worte warteten oft einige Sekunden lang im Niemandsland, bevor sie herauskamen. Er stotterte in der Schule und zu Hause. Es gab schlechte Wochen, da befiel das Stottern alles, was er sagte, aber auch gute, in denen es ganz verschwand – nur um bald darauf zurückzukehren. Ich versuchte mir einzureden, dass das Stottern einfach nur ein weiteres Zeichen seines nachdenklichen Wesens sei, aber ganz überzeugt war ich davon nicht.

Das ›irgendetwas stimmt nicht‹ befand sich nicht in Amadou, sondern um ihn herum. Und es waren auch nicht die anderen Kinder – ihnen konnte man verzeihen – oder Saikou, der es nicht besser wusste. Nein, es lag an mir. Ich hätte ihn besser beschützen müssen, den anderen seine scheue Art begreiflich machen müssen, seinen weitblickenden Verstand, die Langsamkeit seiner Antworten. Ich hätte ihm niemals erlauben dürfen, sich um *mich* zu kümmern.

Das erste Mal war er nur wenige Stunden alt gewesen. Wir hatten einander gegenübergelegen und uns angesehen. Er hatte mir bedeutet, mir keine Gedanken um Néné zu machen und nach diesem harten Tag lieber zu schlafen. Als es mir nicht gelungen war, ihm genügend Milch zu geben, hatte er nicht protestiert, sondern war eingeschlafen, denn er wollte mich nicht beunruhigen. Er hatte am Sugar Beach auf mich aufgepasst. Er war wie ein Phantom ins Zimmer und wieder hinausgeschlüpft, stets unbemerkt auf seinem Posten. Ich war überzeugt davon, dass er sich in einen Stuhl oder einen Blumentopf verwandeln konnte, wenn das notwendig sein sollte, um mich vor Schaden zu bewahren.

Von Anfang an hatte er gewusst, dass ich noch ein Kind war. Aber war ihm auch bewusst, dass er selbst eines war?

Im März des Jahres 1984 starb Sékou Touré. Baba trauerte. Er sagte, Sékou Touré sei ein großer Mann gewesen, der die falschen Dinge getan hatte. »Aber wir sollten seine Größe nicht übersehen.«

In Togo hörten wir Berichte, dass der Präsident während einer Reise nach Saudi-Arabien krank geworden sei. Sofort hatte man ihn in ein Krankenhaus nach Cleveland, einer Stadt in Ohio, gebracht. Eine Notoperation wurde durchgeführt, aber er starb an einem Herzschlag, als er schon wieder auf dem Wege der Besserung war. Er wurde zweiundsechzig Jahre alt. In den Berichten hieß es auch, dass Sékou Touré fünfzig Söhne und Töchter hinterließ.

Dazu hatten also all die Reden, Paraden, Exekutionen, Folterungen und stolzen Verkündungen geführt. *»Wir brauchen zuallererst und unbedingt unsere Würde zurück.«*

Unabhängig vom Osten, unabhängig vom Westen. Der letzte Impuls vor dem Tod hatte ihm nicht gesagt, dass er sich dort operieren lassen sollte, wo er sich gerade befand. Sékou Touré hatte nicht darum gebeten, für die Behandlung nach Guinea gebracht zu werden oder stolz in seinem Heimatland sterben zu dürfen.

Nach vier Monaten kehrte Saikou nach Hause zurück, er hatte nicht ein einziges Mal zu Hause angerufen, während er fort gewesen war. Amadou war fast neun, Laoura sechs, Ibrahim knapp zwei und Abdoul ein halbes Jahr alt.

Saikous Reichtum hatte sich während der vorangegangenen fünf Jahre vervielfacht, hauptsächlich wegen seines großen Erfolges auf dem Goldmarkt. Er erwarb das Gold in Ghana und Mali und verkaufte es in den belgischen Städten Brüssel und Antwerpen, und wenn der Markt gerade günstig war, auch an der Genfer Börse. Er eroberte die Welt, Kontinent für Kontinent. Das neue Ziel, auf das er sein Augenmerk gerichtet hatte, war Südostasien, wo die Leute, so erzählte er mir, verrückt nach Edelsteinen seien. Ein Geschäftspartner hatte ihm beteuert, dass es in der Region um Guéckédou an der Grenze Guineas zu Liberia große Vorkommen an Rubinen gebe. Nun, da Sékou Touré gestorben war und der neue Präsident, Lansana Conté, eine freie Marktwirtschaft versprach, glaubte Saikou, dass die unermesslichen Reichtümer in Guineas grünen Landschaften nur auf ihn warteten.

Also eröffnete Saikou ein Bergwerk. Er kaufte Bulldozer, Bagger, Bohrhammer und eine Ladung Schaufeln. Er stellte Dutzende von Arbeitern aus Guéckédou ein, bezahlte für ihr Essen und kaufte ihnen Motorräder, damit sie zu ihrer dreißig Kilometer entfernten Arbeitsstelle fahren konnten. Saikou verließ uns wieder, er blieb jedes Mal eine oder zwei Wochen fort und kam dann mit einem Sack voller Rubine und anderen Steinen und Mineralien zurück nach Hause, die sie in der Erde und im Fels gefunden hatten. Er schüttete sie vor mir aus, um mir zu zeigen, was sein Industriezweig einbrachte.

Nun lag also das glitzernde Ergebnis vor uns, auf das Saikou sein Leben lang hingearbeitet hatte: Edelsteine. Ich ließ sie über die Handfläche rollen und zwischen meine

Finger gleiten. Ich schloss die Hand fest über einem kühlen Goldklumpen und spürte die Tiefe, aus der er stammte. Saikou sagte, dass Farbe und Beschaffenheit der Steine variierten, je nachdem, wie tief im Boden sie gelegen hatten. Ich fragte mich, ob die Menschen, die diese Edelsteine an den Fingern und um den Hals trugen, überhaupt etwas von dem zu erkennen vermochten – einmal abgesehen vom Glanz –, was diese Steine zu erzählen hatten.

Ich brauchte die Steine nur in der Hand zu halten, und sogleich überkam mich eine ungewöhnliche Heiterkeit. Ich erlaubte mir, Saikou anzulächeln. Ich fühlte den Bezwinger und den Dieb in mir. Sollten die Diktatoren und Kriegsherren sich nur auf die Brust trommeln. Wir würden zuletzt lachen, Stein für Stein.

»Sieh dir diese an«, sagte Saikou.

Vor mir glitzerten ein Dutzend Steine, die schönsten, die ich jemals gesehen hatte. Sie schimmerten grün oder blau, je nachdem, wie das Licht darauf fiel. Ich entdeckte gelbe und silberne Fäden in ihnen. Zum ersten Mal fragte ich mich: *Wie viel sind sie wohl wert?*

Von da an betrachtete ich die Juwelen, die auf den Werbeseiten der Hochglanzzeitschriften abgebildet waren, etwas genauer. Wenn ich beeindruckt war, gab ich ihnen hohe Punktzahlen. Wenn Saikou dann wieder eine Ladung Rubine mit nach Hause brachte, hielt ich sie gegen das Licht und mir gefiel nicht, was ich sah. Sie waren stumpf und undurchsichtig, nicht so glänzend wie die Rubine, die ich aus den Zeitschriften kannte.

»Sei vorsichtig, das ist keine gute Qualität«, sagte ich zu ihm.

Saikou war gerade dabei, sie in kleine Säckchen zu verpacken, die er an die Großhändler und Edelsteinschleifer in Asien verkaufen wollte.

»Wenn man genau hinsieht, mangelt es ihnen an dem

Glanz, den Rubine eigentlich ausstrahlen sollten. Bist du sicher, dass diese Steine etwas wert sind?« Saikou reagierte, als wäre eine Fliege auf seinem Hals gelandet.

»Wie bitte?«

»Ich möchte nur sicher gehen, dass du keine Probleme bekommst, wenn du sie verkaufst.«

»Kadi, bitte, zerbrich dir darüber nicht den Kopf.«

»Ich weiß ein wenig Bescheid, und bei diesen Rubinen bin ich mir nicht so sicher.«

Nun war es an der Zeit, die Fliege zu erschlagen.

»Wenn du was weißt, dann geh und mach etwas aus deinem Wissen! Und ich mache etwas aus dem meinen!«

»Saikou, ich befürchte, diese Rubine sind Schrott.«

»Das reicht!«, rief er. »Ich brauche keine Frau, die mir sagt, was ich tun soll. Kümmere du dich um das Haus und die Kinder. Ich kümmere mich ums Geschäft.«

Die Rubine wurden nach Thailand verfrachtet und in dunkle Erde aus Chanthaburi getaucht, die angeblich selbst den bescheidensten Edelsteinen schimmernden Glanz und brillantes Funkeln verlieh. Anschließend wurden sie in speziellen Öfen auf sechshundert Grad erhitzt, ein Prozess, der jede noch so kleine Unreinheit garantiert herausdestillierte. Saikous Rubine kamen also aus dem Ofen und waren keine Rubine mehr. Sie waren weiß und klein und glichen eher Erdnüssen als Edelsteinen. Vollkommen wertlose Steine. Saikou reagierte in zweifacher Weise darauf, die erste Reaktion war an seine Bergleute gerichtet.

»Grabt tiefer«, befahl er ihnen.

Die zweite an mich. »Ich muss nach Thailand«, eröffnete er mir.

Wie alles andere waren auch meine Koranstunden vor langer Zeit jählings unterbrochen worden. Dennoch würde es meinen Vater freuen, wenn er wüsste, dass ich den täglichen Ritualen treu geblieben war. Ich betete nach dem Aufstehen, am Mittag, am frühen Nachmittag, am späten Nachmittag und am Abend. Mein alter Lehrer Karamoko wäre ebenfalls stolz auf mich, wenn er hören könnte, dass ich die Worte noch fehlerfrei aufsagen konnte. Doch ich wusste nicht viel von dem, was diese Worte bedeuteten – abgesehen von den wenigen Erklärungen, die ich von Baba und Saikou erfragt hatte, und nun auch von Amadou erhielt, der mit seinen zehn Jahren die Geschichten der fliegenden Engel und der Propheten liebte, welche Freundlichkeit und Großzügigkeit lehrten.

Einen Teil des Korans hatte ich auf schmerzliche Weise selbst erfahren. Die Männer sollen ihre Frauen beschützen und versorgen, und die Frauen sollen während der Abwesenheit des Mannes auf seine Kinder und alles andere aufpassen, was schutzbedürftig war. Ungehorsam oder Treulosigkeit seitens der Frau gaben dem Mann das Recht, sie zu bestrafen.

Auf die Kinder des Mannes aufzupassen bedeutete, ihnen Sicherheit und ein starkes Zuhause zu geben, was Beständigkeit erforderte, eine gute Ehe und die Sorge dafür, dass die Kinder eine Bindung zu Mutter und Vater entwickeln konnten. Wie konnte ich also Saikou gegenüber loyal bleiben und die Bedingungen akzeptieren, die er unserem Leben auferlegte? Wie sollte ich meinen Kindern eine Bindung zu ihrem Vater ermöglichen, wenn ihr Vater nie da war?

Die Kinder für Saikou zu schützen bedeutete, sie *vor* Saikou zu schützen. Das hieß wiederum, gegen Saikou zu kämpfen, aber Kämpfe hatten mich noch nie weit gebracht.

Also landeten Amadou, Laoura, Ibrahim, Abdoul und ich 1985 wieder in Guinea und Saikou in Bangkok. *Labé-Greenville-Labé-Monrovia-Labé-Monrovia-Togo-Labé-Togo-Labé.*

Amadous Stottern verschlimmerte sich. Er wurde im September zehn, ein Fünftklässler. Er spielte noch immer lieber mit jüngeren Kindern und plauderte gern mit der Köchin, und er entdeckte die alten Platten von Marvin Gaye und James Brown, die Néné und Baba bei sich aufbewahrt hatten. Sein bester Freund war ein Junge namens Bangali. Sie spielten Fußball, und wenn sie mit dem Spielen fertig waren, sprachen sie darüber. Auch Bangali stotterte.

In der Schule traf Amadou auf seine eigene Variante meiner alten Nemesis Plumpatonne. Ein Klassenkamerad, der die Schwäche des neuen Jungen sofort erkannt hatte, zwang Amadou, seine Bücher zu tragen. Andere ahmten das schlechte Vorbild nach, und so wurde die Ladung Bücher von Tag zu Tag schwerer, bis Amadou seinen Schulranzen nicht mehr tragen konnte. Er vermochte ihn nur noch zu ziehen.

»Was soll das?«, fragte ich.

»Sie brauchen meine Hilfe. Sie haben keine eigenen Schultaschen.«

Néné und ich marschierten in die Schule und erzählten dem Lehrer, was vor sich ging, damit er dem ein Ende bereitete. Amadou war nicht sehr glücklich darüber, dass ich einschritt.

»Es war kein Problem für mich«, sagte er. Aber seine Tasche war hinterher wesentlich leichter.

Während dieses Aufenthalts in Labé wirkte Baba stark gealtert. Er hatte die Tage der Wutausbrüche größtenteils hinter sich gelassen und Diadia schon längst dem Stand der Ungnade enthoben. Wie in alten Zeiten nannte er sie nun wieder sein Neujahrstagwunder. Er sagte, er sei stolz auf sie, weil sie einen guten Ehemann gefunden habe und zur Krankenschwester ausgebildet werde. Hadiatou hatte die Schule erfolgreich abgeschlossen und vor kurzem geheiratet. Und Fifi hatte er neuerdings ganz besonders ins Herz geschlossen. Sie war nun achtzehn und zu einer großen, langbeinigen Schönheit herangewachsen. Ihr Lächeln war scheu und sie trug die stille Rätselhaftigkeit in sich, die ich schon auf den alten Fotos von Néné gesehen hatte.

Baba weinte zwar nicht mehr darüber, dass er mich zur Heirat gezwungen hatte, bedauerte es aber noch immer auf andere Weise. Er erinnerte sich an meine Zeugnisse und sagte, es sei eine Schande, dass meine Lehrerin in der ersten Klasse mir nicht die Noten gegeben habe, die ich verdiente.

»Du warst die Klügste in der ganzen Klasse«, sagte er.

Er war stolz auf mich gewesen, als ich meine Süßigkeiten auf der Straße verkauft hatte.

»All unsere Freunde sagten, dass du etwas Besonderes seist.«

Er fragte mich, warum Saikou immer nur noch mehr Geld verdienen wolle, und sagte, er mache sich Sorgen um mich.

»Du bist eine gute Mutter«, sagte er. »Du bist intelligent. Das habe ich schon immer gewusst. Was für deine Mutter gut war, ist nicht automatisch auch gut für dich. Sieh dich an, du kleidest dich wie eine alte Dame. Du musst mit der Zeit gehen, Röcke und Hosen tragen, geh aus und fang etwas mit deinem Leben an. Du kannst nicht immer nur zu Hause sitzen.«

Ich war sechsundzwanzig Jahre alt, die Hälfte meines Lebens verheiratet, und hatte fast mein ganzes Leben damit zugebracht herauszufinden, wo die Männer die Grenzen gezogen hatten. Früher hatte man mir nicht einmal erlaubt, auch nur in die Nähe dieser Grenzlinie zu kommen. Ich hatte sie gelegentlich unerlaubt überschritten, und oft hatte ich auf dieser Linie wie ein Seiltänzer balanciert. Und nun gab mir Baba die ausdrückliche

Erlaubnis, dieses unbekannte Territorium zu betreten, eine Einladung, die dreizehn Jahre zu spät kam.

»Danke, Baba. Ich habe bereits darüber nachgedacht«, antwortete ich.

So landete ich – ohne meine Kinder – im Januar des Jahres 1986 in Bangkok.

## KAPITEL 12

# *Eine Frau läuft nicht weg*

Der glänzende Stein, den man in der Hand hält, kann, unter einem Mikroskop betrachtet, Flecken und seltsame Abschürfungen aufweisen, der Schliff des Steines ist nicht annähernd so sauber, wie man zuerst dachte. Das Funkeln eines Steines ist von Bedeutung, aber man muss vorsichtig sein. Das Auge des Laien lässt sich vom Glitzern der Fälschung leicht täuschen. Der echte Edelstein hat eher unaufdringliche Qualitäten. In seiner Klarheit findet er seinen Platz über den Imitaten, erklärte der Lehrer.

Saikous Rubinhandel war gänzlich fehlgeschlagen. Seine Bergleute gruben immer noch tiefer. Die Ofenarbeiter erhöhten die Temperatur, aber auch das vermochte die Steine nicht zu beleben. Gleich nach Neujahr verlangte Saikou nach mir. »Komm nach Bangkok. Du kannst mir im Geschäft helfen, und wir können gemeinsam die Edelsteinschule besuchen.«

»Siehst du? Ich hatte doch Recht mit den Rubinen.«

»Komm einfach. Ich gebe dir eine Chance.«

Saikou und ich in einer Schulbank, Seite an Seite, unsere Notizen vergleichend, hatten ein gemeinsames Ziel. Beinahe unvorstellbar, aber es war so – wir saßen dort gemeinsam in unseren weiten Boubous. Die Schule nannte sich Asiatische Schule für Gemmologie, ein modernes Gebäude eingezwängt zwischen mehreren Einkaufszentren an der Silom Road. Die Schule verfügte über eine Bibliothek, die sich ausschließlich der Analyse von Steinen widmete, und über ein Dutzend Klassenzimmer, wovon jedes Platz für etwa fünfundzwanzig Studenten bot. In unserer Klasse saßen außer uns noch Asiaten, Briten, vielleicht noch zwei weitere Afrikaner und viele Amerikaner, die meisten davon Frauen.

Die kurze Geschichte der Schule war auf schwarzen Brettern beschrieben, die im ganzen Gebäude verteilt hingen. Sie war erst vor wenigen Jahren von einem Mann namens Rama gegründet worden, der bei seinem ersten Versuch mit dem Edelsteinhandel kläglich gescheitert war, später jedoch außerordentlich reich damit wurde. Er trat vor die Klasse, ein freundlich wirkender, weißhaariger thailändischer Herr, und sagte: »Der Schlüssel zum Erfolg in diesem Geschäft liegt in einem fundierten Wissen.«

»Ja, das stimmt«, pflichtete Saikou ihm bei, der sofort Ähnlichkeiten zwischen sich und Rama feststellte.

Nach vier Wochen verlor Saikou die Lust. »Ich habe ein Geschäft zu führen«, sagte er zu mir. »Du wirst weiter die Stunden besuchen und mir dann alles erzählen.«

Die Lehrerin war Französin und mit einem Mitglied der thailändischen Königsfamilie verheiratet. Sie trug zu jedem Anlass einen anderen Ring, und ich stellte sie mir als Prinzessin mit einem ungewöhnlich ausgeprägten Sinn für Schönheit vor.

Ihr Unterricht war nicht einfach. Die Farbe der Steine, so stellte sich heraus, ist nicht das Ausschlaggebende. Der Wert eines Steines steigt mit zunehmender Blässe. Ich suchte nach dem klarsten Stein, aber meine Augen spielten mir immer wieder einen Streich. Ein Stein schien durch und durch klar zu sein, wenn ich ihn dann aber mit dem blassen Oval-Schliff daneben verglich oder mit dem leicht funkelnden Prinzess-Schliff, kamen mir Zweifel. Ich hielt die Steine gegen das Licht und versuchte wieder und wieder, die vollkommene Reinheit zu finden.

Nach sechs Monaten erhielt ich ein Zertifikat, das mich als anerkannte Gemmologin auswies. Ich besaß nun das Wissen, das nach Ramas Meinung für den Erfolg notwendig war. Zum ersten Mal brauchte Saikou wirklich meine Hilfe. Ich konnte nun mit meinem Ehemann zurück nach Guinea gehen, als echter Partner in sein Geschäft einsteigen und die Familie zusammenführen. Es war ein geschickter Plan, ein Weg, um gleichzeitig meinem Mann, meinen Kindern und dem Islam gerecht zu werden.

»Ich glaube, es wird Zeit, für immer nach Hause zurückzukehren«, verkündete ich. Wir standen im Wohnzimmer unseres Apartments.

»Dann solltest du nach Hause fahren«, meinte Saikou nur.

»Ich vermisse die Kinder.«

»Ich möchte nicht, dass du deswegen leidest. Geh nach Hause.«

»Und du?«

»Ich habe mein Geschäft hier. Ich werde bleiben. Ich werde dir Geld für das Haus geben.«

»Das ist nicht gut«, entgegnete ich. »Du zerstörst unsere Familie. Unsere Kinder sind nicht bei uns. Ich halte es nicht für richtig, in Bangkok zu bleiben.«

Eine Woche später, im Juli 1986, reiste ich ab. Ich fühlte mich schlecht – meinetwegen, wegen der Kinder und wegen Saikou.

Saikou schickte Geld, aber nicht genug, um den Haushalt führen zu können. Er sagte, er müsse all sein Geld ins Geschäft stecken, und ich solle die Möbel aus dem Haus in Labé verkaufen, wenn ich Geld bräuchte. Aber ich hatte bereits meine eigenen Pläne, und ich beschloss, als Erstes Néné davon zu erzählen.

»Ich beabsichtige, mein eigenes Geschäft zu eröffnen«, sagte ich.

Néné, die niemals außerhalb des Hauses gearbeitet hatte und nicht lesen konnte, weinte, als sie das hörte. »Gut«, sagte sie. »Dann bekommst du nun die Chance, die er dir genommen hat.«

Ich wusste, dass die Menschen in Guinea kein Geld für Edelsteine hatten, also entschied ich, den sichereren Weg mit Lebensmitteln wie Reis und Zucker zu beschreiten. Auch wenn mein Vorhaben sich nicht als das große Geschäft herausstellen sollte, so war es doch eine Möglichkeit, meine Familie billig mit Reis und Zucker zu versorgen. Ich fuhr nach Conakry und wurde einem Mann namens Amadou Asouma vorgestellt, einem Großhändler. Er erklärte sich bereit, mir Reis und Zucker zu verkaufen, und verlangte nicht einmal eine schriftliche Zahlungsvereinbarung. Ich könne die Waren auf dem großen Markt in der Stadtmitte verkaufen und ihm das Geld zurückzahlen, wenn ich genügend eingenommen habe, meinte er. Amadou Asouma war ein Mann in Babas Alter. Er ging und redete langsam und schien inmitten des wilden Markttreibens etwas fehl am Platze zu sein. Bald nach unserem ersten Treffen dankte er mir, dass ich ihm einen Gefallen getan hatte. Er sagte, die Abmachung mit mir hätte ihm geholfen, seine Importquoten einzuhalten. Ich grinste.

»Also gut, ich werde dir den wahren Grund sagen, warum ich das für dich tue«, sagte er. Er hob den Zeigefinger und sprach so leise, dass ich es für angebrachte hielt, mein Ohr nahe an seinen Mund zu halten.

»Du bist eine Frau«, sagte er. Seine Worte kamen als lang gezogenes Flüstern aus seinem Mund. Ich wartete auf mehr. »In Geschäftsangelegenheiten vertraue ich einer Frau weit mehr als einem Mann. Ein Mann, das habe ich schon vor vielen Jahren gelernt, würde mit mir dasselbe Geschäft wie du abschließen, sein Geld machen und danach ohne zu zahlen davonzulaufen. Eine Frau würde so etwas niemals tun. Frauen denken anders. Sie wissen, dass sie zu ihrem Wort stehen müssen.«

Er hielt inne und schluckte, als müsste er seine eigenen Worte erst einmal verdauen und könne erst dann zum Schluss kommen.

»Eine Frau läuft nicht weg, weil sie das Herz der Familie ist.«

Am Ende des Jahres kaufte ich tonnenweise ein und verkaufte meine Waren in Säcken zu fünfzig Kilo. Ich eröffnete ein Konto bei der BICI-GUI Bank in Conakry. Die erste Einzahlung belief sich auf zweihundertfünfzigtausend guineische Franc, und mein Guthaben wuchs im Laufe der Zeit auf Millionen von guineischen Franc an. Baba sagte, er freue sich für mich. Er erwähnte nichts von irgendeiner Verpflichtung, die ich hätte, wieder zu meinem Mann zurückzukehren.

Mit Zucker und Reis hatte ich schließlich die Herrschaft über mein Leben erlangt.

Im Mai 1987 hörten wir, dass die Regierung zum Wohle des Volkes vierzig frühere Beamte aus Sékou Tourés Regime zum Tode verurteilt hatte. Bald wurde über Streiks geredet, mit denen die Studenten, Lehrer, Geschäftsleute und Arbeiter in allen Bereichen, von der Schule bis zum Krankenhaus, einen besseren Lebensstandard erreichen wollten. Außerdem gab es Gerüchte, dass die Soldaten, die Conté angeführt hatte, um an die Regierung zu kommen, aufgebracht waren wegen ihrer niedrigen Löhne. In Labé standen nur alte Bänke in den Schulen und die Kinder mussten aus alten Büchern lernen. Die Straßen waren so schlecht wie nie zuvor, und in den Krankenhäusern wurden die Medikamente knapp.

Zur selben Zeit herrschte in Sierra Leone großer Aufruhr. Die Regierung war gestürzt worden, und die Hauptstadt Freetown stand unter blutiger Belagerung. Flüchtlinge strömten über die Grenzen nach Guinea. Hunderte, vielleicht auch tausende von verstümmelten Menschen, denen Augen, Zungen und Gliedmaßen fehlten – abgetrennt durch grausame Macheten –, kamen plötzlich nach Conakry, um zu betteln.

Ich machte mir Sorgen um die Sicherheit meiner Kinder. Und ich bekam starke Schmerzen tief in meinem Bauch. Ich erlebte Tage, an denen mich der Schmerz ans Bett fesselte. Néné zwang mich, den warmen Saft von Wurzeln und Nelken zu trinken, was mein Leiden auch kurzzeitig linderte, bevor mich der Schmerz erneut überfiel. Mir war klar, dass etwas nicht stimmte.

Anfang 1988 schickte ich meine Kinder zurück in das große Haus nach Togo, wo sich Bobo und Fifi um sie kümmerten, und ich flog nach Bangkok, um mir einen Tumor aus der Gebärmutter entfernen zu lassen.

Ich kam einen Tag vor meiner Operation in unserem Apartment in Bangkok an. Erschöpft und krank, fühlte ich das Fieber in mir aufsteigen. Ich fiel aufs Bett, sehnte mich nach Schlaf, bekam jedoch kein Auge zu. Ich sah ein Paar Schuhe, die ordentlich in einer Ecke des Schlafzimmers standen. Frauenschuhe. Ich richtete mich noch einmal mühsam auf, um genauer hinsehen zu können. Es waren nicht meine Schuhe.

Ich öffnete eine Schublade, und das Bild einer lächelnden Thailänderin starrte mich an. Sie sah sehr glücklich aus. Sie stand neben Saikou.

»Was bedeutet das?«, schrie ich und rannte aus dem Schlafzimmer.

»Das ist eine Bekannte«, sagte er.

»Saikou, wer ist sie?«

»Sie ist eine Freundin. Ihr Name ist Siriwan.«

»Sind das ihre Schuhe da drin?«

»Ja. Sie hat mich hier besucht.«

Das Fieber war mit einem Mal wie weggezaubert, die Schmerzen im Bauch ebenfalls, stattdessen verspürte ich plötzlich den unwiderstehlichen Drang, alles an Geschirr und Gläsern zu zerschlagen, was in diesem Apartment vorhanden war, und mich auf die Möbel zu werfen und das Füllmaterial aus Polstern und Kissen zu reißen.

»Sie hat dich hier besucht?«

Saikou atmete schwer. Ich bemerkte, dass er dicker geworden war. Er wirkte auch nicht mehr so groß wie früher.

»Ich wollte es dir sagen, aber nicht am Telefon. Ich wusste nicht, wie ich es dir beibringen sollte. Die Frau, die du da gesehen hast – Siriwan –, ich habe sie geheiratet. »Ich möchte, dass du sie kennen lernst«, sagte Saikou.

Sie kennen lernen! Ich war doch nicht Baba. Ich musste meinen Segen doch nicht erteilen.

»Du hast deine Wahl getroffen«, sagte ich. »Ich werde niemals eine andere Frau neben mir akzeptieren. Und ich möchte sie schon gar nicht kennen lernen.«

Am nächsten Morgen wurde der Tumor entfernt. Die Operation dauerte fünf Stunden. Umgeben von düsterem Nebel, kam ich langsam wieder zu mir und führte mir mein Elend vor Augen: Ich bin achtundzwanzig. Ich kann keine Kinder mehr bekommen. Ich bin seit fünfzehn Jahren verheiratet. Mein Mann hat mich verraten. Ich bin allein.

Saikou war nicht bei mir. Ich rief Bobo an, erzählte ihm, was geschehen war, und bat ihn um einen Gefallen.

»Bitte sorge dafür, dass Baba und Néné von dieser Geschichte erfahren.«

Vier Tage später rief ich Saikou vom Krankenhaus aus an. Die neue Frau war am Telefon.

Ich stand auf, streifte über das Krankenhaushemd ein

Kleid, schleppte mich an den Krankenschwestern vorbei die Treppe hinunter nach draußen und nahm mir ein Taxi zum Apartment.

»Nein, nein, nein«, schrie ich. »Das kannst du mir nicht antun. Ich bin krank, und du hast nichts Besseres zu tun, als dich mit einem anderen Mädchen zu amüsieren. Warum kümmerst du dich nicht um mich? Warum tust du nicht, was du meiner Mutter und meinem Vater versprochen hast? Sie wissen alles. Sie wissen von dir und deinem Geld. Wenn du deine Familie zerstören wolltest, dann ist dir das gerade gelungen. Ich bin krank, und ich vermisse meine Kinder, sie warten auf mich, und sie warten auf dich ...«

Die thailändische Ehefrau hatte sich die ganze Zeit über im Badezimmer versteckt. Saikou fuhr mich zurück zum Krankenhaus.

Ich verließ ihn nicht.

Diadia, Koto, Hadiatou und Bobo rieten mir, es zu tun. Sie sagten, Néné und Baba seien sehr verärgert. Ich erzählte Amadou, dass sein Vater eine neue Frau habe. Er war nun zwölf Jahre alt. Er sagte, dass er Bobo und Fifi dabei helfe, auf die jüngeren Geschwister aufzupassen. Dann fragte er mich: »Bedeutet das, dass mein Vater jetzt für lange Zeit wütend auf dich sein wird?«

»Ich hoffe nicht«, antwortete ich.

Ob es uns gefiel oder nicht, für die Familie war es mittlerweile zur Gewohnheit geworden, dass wir uns immer nach Saikous nächstem Schritt richteten. Er war der Regisseur der Aufführung, und wir standen hinter der Bühne und warteten darauf, dass er uns unsere Rollen zuteilte und uns sagte, wo wir zu stehen hatten. Wenn man all die Besuche, Geschäftsreisen und plötzlichen Aufbrüche zusammenzählte, hatte Saikou insgesamt vielleicht drei Jahre zusammen mit Amadou unter einem Dach gelebt, mit den anderen Kindern noch weniger.

Ibrahim erzählte all seinen Freunden, dass sein Vater einer der wichtigsten Männer der Welt sei, dass er die Staatsoberhäupter fremder Länder kenne und mit ihren Privatjets fliege, dass geheime Aufträge ihn von zu Hause fern hielten, aber wenn er diese erledigt habe, komme er heim. Er erzählte das seinen Freunden, weil es genau das war, was er auch sich selbst einredete.

Mit seiner Abwesenheit lenkte Saikou die Träume seiner Kinder, und ihre Träume lenkten mich. Vielleicht gab es eine Möglichkeit, dass irgendwelche Heldentaten, die noch nicht vollbracht waren, meine Familie am Ende doch noch zusammenführten.

Ich versprach Saikou, ihm zu helfen, sein Geschäft wiederzubeleben. Wir wollten nicht mehr nur Rubine verkaufen, sondern eine breitere Auswahl an Edelsteinen anbieten, und wenn diese Aufgabe beendet war, würde ich wieder meinen eigenen Geschäften nachgehen. Saikou mietete sich ein neues Apartment, und ich wohnte weiter in dem alten. Ich lebte im achten Stock des Warner-Buildings, einem Hochhaus an der Ecke Silom Road und Mahesak Street. Jeden Tag fuhr ich mit dem Aufzug hinunter in den sechsten Stock zu Saikous Büro. Mein Tagesablauf war immer der gleiche. Ich nahm am Morgen den Aufzug hinunter, kam zu den Mahlzeiten und den fünf Gebeten wieder herauf, und fuhr anschließend wieder hinunter.

Eines Tages öffnete ich die Tür und fand Siriwan in meiner Wohnung.

»Was tust du hier?«, schrie ich sie an.

»Oh, mein Gott. Ich hole nur meine Sachen.« Sie hatte eine hohe Stimme und war jünger, als ich gedacht hatte, vielleicht zweiundzwanzig. Ich sah sie mir kurz an und wusste sofort, dass sie keine Chance hatte.

Mein Blick fiel auf ein langes Tranchiermesser, das auf dem Küchenbüfett lag. Ich schnappte mir mit der einen

Hand das Messer und zog mit der anderen Siriwan an mich. »Beweg dich nicht«, knurrte ich. Ich legte die Klinge an ihre Kehle. Sie war sehr dünn. Ich hätte sie in der Mitte auseinander brechen können. Sie war zu dünn für Saikou.

»Komm niemals wieder hierher, oder ich bringe dich um.«

Ich zog sie am Arm zur Tür hinaus und warf ihr die Schuhe und Schals und den billigen Schmuck hinterher, wegen dem sie gekommen war. Ich hatte bereits alles auf einen Haufen geworfen. Sie rannte weinend den Flur entlang. Ich wusste sofort, dass auch sie ihn nicht verlassen würde.

Meine Aufgabe war es, die Edelsteine zu begutachten, die neu in Saikous Laden kamen. Ich riet ihm, sich von den afrikanischen Rubinen und Saphiren fern zu halten und mehr mit Topasen und Granatsteinen zu handeln. Wenn Saikou auf einer seiner vielen Reisen nach Singapur war, traf ich mich mit seinen Kunden. Viele sagten mir, dass ich eine ungewöhnliche Begabung dafür hätte, die wertvollsten Steine zu erkennen.

Mitte des Jahres blühte Saikous Geschäft wieder. Er meinte, ich sei sein Glücksbringer, und zog wieder zu mir ins Apartment. Ende des Jahres sagte er zu mir, ich solle nach Afrika zurückgehen. Er plante, sein Geschäft in Bangkok zu schließen und nach Singapur zu ziehen, um dort die Geschäfte fortzuführen.

»Das ist es doch, was du willst. Dann kannst du bei den Kindern sein«, sagte er. »Ich bin auf dem richtigen Weg. Ich werde dir Geld schicken.« Das kannte ich schon, ganz nach Art der afrikanischen Männer. Sie streiften durch die Büsche und ließen die Frauen in der Hütte bei den Kindern zurück. Die Frau versorgen. So stand es im heiligen Buch geschrieben.

»Saikou, ich habe hier noch zu tun«, sagte ich.

»Für dich wird es Zeit, nach Guinea zurückzukehren«, antwortete er.

»Nein. Ich habe noch ein paar Ideen und möchte sehen, ob ich sie umsetzen kann.«

»Du hast deine Wahl getroffen, Kadiatou, aber ich sage dir eines, diesmal bist du zu weit gegangen.«

Bald darauf rief mich Baba an und sagte mir, dass ein Brief von Saikou gekommen sei.

»Darin steht, dass er versucht habe, die Ehe zu retten, aber du seist seinen Wünschen nicht gefolgt«, erzählte Baba. »Er möchte dich nach Guinea zurückschicken, und du hörst nicht auf ihn. Er schreibt, aus diesem Grund könne er nicht mehr länger mit dir verheiratet sein.«

»Baba, du weißt, was passiert ist«, sagte ich.

»Er hat mich betrogen«, meinte Baba. »Er hat versprochen, für deine Ausbildung zu sorgen und sich ordentlich um dich zu kümmern. Der Gedanke, dass er ein Vetter der Familie ist und dass er das meiner Tochter angetan hat, die ich ihm anvertraut habe ... Mama, du musst nichts erklären. Es ist Saikou, der nun etwas erklären muss. Er sagt, dass er es sich vielleicht noch einmal überlegen werde, wenn wir, die ganze Familie und unsere gemeinsamen Verwandten, zu ihm kommen würden. Die Frage ist nur, will *ich* es mir noch einmal überlegen?«

Eine Woche später schickte Baba den Antwortbrief.

»Vor sechzehn Jahren gab ich dir meine Tochter, die damals noch ein Kind war. Nun hast du beschlossen, dass du sie nicht mehr brauchst. Sogar ihre Mutter kann nach vierzig Jahren Ehe nicht ohne mich sein, und ich habe sie nie allein gelassen, so wie du meine Tochter fortwährend sich selbst überlassen hast. Du willst sie fortschicken, nur damit du mit einer anderen Frau zusammen sein kannst. Das können wir nicht akzeptieren. Ich habe mit meiner

Tochter gesprochen und mein Urteil gefällt, und ich bin zum ersten Mal auf ihrer Seite. Du hast deine Verantwortung nie übernommen, doch nun erwarte ich das von dir. Wenn du dich von ihr scheiden lässt, musst du weiter für sie sorgen, denn sie ist die Mutter deiner Kinder.«

Die Scheidung war unkompliziert.

Saikou sagte dreimal: »Ich trenne mich von dir« – und es war vorbei.

Ich, die Ehefrau, sagte nichts.

Jeder zweite Tag in Bangkok schien ein Festtag zu sein, an dem entweder ein früherer Herrscher oder ein alter Tempel geehrt wurde. An Loy Krathong wird der Geist des Wassers verehrt, an diesem Tag werden die Sünden fort gewaschen. Während des Songkran-Festivals, das zehn Tage dauert, legen die Menschen Blumen und kleine Wunderkerzen in winzige Boote und schauen ihnen zu, wie sie über den Teich schwimmen. Nachts tanzen die Leute ohne Hemden am Strand. Mehrere Male im Monat wird Bangkok von einem großen Fest überschwemmt.

In so mancher Nacht beobachtete ich von der Terrasse meines Apartments aus die Feuerwerke, die den Himmel über der Stadt erleuchteten. Ich hörte den Donner, und die weißen, gelben und roten Glutschauer warfen wie Sternschnuppen ein blasses, sterbendes Licht auf mich. Ich sehnte mich nach meinem Mond, der aufgehen und mir etwas zuflüstern sollte, so wie er es vor langer Zeit getan hatte.

Ich hatte früher den Mond immer zusammen mit Néné Tinkin angeschaut. Am Morgen badeten wir dann oft in den natürlichen Quellen. Ich legte meine Hand flach auf die Felsen und sah zu, wie das Wasser sich auf den Fingern zu winzigen Bächen teilte. Die nackten, nassen Füße meiner Großmutter patschten geräuschvoll zurück zur Hütte. Später brachte sie uns an die Straße, um uns zu verabschieden. Ich sah zu, wie sie immer kleiner wurde, während wir davonfuhren. Sie winkte mit dem rechten Arm und legte den linken auf den Kopf. Das machte sie immer so, und irgendwann verriet sie mir, dass es ein Signal für Gott sei, er solle doch bitte dafür sorgen, dass wir uns alle wiedersehen würden.

Mein größter Wunsch war auch immer der einfachste gewesen: Ich wollte bei den Menschen sein, die ich liebte. Ich hatte vieles getan, um mir diesen Wunsch zu erfüllen, und doch hatte mich das alles nicht weiter als bis hierher auf diese Terrasse in einer fremden Stadt geführt, nur einen Steinwurf von all diesen Leuten entfernt, die glücklicher waren als ich. Am Ende war ich doch nicht bei Saikou geblieben, und dennoch war nicht ich diejenige gewesen, die gegangen war.

Am 1. Januar des Jahres 1990 ging ich die Silom Road entlang und wurde mindestens fünfzigmal von lärmenden Frauen angesprochen, die mich mit Wasser bespritzten und mir ›Sawadee Peemai‹, ein frohes neues Jahr, wünschten. Einige wünschten mir Gesundheit, andere Glück und ein langes Leben. Am besten gefiel mir, dass eine Frau mir voraussagte, in meiner Zukunft liege Geld.

Noch bevor der Januar um war, hatte ich schon wieder ein Büro gemietet – diesmal in der vierten Etage meines Hochhauses – und das Telefon hörte nicht mehr auf zu klingeln. Es riefen Kunden an, die sich freuten, dass ich wieder aufgetaucht war. Ich wurde mithilfe der vielen Kontakte, die ich während der letzten Jahre geknüpft hatte, und mit Bobos Unterstützung in Afrika, zur Unterhändlerin. Wir stellten den Kontakt zwischen einer Bergwerksfirma in Nigeria und einem Käufer in Bangkok her, und in meiner ersten Transaktion arrangierte ich den Verkauf von Topasen im Wert von siebenundzwanzigtausend Dollar.

Ich erhielt fünf Prozent Provision vom Verkäufer und fünf Prozent vom Käufer. Der nächste Handel war fünfzehntausend, der nächste vierundzwanzig und der darauf folgende zweiunddreißigtausendtausend Dollar wert. Ich verfügte nun über ein beachtliches Kapital. Ich stellte eine Assistentin ein, eine Thailänderin, und beschloss, auch noch mit anderen Waren zu handeln. Meine neue Firma nannte ich *Exotic Gem*. Einmal die Woche fuhren wir zum größten Flughafen in Bangkok, um die Edelsteinlieferungen abzuholen. Die Frachten kamen von der Elfenbeinküste und aus dem Kongo. Die Bezahlung landete oft bar in meiner Tasche. Eines Tages kam ein Mann mit einer Papiertüte zu mir und holte ein Käsebrot und zwanzigtausend amerikanische Dollar heraus.

An vielen Tagen feierte ich Geschäftsabschlüsse mit meinen Kunden mit Umarmungen und lachenden Gesichtern. Ich fuhr mit dem Aufzug vier Etagen hoch, zählte das Geld am Küchentisch und weinte.

Ich rief Bobo an und sagte: »Bitte, bring mir meine Kinder.«

## KAPITEL 13

# *Liebe ohne Worte*

Laoura liebte Spiegel. Sie machte sich zurecht, flocht sich das Haar und betrachtete sich dann aus zwanzig verschiedenen Blickwinkeln. Ihre Brüder sagten ihr oft, sie solle endlich aus dem Badezimmer kommen, sie sei hübsch genug, und wenn nicht, dann würde es auch nicht helfen, wenn sie sich ständig anstarrte. Laoura konnte sehr schwierig sein und ihr Zimmer war stets unordentlich. Ich schrie sie an, und sie schrie zurück. Später umarmten wir uns dann, und sie sagte mir, dass sie mich liebe und dass sie sich wünsche, ihr Vater und ich würden eine normale Ehe führen. Sie hatte eine Freundin, Hinatea. Deren Vater reiste auch sehr viel, aber er vergaß nie, seiner Tochter eine Schachtel Schokolade mitzubringen, wenn er nach Hause kam. »Das würde ich mir auch wünschen«, sagte Laoura.

Ich war wieder mit meinen Kindern zusammen und stellte fest, dass sie sich verändert hatten. Die Jungs hatten nur Unfug im Kopf. Ibrahim und Abdoul entdeckten über dem Apartment einen Kriechgang, den man mit einem Sprung auf die Sofalehne und durch die Öffnung der Lüftungsschlitze erreichen konnte. Es war ein Geheimtunnel, der sich durch die gesamte Breite des Gebäudes schlängelte und sie zu all den anderen Apartments führte. Sie hörten zu, wie Mr. Santora sich rasierte und Mrs.

Graham mit Louis Armstrong sang und versuchten ansonsten, sich von den dicken Strom- und Telefonkabeln fern zu halten, die im Tunnel verlegt waren. Es passierte auch nichts, bis Ibrahim eines Tages beinahe durch eine Zimmerdecke gekracht wäre, nämlich genau über dem Esstisch von Mr. und Mrs. Robertson, die mit ihren drei Kindern gerade beim Essen saßen. Wenn Abdoul ihn nicht geistesgegenwärtig noch am Bein erwischt und gehalten hätte, wäre Ibrahim mitten auf dem Tisch gelandet. Ibrahim liebte es, sich auf der Terrasse mit dem Kopf nach unten an die Rohre der Klimaanlage zu hängen, was Abdoul natürlich dazu inspirierte, es ihm gleichzutun, nur dass er dabei das ganze Ding aus der Halterung riss.

Amadou war sich mit seinen fünfzehn Jahren auch noch nicht zu schade, an solchen Streichen mitzuwirken. Oft drehte er die Musik von MC Hammer so laut auf, dass die Wände wackelten. Wir lachten oft, wenn wir ihn tanzen sahen, das T-Shirt ausgezogen und um den Kopf gebunden.

Manche Kinder werden mit einer alten Seele geboren, und von dieser war Amadou niemals weit entfernt. Er hielt Laoura Vorträge, weil sie mir das Leben so schwer machte. »Das ist deine Mutter, du musst sie immer respektieren.« Einmal schlug ich Laoura ins Gesicht, und Amadou sagte zu mir: »Das kannst du doch mit meiner Schwester nicht machen.« Zu seinem sechzehnten Geburtstag im September 1991 bat er mich, ihm keine Geschenke zu kaufen. Einmal fuhren wir zum Strand nach Hua Hin, etwa drei Autostunden südlich von Bangkok am Golf von Thailand gelegen. Laoura, Ibrahim und Abdoul spielten im klaren grünen Wasser, während Amadou und ich am Sandstrand blieben. Ich musste eingeschlafen sein, denn plötzlich wachte ich auf und sah Amadou hoch droben auf einem prächtigen braunen Pferd sitzen, das gemächlich am Ufer entlangschritt.

»Amadou«, rief ich. Er warf den Kopf zurück und lachte so laut, wie ich es noch nie zuvor von ihm gehört hatte. Es war jedoch kein Traum. Er hatte sich das Pferd ausgeliehen. Er ritt vorbei, lenkte das Pferd ins seichte Wasser, das er sonst mied, und nach ein paar Metern fiel das Tier in einen schnellen Galopp und wirbelte hinter sich eine Spur aus Gischt und Sand auf, bis ich Amadou kaum noch sehen konnte. Er kam zurückgeritten und sagte zu mir: »Das habe ich mir schon immer gewünscht.«

Er war zu einem jungen Mann herangewachsen, ohne die Weisheit und Bescheidenheit zu verlieren, die ich schon in den ersten Stunden seines Lebens in ihm entdeckt hatte. In ihm fand ich den Gleichmut und die Güte, die ich bei mir selbst so oft vermisste, und noch etwas Neues, einen Ehrgeiz, den ich bislang noch nicht entdeckt, oder den er in Afrika noch nicht entwickelt gehabt hatte. Es war nicht der Ehrgeiz, Rennen zu gewinnen oder Heilmittel zu entdecken, sondern lediglich eine kleine Verschiebung, ein Annehmen der Tatsache, dass im Universum ein Platz für ihn vorgesehen war. Er schien nicht mehr so getrennt von seiner Umwelt zu sein, und darüber war ich froh.

Amadou mochte alles, was amerikanisch war. Er trug Hemden von Tommy Hilfiger und Turnschuhe von Nike, und er war treuer Fan der Chicago Bulls. Für ihn verkörperte Bruce Springsteen die Träume der einfachen Leute, und er spielte ›Born in the U.S.A.‹ wieder und wieder.

Ich schickte meine Kinder in die *École Française de Bangkok*, eine französische Schule, die von den Töchtern und Söhnen der ausländischen Diplomaten aus Europa, Afrika und den Vereinigten Staaten besucht wurde. Als Schulgeld musste ich pro Jahr achttausend Dollar entrichten, aber da ich vier Kinder eingeschrieben hatte, gewährte mir die Schule einen Nachlass von fünfzig Prozent. Amadou mochte Geschichte, amerikanische Geschichte. Er wusste über den Tag der Landung der Alliierten in der Normandie und über alle großen Ereignisse des Zweiten Weltkrieges Bescheid und kannte die Namen aller Präsidenten von Washington bis hin zu Bush.

Ich schloss Freundschaft mit einer guineischen Frau namens Fatoumata Sow. Ihr gehörte ein afrikanisches Restaurant in Bangkok. Sie hatte einen Sohn mit Namen Abdoulaye, der zwei Jahre jünger als Amadou war. Die beiden Jungen interessierten sich für Basketball und Fußball, und wie all die anderen Jungen, mit denen Amadou in den zurückliegenden Jahren engere Freundschaft geschlossen hatte, stotterte auch Abdoulaye. Ich hörte, wie sie eines Tages in Amadous Zimmer mit Ibrahim und Abdoul über die amerikanische Bürgerrechtsbewegung diskutierten, und mit Erstaunen hörte ich die Aufregung in Amadous Stimme.

»Die Veränderungen konnten nur stattfinden, weil sich die Schwarzen so dafür eingesetzt haben«, meinte er. »Sie marschierten und protestierten und riskierten dabei ihr Leben. Doch sie mussten auf die richtige Art und Weise protestieren, sonst wären all ihre Anstrengungen sinnlos gewesen.« Er hielt inne.

»Denkt doch einmal darüber nach, was mit den Leuten passiert, die in Afrika protestieren«, fuhr er fort.

Laoura hatte manchmal Schwierigkeiten, Amadou zu folgen. Wenn sie zufällig eine Diskussion wie diese mitbekam, zuckte sie nur die Schultern.

Einmal erzählte mir Laoura, ohne dass Amadou es hören konnte, dass er etwas ungewöhnlich Schönes an sich habe. »Er hat so ein sanftes Gesicht, wie ein Baby«, meinte sie. »Ich würde alles dafür tun, so lange Wimpern zu bekommen.«

Saikou verstand Amadou noch immer nicht. Viele Male fuhr ich mit den Kindern nach Singapur, um ihren Vater zu besuchen. Saikou sagte, dass es ihn noch immer störe, dass Amadou Linkshänder sei. Er dachte, das sei auch der Grund, warum er stottere. Ein vollkommenes Rätsel war ihm, warum Amadou oft so lange schwieg. Er machte mich wütend, wenn er behauptete: »Ich denke, Laoura ist klüger als Amadou.«

Mein Geschäft entwickelte sich weiter, obwohl die Kunden nach dem Golfkrieg vorsichtiger wurden und nicht mehr so viel Geld für Edelsteine ausgaben. Ich tat mich mit einem thailändischen Pärchen zusammen, und wir exportieren Baumwollkleidung, hauptsächlich Männerhemden, in den Kongo und an die Elfenbeinküste. Ich mietete ein kleines Gebäude mitten im Zentrum der Bekleidungsindustrie in Bangkok und verkaufte von dort an Einzelhändler. Ich verdiente gerade einmal zehn Cent an jedem Hemd, aber ich verkaufte zehntausende davon. Bobo wurde mein Vertreter in Afrika und war gleichzeitig auch mein Kurier, der zwischen Afrika und Asien hin und her flog. Er verließ Bangkok oft mit nicht weniger als dreißigtausend Dollar in der Tasche.

Ich konnte für uns alle Flüge bezahlen, um Néné und Baba zu besuchen. Im Sommer brachte ich die Kinder oft nach Singapur, damit sie ihren Vater besuchen konnten. Aber wirklich gesehen haben wir ihn nur ein Mal dort. Er nahm die Kinder mit zu sich ins Büro. Dort hatte er drei Sekretärinnen, ein Badezimmer und eine Dusche, und von seinem gläsernen Büro aus konnte er die ganze Stadt überblicken.

Bei allen anderen Besuchen kamen wir in seinem Apartment an und mussten feststellen, dass er ein Mädchen angestellt hatte, das uns während unseres Aufenthalts behilflich sein sollte, und es lag ein Umschlag mit Bargeld für die Kinder auf dem Tisch. Aber weit und breit kein Saikou. Er war auf Geschäftsreise, was er immer peinlich genau in einer Nachricht erklärte, die er zusammen mit dem Geld hinterließ.

Die Monsunzeit in Bangkok kam immer einer Überraschung gleich, vielleicht weil die Temperatur vor und während des Regens nicht sank, und selbst danach war es wieder heiß. Im Gegensatz zu Guinea, wo es manchmal tagelang ununterbrochen regnete, brach der Regen in Bangkok in kurzen Strömen aus dem Himmel.

Die Unwetter im September 1992 hielten uns drei Tage lang in der Wohnung fest. Amadou hatte gerade seinen siebzehnten Geburtstag gefeiert, Laoura war vierzehn, und sie erboten sich freiwillig, zum Markt zu gehen, um Milch, Eier, Brot, Saft und alles andere zu kaufen, was wir während unserer Gefangenschaft brauchten. Sie wollten in einem *Tuk-Tuk* zurückfahren, einem der dreirädrigen Taxis, die durch die Stadt flitzten und gemeinhin als monsunfest erachtet wurden. Sie waren noch mehrere Häuserblocks vom Apartment entfernt, als der Himmel wieder seine Schleusen öffnete und der Fahrer meinte, es hätte keinen Zweck, weiterzufahren. Amadou und Laoura traten hinaus in den Regen, beide trugen Kapuzenmäntel und hatten jeweils zwei Tüten mit Lebensmitteln zu schleppen, so führte Amadou seine Schwester mit großen, platschenden Schritten heim.

Im dichten Regen entdeckte Amadou einen Mann, der sich über sein Motorrad beugte und hektisch versuchte, es zu reparieren, während er bis zu den Knöcheln im Wasser stand. Amadou stellte die Tüten mit Essen ins Wasser und sah sich das Motorrad an, bis er und der Mann den richtigen Draht gefunden und ihn in die richtige Öffnung gesteckt hatten. Laoura stand im strömenden Regen daneben und wartete.

Als sie schließlich zu Hause ankamen, funkelte Laoura ihren Bruder finster an.

»Was hast du dir eigentlich dabei gedacht?«, fragte sie. »Wir waren doch diejenigen, die im Regen standen. Du hast unser Essen nass werden lassen. Hast du gesehen, was der Mann getan hat, nachdem du ihm geholfen hattest? Er ist einfach weggefahren, direkt an uns vorbei, und hat uns dabei noch mit Wasser und Schlamm bespritzt.«

Amadous Stimme klang sanft, aber fest.

»Das verstehst du nicht«, sagte er.

»*Ach so!*«, rief Laoura. »Was soll ich nur mit so einem Bruder anfangen?«

Amadou machte seinen Abschluss an der französischen Schule und beschloss, nach Singapur zu gehen, um dort an einem einjährigen Informatikkurs teilzunehmen. Die dort erworbenen Scheine wurden auch am amerikanischen College anerkannt. Durch den Aufenthalt in Singapur hatte Amadou zusätzlich die Gelegenheit, etwas Zeit mit seinem Vater zu verbringen. Doch noch bevor Amadou das Jahr beendet hatte, war Saikou schon weiter nach Angola gezogen. Amadou rief an und sagte, dass es nicht schlimm für ihn sei. Er ging regelmäßig in die Moschee und hatte bereits Freundschaft mit einer Gruppe junger Asiaten geschlossen. Er erzählte, dass sie oft gemeinsam zu Abend aßen und sich über Politik, Basketball und den Koran unterhielten. Sie zelebrierten auch Ramadan miteinander. »Sie sind wie eine Familie für mich«, erzählte er.

Ich war erleichtert, als ich erfuhr, dass Amadou nicht allein war, und wieder einmal wütend auf Saikou, weil er seinen Sohn ein weiteres Mal im Stich gelassen hatte.

Im Februar 1993 führten mich meine Geschäfte erstmals in die Vereinigten Staaten, jedoch nur für eine Woche. Ich besuchte die Edelsteinmesse in Tucson und flog dann über braune Gebirgskämme, weiße Gipfel und riesige grüne Ebenen nach New York. Das Flugzeug landete um Mitternacht, und ich war wie erschlagen von der Helligkeit des Himmels. Die Lichter zeigten die scharfen Umrisse der Gebäude und gaben der Stadt ein einladendes Gesicht.

Wenn nur meine Kinder bei mir sein könnten, dachte ich. Es gab mir einen Stich, dass wir gerade diesen Moment nicht miteinander teilen konnten. Das Flugzeug drehte eine Schleife und schwebte dann über Manhattan. Es sank langsam tiefer, und ich lachte still in mich hinein, voller Freude, dass ich das erleben durfte. Ich fühlte mich wohl in meiner Haut.

Ich verbrachte einen Tag in Manhattan und einen weiteren in Atlantic City mit Freunden, die von Guinea nach New York gezogen waren. Am späten Nachmittag spazierten wir die Strandpromenade entlang. Es war windig, ich band mir ein Tuch um den Kopf und lehnte mich an ein Geländer, um die Wellen zu beobachten. Die Brandung war wilder als in Liberia oder Togo, sie glich eher den aufgewühlten Wassern von Conakry und war viel dunkler als der klare Golf von Thailand in der Nähe Bangkoks. Diese Wellen waren größer und lauter als alles, was ich bisher gesehen hatte.

Was geschehen war, war geschehen, und ich befand mich nun auf der anderen Seite des Atlantiks, vielleicht genau an dem Punkt, auf den meine Lehrerin, Frau Aicha, mit ihrem Metallzeigestab einst gezeigt hatte. Vielleicht war es ein Zauberstab gewesen, und sie hatte mich damals verzaubert, als ich noch zwischen Yaye Kesso und Buntu Touré gesessen hatte. Aber Yaye Kesso und Buntu Touré waren in Guinea geblieben. Sie hatten die Straße zwischen Labé und Conakry, und zwischen Labé und den Dörfern nicht verlassen.

Frauen schauen zurück in die Vergangenheit – was Männer niemals tun –, um festzustellen, welche Zeichen sie in ihren eigenen Fußabdrücken übersehen haben. »Schau nur auf deine eigenen Schritte«, hatte Frau Aicha gesagt; der beste und zugleich schlechteste Rat, den ich jemals erhalten hatte. Nichts ist beruhigender, als zu erkennen, dass die Füße, auf denen du stehst, deine eigenen sind, zu wissen, dass dies dein Platz ist, und dass es dir gut geht und auch all den Menschen, die du liebst. Aber wenn du aufblickst, stellst du vielleicht fest, dass die Welt weitergezogen ist, und du erkennst nicht, wo du stehst. Ich blickte auf den Atlantik und fühlte, dass ich irgendwo dazwischen war, auf einer Brücke, halb zu Hause und halb in der Biegung der Straße, die auf mein Ziel zuführte.

Amadou kehrte aus Singapur zurück und fing an, seine Geschwister zu belehren. Er beobachtete, wie sie um den Fernseher versammelt saßen und Melrose Place schauten, und fragte sie, warum sie so gebannt auf den Bildschirm starrten.

»Wisst ihr denn nicht, dass das nur Schauspieler sind? Es sind ganz normale Leute, und wenn sie nach Hause gehen, weinen sie.« Amadou war mit einem langen Bart nach Hause zurückgekehrt. »Was glaubst du eigentlich, wer du bist?«, fragte Laoura. »Lincoln?«

Amadou sah sich lieber die Nachrichtensendungen auf CNN an. Eines Nachts im November 1995 weckte er mich aus tiefem Schlaf. »Hast du das gehört?«, fragte er.

»Was, Amadou? Was ist?«

»Sie haben ihn getötet.«

»Wen haben sie getötet?«

»Sie haben Rabin getötet. Sie haben ihn während einer Friedenskundgebung in Israel erschossen.«

»Bitte, Amadou, geh schlafen«, sagte ich nur.

»Was passiert nur mit dieser Welt?«, sagte Amadou. »Er war ein Mann des Friedens.«

Alles bereitete ihm Kopfzerbrechen. Laoura kam einmal um vier Uhr morgens vom Tanzen nach Hause und traf in der Wohnung als Erstes auf Amadou, der auf sie gewartet hatte. »Es geht nicht an, dass du so spät heimkommst«, schimpfte er sie. »Du musst an deine Zukunft denken.«

Jeden Morgen betete er bereits vor dem Duschen. Wenn die anderen Kinder aus ihren Zimmern kamen, saß Amadou schon am Tisch, schlürfte Tee und las die Zeitung. Er fragte sie nach ihren Plänen für den Tag und sagte ihnen, welche Hausarbeiten er von ihnen an diesem Tag erwartete. Abdoul, der Jüngste, hatte den Rebellen in sich noch nicht entdeckt und machte seinem großen Bruder gern eine Freude. Laoura aber schrie Amadou jedes Mal an, er sei nicht ihr Vater. Ibrahim akzeptierte Amadous Autorität eine Zeit lang, doch irgendwann ging ihm Amadous Gehabe zu weit. Amadou zitierte Ibrahim und mich gemeinsam zu sich ins Wohnzimmer, nachdem Ibrahim zu spät zum Abendessen nach Hause gekommen war.

»Ich möchte, dass Mama das hört«, sagte er zu seinem Bruder. »Wo bist du gewesen? Du kannst nicht einfach so wegbleiben.«

»Ich werde dir nicht antworten. Es wird Zeit, dass du aufhörst, dich hier als Chef aufzuspielen«, antwortete Ibrahim darauf.

Amadou zog den Gürtel aus seiner Hose und sagte, wenn Ibrahim sich nicht ändere, müsse er die Angelegenheit selbst in die Hand nehmen. Ich wollte aufspringen, doch dann hielt ich inne. Es geschah gerade etwas, was geschehen musste, beide Söhne drückten damit, jeder auf seine Weise, den Wunsch nach einem Vater im Haus aus. Nachdem ich den schweigenden Amadou nun schon viele Jahre kannte, war ich froh, endlich einen Amadou zu sehen, der so entschlossen handelte. Dennoch gefiel es mir nicht, meine Söhne so zornig zu sehen. Sie stürzten sich aufeinander, rauften und rollten über den Fußboden und prallten gegen Möbel. Eine Lampe fiel krachend zu Boden. Es störte sie nicht, sie schlugen und balgten sich weiter. Als der Kampf schließlich vorbei war, saßen sie sich auf dem Boden gegenüber, keuchend und schweißüberströmt, und Amadou sagte: »Ich wollte dir damit nur zu verstehen geben, dass ich mir Sorgen um dich mache.« Ibrahim antwortete darauf, ohne den Kopf zu heben: »Ich weiß.«

Amadou sorgte sich auch um mich. Ein Mann, den ich geschäftlich kennen gelernt hatte, wollte mich ausführen, ich war jedoch nicht an ihm interessiert. Er rief einige Male an. Eines Abends, es war schon nach Mitternacht, ging Amadou ans Telefon und sagte: »Bitte belästigen Sie meine Mutter in Zukunft nicht mehr.« Der Mann rief nie wieder an.

Amadou wollte, dass seine Brüder und seine Schwester mehr beteten. Er sagte ihnen, das würde Frieden in ihr Leben bringen. Er erzählte ihnen biblische Geschichten von Josef, dessen Brüder ihn um sein gutes Aussehen und seinen Reichtum beneideten. Eines Tages brachten die Brüder ihn fort, warfen ihn in einen Brunnen und erklärten ihn für tot. Die Ägypter fanden und befreiten ihn. Es gab eine Zeit, da konnten die Frauen, die Josef in Saudi-Arabien begegneten, ihm nicht widerstehen. Er spürte, dass er fort von den Frauen musste, und ging freiwillig ins Gefängnis, um den Menschen dort Rat zu geben. Die Lektion, die Josef damit erteilte, bestand in der Bescheidenheit, die er an den Tag legte, sagte Amadou.

Mein weiser Sohn, die Zeit, in der du die Bürde der Welt auf dich nehmen und über Leben, Tod und Opfer nachdenken musst, wird schon noch kommen. Lass dir Zeit damit, sagte ich ihm. Diese Jahre gehören dir.

Es gab ein Mädchen, Sushi, halb Thailänderin, halb Deutsche. Sie lebte mit ihrer Großmutter am Stadtrand. Amadou und Laoura hatten sie an einem Samstagnachmittag im Kino im Einkaufszentrum Marble Crown ganz in der Nähe kennen gelernt. Die drei schlossen Freundschaft, und Sushi wurde ein regelmäßiger Gast in unserer Wohnung. Allen außer Amadou war klar, dass er der Grund für ihre vielen Besuche war. Sie saß immer, so nah es nur ging, bei ihm und berührte ihn an Schultern oder Knien, wenn sie gestikulierte, aber Amadou zeigte keine Reaktion.

Eines Abends sagte sie zu Amadou, dass es zu spät sei, um zurück nach Hause zu ihrer Großmutter zu fahren, und sie fragte, ob sie die Nacht bleiben könne. »Ja, natürlich«, antwortete er. Sie sagte ihm, dass sie gern neben ihm schlafen würde. »Nein, das geht nicht«, antwortete er. Am Morgen fand ich Amadou schlafend auf seiner Gebetsmatte vor der Tür zu seinem Zimmer.

»Wo ist Sushi?«, fragte ich.

»Schschhhh«, flüsterte Amadou und deutete auf sein Zimmer. »Sie schläft noch.«

Bei jedem anderen Kind hätte ich Stolz empfunden, aber als ich ihn da vor seiner Zimmertür schlafen sah wie einen treuherzigen Hund, überkam mich ein Gefühl der Traurigkeit. Ich wollte für ihn nicht mehr, als dass er das Gefühl kennen lernte, ein Mädchen in den Armen zu halten.

In den ersten Wochen des Jahres 1996 verschlechterten sich meine Geschäfte. Ich schickte eine große Lieferung Bekleidung nach Tansania, aber der Käufer bezahlte nie, und ich verlor fast hunderttausend Dollar. Irgendwie waren die Aufträge, die mir früher einfach so in den Schoß gefallen waren, nun schwerer zu ergattern. Vielleicht lag es an der großen Konkurrenz, vielleicht war ich aber auch einfach nur müde. Die Kinder waren größer geworden, in vielerlei Hinsicht auch anspruchsvoller, und unsere Wohnung schien im Vergleich zu früher viel voller zu sein. Das

Leben als allein erziehende Mutter war nicht einfach. Ich begann darüber nachzudenken, ob es nicht an der Zeit war, nach Guinea zurückzukehren.

Im Frühjahr 1996 sagte Amadou, er sei nun zwanzig Jahre alt und es sei an der Zeit für ihn, nach Amerika zu gehen. Er würde Laoura nachkommen lassen, und später auch Ibrahim und Abdoul, wenn er das College abgeschlossen und etwas gespart hätte. Er hatte einen Plan, an dem er seit seiner Rückkehr aus Singapur feilte. Saikou hatte Verwandte, hauptsächlich Vettern und Cousinen dritten und vierten Grades, die in New York lebten. Amadou meinte, sie könnten ihm helfen, eine Wohnung zu finden. Er sagte, er würde gern noch vor Ende des Jahres aufbrechen.

Ich war einverstanden, und plötzlich ging alles sehr schnell. Im April suchte ich die amerikanische Botschaft in Bangkok auf. Ich bezahlte zwanzig Dollar und reichte die Papiere ein, die für Amadous Visum notwendig waren. Wir reservierten für uns alle Flüge nach Guinea. Amadou wollte Néné und Baba Auf Wiedersehen sagen, bevor er nach New York ging.

Das Leben der Familie änderte sich wieder einmal. Ich versuchte, meine Geschäftsverbindungen irgendwie aufrechtzuerhalten, damit ich auch in Afrika unabhängig bleiben konnte. Kurz bevor wir Bangkok verließen, stellte ich fest, dass ich mich fast genauso müde und erschöpft fühlte wie an dem Tag, an dem ich dort angekommen war und die Schuhe einer anderen Frau in meinem Schlafzimmer gefunden hatte.

Bei unserer Rückkehr fanden wir ein aufgewühlteres Guinea vor als das, welches wir einige Jahre zuvor verlassen hatten. Conakry quoll über von Bettlern und Straßenhändlern. Kleine Mädchen, einige kaum älter als sechs oder sieben Jahre, verkauften Nüsse, Orangen, Saft oder Süßigkeiten. Die älteren Mädchen versuchten, selbst genähte Indigoblusen zu verkaufen oder alte Spielsachen und Matratzen. Alles, so schien es, was irgendwie entbehrlich war, wurde verhökert. In den Straßen wimmelte es nur so von Verkäufern, doch es gab nicht annähernd genug Käufer. Männer und Jungen klopften an Autofenster und hofften auf eine Hand, die sich ihnen mit ein paar Münzen entgegenstreckte. Die Autofahrer fuhren langsam vorüber, aber wohl eher, weil sie keines der Kinder überfahren wollten, und nicht, um einen Kauf zu tätigen.

Die Straßen waren nur zweimal in der Woche ruhiger, am Freitagnachmittag, wenn die Menschen in die Faisal-Moschee, die größte Moschee in Conakry, zum Jumah-Gebet strömten, und wenn die Sirenen heulten, die die anrollende Wagenkolonne des Präsidenten ankündigten. Die Straßen waren übersät mit Schlaglöchern. Es war heiß. Unrat brannte in kleinen Gullys neben der Straße. Nachts zogen sich die Menschen in ihre engen Steinhäuser zurück, manche davon hatten nicht mehr als ein oder zwei Zimmer. In den Häusern fanden nicht alle Platz, also legten sich viele Menschen zum Schlafen dorthin, wo sie schon den ganzen Tag über gestanden hatten – an den Straßenrand.

Amadou sah sich alles an und wusste sofort, dass hier nicht sein Platz war. Das enttäuschte mich, denn mein egoistisches Ich hatte die Hoffnung gehegt, dass die Anziehungskraft der Heimat für Amadou, einmal nach Guinea zurückgekehrt, zu groß werden würde, als dass er ihr widerstehen könnte.

»Hier ist alles viel einfacher«, sagte ich zu ihm. »Du kannst auch hier erfolgreich sein. Unser Geld wird uns weit bringen.«

»Nein«, sagte er. »Du kannst Guinea nicht mit dem

Leben vergleichen, das wir in Thailand geführt haben.«

Amadou fühlte sich an vielen Plätzen heimisch, und er wusste viel über die Orte, die er noch nicht gesehen hatte. Das war auch meine Absicht gewesen, als ich ihn in die besten Schulen Bangkoks geschickt hatte, die ich mir hatte leisten können. Aber auf das Resultat daraus war ich nicht gefasst, nämlich dass er sich nun noch weiter hinauswagen und neue Erfahrungen sammeln wollte. Ich war mutig, aber nicht so mutig wie er. Genau wie meine Eltern und Großeltern vor mir fühlte auch ich mich zwischen den alten Traditionen und den Versuchungen meiner Träume hin und her gerissen.

Die Kinder aus den Dörfern gingen in die Kleinstädte, die Kleinstadtkinder zogen in die Großstadt. Dort suchten sie dann nach Wegen, den Kontinent zu verlassen. Amadou war nicht allein. Hunderte von jungen Männern waren in den frühen neunziger Jahren nach Amerika aufgebrochen. Sie waren die modernen Siedler. Ihre Familien warteten darauf, dass sie mit Geschichten und Reichtümern zurückkehrten. Einige kamen erfolgreich zurück, andere waren gescheitert, und wieder andere blieben für immer fort.

Und dann gab es auch noch solche, die wie Amadous Freund Bangali neidisch zu Hause zurückblieben. Bangalis Familie war nicht sehr wohlhabend und konnte ihm wenig bieten, während Amadou in Bangkok und Singapur studiert hatte und nun nach New York ging. In Bangalis Augen gab es keinen größeren Helden als Amadou.

Oury sprach mit Amadou auch über die Möglichkeiten, die er in Conakry hätte, und wollte ihn davon überzeugen, dass auch dort die Aussichten nicht nur trüb waren. Oury war Bauunternehmer geworden und errichtete geschäftig ein Haus nach dem anderen in der Stadt. Er hatte sogar die erste Straßenkarte in der Geschichte der Stadt gezeichnet und mitgeholfen, selbst die kaputten und staubigen Straßen zu benennen, um die sich sonst niemand scherte.

Amadou sagte zu seinem Onkel, der nur fünf Jahre älter war als er selbst: »Ich glaube, ich kann mehr Gutes für die Familie tun, wenn ich nach Amerika gehe.«

Der Tag der Trennung kam viel zu schnell.

Ich hatte für den August eine Reise nach Nigeria geplant, um Edelsteine zu kaufen, und ich würde erst einen Monat nach Amadous Abreise nach Guinea zurückkehren.

Am Abend vor meinem Aufbruch rief ich ihn in Nénés Zimmer. Ich schloss die Tür und wir setzten uns nebeneinander auf die Bettkante.

»Wir müssen uns Auf Wiedersehen sagen«, sagte ich.

Er lächelte. »Ich brauche nur deinen Segen.«

»Bist du sicher?«

»Ich bin bereit. Ich habe das Flugticket, meinen Pass, das Visum. Ich gehe nach Amerika. Das ist mein Wunsch. Aber eines Tages werde ich zurückkommen, und dann werde ich in der Lage sein, für euch alle zu sorgen.«

Es waren viele Menschen im Haus, meine Kinder und Diadia, Hadiatou und Fifi mit ihren Kindern. Wir hielten inne und lauschten dem Stimmengewirr.

Du brauchst dich nicht für uns alle zu sorgen. Ich habe am eigenen Leib erfahren, was für ein schmerzhaftes Unterfangen das sein kann. Ich wünsche dir nur eines – es ist der Wunsch einer Mutter – nämlich Glück, Glück für mein Kind. Du hast mir geholfen, erwachsen zu werden, Amadou, aber jetzt musst *du* leben. Bitte, tu es für dich.

Doch von alledem sprach ich nichts laut aus. Ich sagte nicht einmal, ich liebe dich. Und er auch nicht.

Wir umarmten uns auch nicht. Das war nicht unsere Art.

Ich erinnerte ihn, dass er sich noch ein paar Socken zusätzlich einstecken solle. In New York war es kälter, als er es gewohnt war. Er lächelte mich an und nickte wieder.

»Ich werde dich anrufen«, sagte ich.

»Ich werde mich auch melden«, antwortete er.

»Ja«, sagte ich. »Das Telefon ist eine gute Sache.«

An Amadous einundzwanzigstem Geburtstag organisierte Fifi, seine Tante, die erste Überraschungsparty seines Lebens. Sie erzählten mir später, dass er die ganze Nacht getanzt und gegessen habe und einfach nicht fassen konnte, dass sich jemand so etwas für ihn ausdachte. Er sagte zu Fifi, dass er das niemals vergessen werde, und hob sie hoch und wirbelte sie in der Mitte des Gartens herum. Seine Vettern und sein Freund Bangali, seine Tanten und Onkel und viele Kinder aus der Nachbarschaft tanzten um sie herum.

Jemand machte ein Foto von Amadou, wie er mit Néné im Arm auf dem Sofa sitzt. Er trägt eine weiße Mütze und lacht fröhlich. Und Néné strahlt, als säße sie neben einem König.

Drei Wochen später, an einem Donnerstagabend, es war der 26. September, fuhr Oury seinen Neffen Amadou zum Flughafen. In seinen Koffer hatte er den Koran, braun eingebunden mit einer erhabenen Blumenverzierung darauf, eine Biografie von Martin Luther King und einen dunkelblauen Anzug gepackt.

Oury blickte Amadou nach, wie er über den Flugplatz zu einem wartenden Zubringerbus marschierte. Es war eine schwüle, diesige Nacht, typisch für Conakry. Oury konnte das Flugzeug sehen, das draußen auf der Rollbahn wartete, sah die roten Lichter aufblitzen. Es war ein Flugzeug der Air Afrique, Flug Nummer 772 von Conakry nach Dakar, mit Anschluss zu Flug 560 nach New York. Amadou blieb noch einmal stehen, bevor er in den Bus einstieg, drehte sich um, um mit Oury noch einen letzten Blick zu wechseln. Er machte ein Zeichen, eine Hand wanderte zum Ohr, die andere zum Mund: »Ich werde euch anrufen.«

Zu Hause bewahrte Néné eine Nachricht auf, die Amadou für mich geschrieben hatte. Es waren nur zwei Zeilen.

Die Lösung heißt ›Amerika‹.
Lass meine Brüder und Schwestern nicht hier.

# TEIL VIER

# WOHIN ER GEHÖRT

KAPITEL 14

# *Die Stadt kommt zu ihm*

Das Taxi fuhr um kurz nach halb neun am Abend vom John F. Kennedy Airport los. Es rollte über einen Highway und anschließend über eine lange Brücke. Es war eine klare Nacht, und von der Brücke aus sah Amadou die Farben des nächtlichen Manhattan zu seiner Linken. Die Spitze des Empire State Building wurde blau und weiß beleuchtet. Amadous Blick fiel auf ein anderes Gebäude mit einem schrägen Dach, das ein grellweißes Licht in den Himmel warf. Das Taxi bog in einen tiefer gelegenen Highway ein, der sich jedoch bald über die anderen hinaufschwang, und die Aussicht änderte sich erneut. Amadou konnte in die oberen Stockwerke der niedrigeren Gebäude sehen. Einige davon mussten Mietshäuser sein, andere sahen wie Fabriken aus, so wie es sie auch am Rand von Conakry gab, mit langen Reihen von halb geöffneten grünen Fenstern.

Die Tür zur Wohnung stand offen, als er dort ankam. Vier Männer beugten sich über Teller mit Reis und Huhn. Der Geruch war Amadou vertraut. Er ging hinein, und einige Augenblicke lang nahm niemand Notiz von ihm, bis einer der Männer aufblickte. Mit einem Hühnerbein in der Hand und vollem Mund sagte er: »Er ist da.«

Sie begrüßten ihn alle mit Handschlag und sagten: »*Onjaramaa. Onjaramaa.*« Dann stellten sie sich vor.

Mamadou Kujabi war der größte der vier und von stattlicher Statur. Die anderen riefen ihn Kujabi.

Abdou Rahmane Diallo war ein entfernter Verwandter Amadous. Salou Diallo stellte sich als Vetter ersten Grades vor, er war der Sohn eines Bruders von Saikou.

Der vierte Mann, derjenige, der Amadou als Erster gesehen hatte, hieß Mamadou Alfa Diallo, er war nicht verwandt. Er trug eine Brille und scheute sich nicht, Amadou ebenfalls zu umarmen. »Du musst müde sein«, meinte Mamadou Alfa. »Wir haben noch jede Menge zu essen für dich.«

Amadou sagte, dass er gern essen werde, aber zuerst wolle er sich einfach nur hinsetzen. »Gern, aber eines solltest du gleich von Anfang an wissen: Wir teilen hier alles. Wenn ein Topf Reis auf dem Ofen steht, dann kannst du dir davon nehmen, als wäre es deiner. So halten wir es alle.«

Amadou nickte dankbar, dann ließen sie ihn in Ruhe, sie verstanden, dass er sich erst einmal orientieren musste und Zeit brauchte, sich an seine neue Umgebung zu gewöhnen. Sein neues Zuhause war eine einfache Wohnung. Gleich hinter der Eingangstür befanden sich ein kleiner Flur und der Essbereich, daneben eine kleine Küche. Eine Tür führte vom Flur ins Wohnzimmer, das zwar nicht sehr breit, dafür aber recht lang war. Es war mit braunem Teppich ausgelegt, und an der Wand hingen Fotos von Menschen in afrikanischen Gewändern, die Mütter und Väter und andere lieben Verwandten, die die Männer in der Heimat zurückgelassen hatten. An beiden Enden des Wohnzimmers befanden sich zwei Türen, jede führte in ein Schlafzimmer.

»Du wirst mit mir in diesem Zimmer wohnen«, erklärte Salou. »Kujabi gehört das andere Zimmer. Ich glaube, es wird dir gefallen.«

Nach nicht einmal einer halben Stunde saß Amadou schon bei ihnen mit am Tisch. Sie fragten ihn, wie es um die Fußballmannschaften in Westafrika stünde, und das munterte Amadou ein wenig auf. »Ich spiele selbst auch gern«, sagte er. »Kann man hier irgendwo Fußball spielen?«

»In dem Park ganz in unserer Nähe wird oft gespielt«, erzählte Kujabi. »Wenn ich einmal Zeit habe, bringe ich dich hin.« Kujabi lachte. »Aber ich kann dir nicht genau sagen, wann ich einmal Zeit haben werde. Ich arbeite dreizehn Tage, nehme einen Tag frei, dann arbeite ich die nächsten dreizehn Tage. Wenn ich nach Hause komme, mag ich nur noch essen und schlafen, wie du siehst.«

»Was arbeitest du?«

»Ich arbeite in einem Pflegeheim in Brewster. Das liegt etwas außerhalb der Stadt. Dort verbringe ich jeden Tag zehn oder zwölf Stunden, und die Hin- und Rückfahrt dauert noch einmal jeweils eine Stunde.«

Amadou aß, und die anderen blieben sitzen und leisteten ihm dabei Gesellschaft. Die Atmosphäre war sehr familiär, und sie stellten ihm keine Fragen.

»Wir führen nicht gerade ein leichtes Leben hier«, erzählte Mamadou Alfa. Er sprach sehr leise und sanft. Er hatte große, hervortretende Augen und runde Backen, was ihn ein wenig wie ein Kind aussehen ließ. Die tiefen Falten, die sich um die Augen herum in die Haut eingegraben hatten, standen in krassem Gegensatz dazu. »Aber sieh uns an, Amadou, und du weißt, dass du nicht allein bist. Du hast eine Familie hier.«

Das Telefon klingelte, das war ich, die aus Nigeria anrief. Amadou erzählte mir, dass es kalt sei in New York und dass seine Lippen austrockneten. Ich sagte ihm, er solle Pullover und Socken kaufen. Wenn er mehr Geld brauche, könne ich ihm sofort welches telegrafisch überweisen. Ich ermahnte ihn, er solle zwei Paar Socken tragen, und er stöhnte leise auf. »Ich weiß, was ich zu tun habe«, antwortete er.

»Wie ist es in der Bronx?«, fragte ich.

»Schön«, antwortete er. »Aber ich habe noch nicht viel gesehen.«

Die Verbindung war schlecht, und ich hatte Angst, wir könnten jeden Moment getrennt werden.

»Ich liebe dich, Amadou«, sagte ich.

»Ich liebe dich auch, Mom«, antwortete er.

Am nächsten Morgen ging er hinaus und betrachtete sein neues Zuhause bei Tageslicht. Es war sehr schlicht. Zwei Stockwerke, rote Ziegelsteine, sechs schmale Fenster, ein paar Stufen, die zu einem kleinen Treppenabsatz und zur Eingangstür führten. Drinnen ein Vorraum von der Größe eines geräumigen Aufzugs, begrenzt von zwei weißen Wänden und einer weiteren Tür. Vom Vorraum führte eine Treppe in den ersten Stock, sie wurde von einem Dachfenster beleuchtet, aber die Treppe warf dunkle Schatten über den langen Flur. Dieser Flur führte geradewegs zur Tür von Amadous Wohnung. Sein Anteil an der Miete betrug zweihundert Dollar.

Das war's, 1157 Wheeler Avenue, Bronx. »Man nennt es hier das Soundview-Viertel«, erzählte Mamadou Alfa. »Viele Guineer und andere Westafrikaner leben in der Nachbarschaft.«

Salou erzählte Amadou von einer Stelle bei einer Firma, die Computer importierte und an Unternehmen in New York weiterverkaufte. Amadou war sofort interessiert, und drei Tage später brachte Salou ihn um zwei Uhr nachmittags mit dem Zug der Linie 6 zum Vorstellungstermin. Das war Amadous erste Begegnung mit der Untergrundbahn, die meiste Zeit der Fahrt verliefen die Schienen jedoch über den Straßen, wodurch er mehr von der Stadt sehen konnte. Sie kamen an unzähligen Haltestellen vorbei. Als der Zug an der 125. Straße hielt, meinte Salou, sie seien nun in East Harlem, Manhattan. Amadou wollte schon zur Tür stürzen, aber Salou hielt ihn zurück. »Wir haben noch viele Haltestellen vor uns«, lachte er.

An der Haltestelle 59. Straße stiegen sie in den N-Train um. Amadou fühlte, wie sich der Zug über die kurvigen Abschnitte der Gleise wand, und Salou sagte, dass sie nun in den Westen der Stadt fuhren. Sie stiegen an der Haltestelle 34. Straße/Herald Square aus, und Amadou ging hinaus und tauchte mitten hinein in das, was er sich immer erträumt hatte: New York. Er sah die Gebäude, die Läden und Reklametafeln, aber sie beeindruckten ihn nicht. Das kannte er schon aus Bangkok und Singapur. Nein, es war das, was er in den Gesichtern der Menschen und in der Art, wie sie sich bewegten, wahrnahm – ein ganz bestimmtes Gemeinschaftsgefühl: Es schien für all diese Menschen keinen anderen Ort auf der Welt zu geben, an dem sie lieber leben wollten. Amadou fühlte eine Welle der Zufriedenheit über sich hinwegschwappen, er freute sich, dass er die Entscheidung, hierher zu kommen, getroffen und auch in die Tat umgesetzt hatte. Er trug seinen dunkelblauen Anzug.

Sie betraten ein Gebäude an der 29. Straße West, zwischen der 6. und 7. Avenue, dem Sitz der Metro Group USA. Dreißig Minuten später wurde Amadou dort eine Stelle in der Abteilung für Auftragsbearbeitung für Computer angeboten. Das erforderte ein fundiertes Computerwissen und auch einen starken Rücken, um die Geräte in die Lieferwagen zu schleppen. Er sollte zweihundertfünfzig Dollar pro Woche verdienen. Amadou nahm an, und noch vor Ende der Woche begann er zu arbeiten.

In Manhattan! New York City!

Als ich ihn das nächste Mal anrief, hatte ich kaum Hallo gesagt, da sprudelte es schon aus ihm heraus. Er klang gar nicht wie mein Amadou.

»Ich habe eine Stelle. Es war die erste, um die ich mich

beworben habe«, rief er. Er stotterte mehr als sonst, hauptsächlich weil er nicht Schritt halten konnte mit seinen eigenen Worten. »Alles läuft wunderbar. Ich fühle, dass ich auf dem richtigen Weg bin. Es ist nicht viel Geld für New York, aber ich glaube, ich kann etwas sparen.«

»Ich kann dir Geld schicken«, bot ich ihm an. Daraufhin hörte ich wieder den ernsthaften Amadou.

»Deswegen bin ich nicht hier.«

Auch Saikou rief ihn an und bot ihm an, Geld zu schicken, aber er erhielt dieselbe Antwort.

Amadou fand seinen Tagesrhythmus. Er stand um sieben Uhr auf, betete, duschte, aß Getreideflocken oder Toast zum Frühstück und verließ um acht Uhr die Wohnung. Er ging an Häusern vorbei, die dem seinen sehr ähnelten. Einige Nachbarn hatten kleine Beete im Vorgarten angelegt und Blumentöpfe in die Fenster gestellt, an vielen Türen waren Sicherheitsriegel vorgeschoben, was darauf hindeutete, dass dort Kinder wohnten.

An der Westchester Avenue bog er rechts ab. Wenn er Hunger hatte, ging er manchmal noch über die Straße, um sich einen Apfel oder Gebäck bei Ray Market Fruit & Vegetables zu holen, dann lief er weiter, um seinen Zug zu erwischen. Auf der Westchester Avenue herrschte meist reger Verkehr in beiden Richtungen, und sie wurde von einem Stahlskelett dominiert, auf dem die erhöhten Gleise verliefen. Dieses Gerüst war völlig verrostet und überall blätterte die Farbe ab, Graffiti entstellten die Wände. Amadou stieg die überdachte Treppe hinauf und fuhr nach Manhattan. Er arbeitete neun, manchmal auch zehn Stunden am Tag, und ihm gefiel seine Arbeit, bis auf das Heben der schweren Kisten, was sich bald durch Rückenschmerzen bemerkbar machte. Er betete in einem Lagerraum auf einem kleinen Teppich, den er sich mitgebracht hatte.

Wenn er abends nach Hause kam, ging Amadou über die Westchester Avenue zurück zur Wheeler Avenue. Seine Mitbewohner hatten ihm erzählt, dass in diesem Teil der Bronx eine sehr hohe Kriminalitätsrate herrschte, was von Schießereien bis zu Raubüberfällen reichte. Sie hatten ihn auch vorgewarnt, dass die Polizei auf der Straße manchmal willkürlich Schwarze herauspickte, ganz gleich, ob gegen die Betreffenden etwas vorlag oder nicht. Amadou sah die blau-weißen Polizeiwagen oft durch die Straßen patrouillieren und antwortete seinen Mitbewohnern dann, dass ›die Polizei nur ihre Arbeit‹ tue.

Er sagte zu Mamadou Alfa, dass er der Polizei vertraue, dass die Polizei hier anders als die Grenzwachen und Polizisten in Westafrika sei. »In Amerika«, meinte Amadou, »weiß die Polizei, was sie zu tun hat.«

Sonntags besuchte Amadou häufig andere Mitglieder der guineischen Gemeinde in New York. Einige davon lebten im Soundview-Park oder in den Lafayette-Häusern, zwei riesigen Mietshauskomplexen.

Er hatte durch seine Wohnungsgenossen und durch seine Verbindungen nach Hause viele Menschen kennen gelernt. Die meisten von ihnen arbeiteten viele Stunden am Tag und teilten sich enge Wohnungen. Amadou war mit einigen Guineern befreundet, die bei Bruckner Car Wash, zwei Häuserblocks entfernt, oder in den Geschäften in der Westchester Avenue arbeiteten. Wenn das Wetter schön war, ging er regelmäßig mit einer Gruppe, die hauptsächlich aus jungen Mexikanern bestand, in den Park, um Fußball zu spielen. Er war nun auch Fan der New York Jets und Giants geworden. Er interessierte sich also nicht mehr nur für Fußball und Basketball, sondern auch für American Football. Auch die Spiele New York Knicks verfolgte er aufmerksam.

Wenn Kujabi sonntags frei hatte, gab er Amadou Fahrstunden auf einem Parkplatz ganz in der Nähe. Einmal im Monat ging Amadou zum Büro der Western Union, um die Strom- und anderen Rechnungen für alle im Haus zu bezahlen. Er stand stets zur Verfügung, wenn Kujabis Computer wieder einmal nicht funktionierte, und er brachte sich selbst das Kochen bei.

»Das glaube ich nicht«, sagte ich zu ihm bei einem unserer wöchentlichen Telefonate.

»Doch, Mom. Ich koche heute Abend für alle. Ich mache Reis mit Rindfleisch und Zwiebeln. Ich schneide die Zwiebeln klein und gebe frischen Knoblauch dazu.«

Er und die anderen bildeten einen festen Freundeskreis. Wenn einer von ihnen früher von der Arbeit nach Hause kam, sorgte er dafür, dass für die anderen eine warme Mahlzeit auf dem Tisch stand, wenn sie nach Hause kamen. Am Abend standen die Türen stets offen, alle freuten sich, wenn Besuch kam. Sie waren eine Gemeinschaft geworden, und ihre Gemeinsamkeit bestand in ihrem Stolz darüber, dass sie es bis nach New York geschafft hatten, in der ständigen Müdigkeit von den langen Arbeitstagen und in der immerfort vorhandenen Sehnsucht nach den Menschen, die sie in der Heimat zurückgelassen hatten.

Kujabis Vater war bei einem Autounfall ums Leben gekommen, als Kujabi noch ein kleiner Junge gewesen war. Er hatte eine Prüfung vor dem West Africa Health Examinations Board abgelegt und in Gambia ein Programm entwickelt, das für alle Kinder eine Impfung gegen Tuberkulose, Tetanus und Kinderlähmung ermöglichte. In New York verdiente er acht Dollar pro Stunde als Krankenpflegehelfer.

Mamadou Alfa war aus dem Senegal geflohen, nachdem er jahrelang mitangesehen hatte, wie Verwandte und Freunde von Rebellen verwundet und getötet worden waren. Diese hatten ein regelrechtes System der Erpressung aufgebaut. Ihre Taktik war einfach: Bezahl uns und du bist sicher. Er hatte die Schule verlassen müssen, um das Geschäft seiner Familie weiterzuführen und damit seine Mutter und sieben Brüder und Schwestern versorgen zu können. Irgendwann hatten die Rebellen ihn ins Visier genommen, und es wurde zu gefährlich für ihn. Er hatte gehofft, in New York so viel zu verdienen, dass er Geld nach Hause schicken konnte. Zuerst arbeitete er in einem Restaurant, er wusch Geschirr und lieferte aus. Als Amadou kam, arbeitete er zwölf Stunden am Tag für einen Koreaner, der einen Kramladen in der 14. Straße in Manhattan betrieb. Er verkaufte Spielsachen, Socken, Hüte, T-Shirts und Brillen an einem Tisch vor dem Laden. Mit sechzig Dollar am Tag konnte er gerade seine Frau Aissatou unterstützen und die dreihundert Dollar Miete für eine winzige Kellerwohnung bezahlen.

In den Augen der anderen hatte Amadou, der in Bangkok und Singapur zur Schule gegangen war, ein besonderes Leben geführt, obwohl er kaum über seine Vergangenheit sprach. Alle im Haus vertrauten ihm, doch er vertraute nur Aissatou.

Auch sie stammte aus Guinea, sie war groß und scheu wie Amadou. Sie arbeitete als Haarflechterin in einem Schönheitssalon in der Westchester Avenue. Sie besuchte gerade einen Englischkurs, und Amadou half ihr oft bei den Hausaufgaben. Amadou erzählte ihr, dass sein Rücken manchmal entsetzlich schmerzte vom vielen Heben. Er dachte daran, die Stelle zu wechseln. Er erzählte ihr auch, dass er sich Sorgen um seine Brüder und Schwestern mache und dass seine Mutter vermutlich bis zur Erschöpfung arbeite.

Saikou rief Amadou ebenfalls regelmäßig an und sagte ihm, dass er stolz auf seinen Sohn sei, weil er das Beten beibehalten habe. Saikou lebte nun in Vietnam, wohin er seine Geschäfte ausgedehnt hatte. Amadou erzählte Aissatou, dass er sich wünschte, sein Vater wäre öfter zu Hause gewesen, und dass es ihm wehtat zu wissen, dass seine Familie niemals mehr zusammenfinden würde.

»Weißt du, was ich mir wünsche«, sagte Amadou. »Ich wünsche mir, dass meine Mutter und mein Vater wieder zueinander finden.«

Ab Herbst des Jahres 1998, Amadou hatte nun schon zwei Jahre in New York verbracht, gestalteten sich unsere Telefongespräche immer schwieriger.

»Wie geht es dir?«, fragte ich.

»Ganz gut.«

»Was hast du gemacht?«

»Nicht viel.«

»Wie geht es in der Arbeit?« Zu diesem Zeitpunkt hatte ich längst aufgehört, ihm Geld anzubieten.

»Jetzt ist nicht der richtige Zeitpunkt, um darüber zu reden.«

»Schickst du mir wenigstens ein paar Fotos?«

»Wenn ich mich richtig eingelebt habe.«

Amadou rief Oury viel öfter an als mich. Er erzählte ihm, dass das Leben in den Vereinigten Staaten sehr hart sei. Er sagte, er habe sich erkundigt, ob er am College Informatik studieren könne, aber um sich das leisten zu können, müsse er noch viel mehr Geld verdienen. Er bezeichnete die vielen Arbeitsstunden, den geringen Lohn und seinen schmerzenden Rücken als die ›Opfer‹, die er bringen müsse, um zum Erfolg zu gelangen.

Während eines Gesprächs erzählte Oury seinem Neffen Amadou, dass er von vielen Morden in New York gehört habe. Er sagte, er wisse von Familien in Guinea, die ihre Söhne bei Schießereien auf der Straße verloren hätten.

»Nein, Onkel«, sagte Amadou. »Dieses Land ist sehr gut organisiert, wenn es um die Bekämpfung von Kriminalität geht, sehr streng.«

»Sei bitte vorsichtig.«

»Hier bin ich sicher«, antwortete Amadou. »Mach dir um mich keine Sorgen.«

Es ist der edle Glaube einer Mutter, dass sie die Macht hätte, ihren Kindern die Leiden abzunehmen. Doch es ist nicht mehr als ein Aberglaube, der es ihr ermöglicht, halbwegs schadlos durch die Nächte zu kommen, in denen sie in die Dunkelheit starrt und sich fragt, wie wohl alles ausgehen wird. Dieser Teil der Nacht gehört der Mutter, sie lauscht den Geräuschen des Hauses in stiller Ehrfurcht vor den Dingen, die sie nicht sehen kann, und den Albträumen, die nicht die ihren sind. Auch wenn sie es wollte, sie kann sie nicht abstellen. Die blinkenden Lichter der bösen Träume ihres Kindes offenbaren die Gefahren, denen nur es selbst begegnen kann. Aber sie zeigen auch Wege zum Überleben auf, die es wählen muss.

In der amerikanischen Botschaft von Conakry standen die jungen Leute stundenlang, sogar tagelang Schlange und hofften darauf, dass der Beamte hinter dem Fenster irgendwann ihre Nummer aufrief. Ein Spiel entschied darüber, ob ihr Leben so oder so verlief. Aber selbst wenn sie unsicher waren oder Angst hatten vor dem, was geschah, wenn ihre Nummer wirklich aufgerufen wurde, sie fürchteten sich noch mehr vor dem, was sie erwartete, wenn sie nicht aufgerufen wurden. Sie gingen zurück nach Hause und setzten sich zu ihren Müttern, die ihnen am Ende auch nicht helfen konnten. Die Mütter konnten die Arbeitslosigkeit nicht beseitigen, und auch nicht den Mangel an Abwassersystemen, Strom, klarem Wasser und geteerten Straßen. Sie konnten keine neuen Schulbücher herbeizaubern und die Krankenhäuser nicht mit Medikamenten ausstatten und mit guten Chirurgen versorgen. Sie vermochten weder Krankheit noch Hunger zu beseitigen. Ihre geheimsten Wünsche für ihre Kinder waren nichts gegen die Hitze, die stehende Luft und die giftigen Moskitos.

Manchmal hofften sogar die Mütter, dass die Nummern ihrer Kinder aufgerufen wurden, auch wenn es ihnen das Herz brach.

Wenn im Fouta Djalon ein Kind einen Zahn verliert, kommt keine Zahnfee, die Münzen unters Kissen legt. Der Zahn gehört dann der Mutter. Sie nimmt ihn an sich und wirft ihn in der Nacht übers Hausdach, wobei sie ihm einen Wunsch für ihr Kind mitgibt. Es soll ein Leuchtsignal für Gott sein, darum betet sie. Damit verbringt eine Mutter ihre Tage, sie schickt Botschaften aus und wartet machtlos auf die Antwort.

Amadou log. Im September 1998 nahm er sich einen Anwalt, der auf Einwanderungen spezialisiert war, und stellte Antrag auf Asyl in den Vereinigten Staaten. In dem Antrag stand, dass er Mauretanier sei, der aus seinem Land geflohen war, um der Verfolgung und ethnischen Säuberung zu entkommen. Er dachte sich erstaunliche Geschichten über den Tod seiner Eltern und über Geheimagenten aus.

»Ich war nicht da, als die Soldaten kamen, um meine Eltern zu ermorden«, schrieb er in dem Antrag, sondern auf einer Farm mit seinem Onkel, als die Soldaten kamen, um sie zu holen. »Sie schlugen uns mit Holzstöcken, fesselten uns, zerrten uns auf ihre Lastwagen und fuhren uns in ein Militärlager. Sie sperrten mich zwei Wochen lang in einen großen Raum ohne Licht. Wir schliefen auf dem Boden. Ich war bei meinem Onkel, der am 9. Oktober 1989 zu Tode gefoltert wurde. Am 20. Oktober 1989 brachten Soldaten mich und andere Mauretanier zum Fluss und zwangen uns mit vorgehaltener Waffe, den Fluss mit Kanus hinüber nach Senegal zu überqueren.

Sämtliche Details aus Amadous Geschichte stimmten, wenn auch nicht er selbst das alles erlebt hatte. Auch die Handlung und den Schluss der Geschichte hatte er sich nicht ausdenken müssen. Er hatte sich die Menschen, die er während seines gesamten Lebens kennen gelernt hatte, lediglich genau anschauen müssen: seine Freunde, seine

Schulkameraden, seine Lehrer und die Menschen, die er in New York getroffen hatte. Er musste sich nur an die Geschichten seiner Großeltern erinnern, die in die Berge flüchten und das Abendessen auf dem Herd stehen lassen mussten. Oder an die Geschichte seines Vaters, wie dieser im Keller einer Polizeistation festgehalten worden war; nur der glückliche Umstand, dass er des Senegalesischen mächtig war, hatte ihn vor der Hinrichtung bewahrt. Amadou kannte aus Erzählungen seiner Mutter und deren Geschwistern, dass diese sich in der Grube verstecken mussten, während seine Großmutter das jüngste Kind, seinen Onkel Oury, an ihre Brust drückte.

Wie viele Male hatte ich ihm die Geschichte erzählt, wie er, Amadou, uns gerettet hatte. Ein Polizist an der guineischen Grenze hatte ihn von oben bis unten gemustert und beschlossen, dass er mit seinen zwanzig Monaten eine Bedrohung darstellte, weil seine Haut so gesund aussah. Das Ende lautete immer folgendermaßen: »Und dann hast du gelächelt. Nur ein kleines Lächeln. Aber wenn das nicht gewesen wäre, wer weiß, was aus uns geworden wäre?«

Eine Mutter kann die Albträume ihres Kindes nicht kennen, und auch nicht die Tiefe seiner Angst. Amadou, dreiundzwanzig Jahre alt, hatte viele Male Glück gehabt, aber die Macht einer guten Geschichte kann man gar nicht hoch genug einschätzen, und ganz besonders dann nicht, wenn es sich um eine wahre Geschichte handelt.

Salou, Amadous Zimmergenosse, beschloss eines Tages, nach Detroit zu ziehen, um sich dort eine Stelle zu suchen, und Abdou Rahmane zog von der oberen Wohnung herunter zu Amadou. Amadou verbrachte nun viel Zeit in seinem Zimmer, er saß oft stundenlang auf dem Bett. Die Wände waren glatt weiß, und wenn er aus dem Fenster blickte, sah er die Rückseite eines Hauses der nächsten Straße. Es drang nicht viel Sonnenlicht durch das Fenster. Amadou las viele Bücher über Martin Luther King und Malcolm X. Er las *Wege zum christlich-islamischen Dialog*, und während des Gebets hörte er die auf Kassette aufgenommenen Übersetzungen des Korans, manche in Englisch, manche in Französisch. Die Fotos seiner Familie klebten in einem kleinen rosafarbenen Album; das Bild, das ihn zusammen mit Néné zeigt, prangte auf der ersten Seite. Das Geld, das er gespart hatte, steckte in einem dicken braunen Umschlag.

Amadou hatte für die anderen noch immer etwas Rätselhaftes an sich. Mamadou Alfa und Aissatou erwarteten bald ein Baby, und Amadou konnte sich nicht vorstellen, wie sie in ihrer kleinen Wohnung zu dritt wohnen sollten. Da Abdou Rahmane bei Amadou eingezogen war, stand das obere Apartment nun leer, es lag genau über Amadous Zimmer. »Ihr müsst da einziehen«, sagte Amadou.

»Das können wir uns nicht leisten. Der Vermieter will tausend Dollar, bevor er uns überhaupt den Schlüssel gibt«, sagte Mamadou Alfa.

Am nächsten Tag übergab Amadou seinem Freund einen Umschlag mit eintausend Dollar in Zehndollarscheinen darin.

»Bist du verrückt? Das kannst du doch nicht machen«, rief Mamadou Alfa.

»Ihr könnt nicht in der kleinen Wohnung bleiben, wenn das Baby da ist.« Damit war die Sache für Amadou erledigt.

Sein Rücken hörte nicht auf zu schmerzen, und schließlich beschloss er, etwas anderes auszuprobieren, auch wenn es bedeutete, dass er weniger verdiente. Mamadou Alfa kannte den Besitzer eines Ladens in der 14. Straße, einen Pakistani, der damit einverstanden war, dass Amadou seine Waren vor seinem Geschäft verkaufte. Amadou gefiel die Vorstellung, ganz in der Nähe von Mamadou Alfa zu arbeiten. Sie könnten zusammen hinfahren, und die Arbeit würde seinen Rücken nicht so belasten.

Ab September fuhr er mit dem Zug Nummer 6 zum Union Square. Von dort ging er drei Häuserblocks weiter zu C&B Convenience, gleich an der südwestlichen Ecke der Second Avenue und 14. Straße, und verkaufte alles von Socken und Batterien über Saft und Soda, Kaugummis und Videokassetten bis hin zu Windeln und Geburtstagskerzen. Er war einerseits so etwas wie die Erweiterung des Ladens, verkaufte aber auch auf eigene Rechnung; genauso hatte sein Vater damals auf den Straßen im südlichen Senegal auch angefangen. An manchen Tagen verdiente er hundert Dollar, an anderen fünfzig. Es gab aber auch regnerische Tage, an denen er nur zehn Dollar verdiente. Der Ladenbesitzer, Shahin Choudhury, stellte ihm einen Raum zum Beten zur Verfügung, wo Amadou zwischen den Metallregalen auf seinem Teppich kniete. Während der Arbeit trug Amadou seine Laden- und Hausschlüssel an einer kleinen Kette über seiner rechten Hosentasche. Er hatte stets einen Piepser bei sich, damit er tagsüber Kontakt mit Mamadou Alfa drei Häuserblocks entfernt aufnehmen oder sich mit ihm für die gemeinsame Heimfahrt in die Bronx verabreden konnte.

Am besten an seiner neuen Arbeit aber gefiel Amadou, dass er ihr mitten in New York City nachgehen konnte, in Manhattan, nicht allzu weit weg vom South-Street-Hafen, den er schon einmal besucht hatte, und vom Gebäude der Vereinten Nationen, das er sich bald einmal ansehen wollte. Er stand tagsüber nur zwanzig Häuserblocks vom Empire-State-Building entfernt. Er musste also nicht erst lange herumfahren, um die Stadt kennen zu lernen. Stattdessen kam sie zu ihm.

Irgendwann lernte Amadou Sarah Whitley kennen, die nur zwei Türen weiter wohnte. Manchmal passte Amadou auf ihr Baby auf, während sie einkaufen ging. Einem Studenten lieh er dreiundvierzig Dollar, damit dieser seine längst fälligen Steuern bezahlen konnte. An kalten Tagen brachte ihm eine junge Frau, ihr Name war Reechelle, mittags heiße Potato Wegdes. Leila Tusuf wohnte in der 12. Straße Ost und kam jeden Tag, um nachzusehen, ob Amadou auch an seinem Tisch stand. Sie hoffte darauf, dass er sie einmal zum Abendessen oder in einen Film einladen würde, aber das tat er nie.

Anfang November rief ich ihn an und erzählte ihm, dass ein Geschäftsfreund mich zu meiner Überraschung gefragt hatte, ob ich ihn heiraten wolle. »Sein Name ist Sank, er ist ein sehr zurückhaltender Mann. Was sagst du dazu?«, fragte ich. Einige Sekunden lang herrschte Stille.

»Gib mir zwei Tage Zeit. Ich muss darüber nachdenken«, antwortete Amadou. Zwei Tage später rief er mich an.

»Mom, du hast in deinem Leben schon genug durchgemacht«, sagte er. »Für das, was zwischen dir und meinem Vater passiert ist, bist du nicht verantwortlich. Dafür sollst du nicht bezahlen müssen. Du sollst glücklich sein. Du hast meinen Segen. Heirate nach den Gesetzen des Islam.« Dass mein eigenes Kind mir seinen Segen gab, ließ mich innerlich frösteln. Zwei Wochen später heiratete ich.

Amadous Freunde machten Fotos von ihm, eines davon auf der Staten-Island-Fähre, ein anderes kurz nach dem Neujahrstag 1999 vor dem Mietshaus an der Wheeler Avenue.

Er rief an und verkündete, dass sein Asylantrag angenommen worden sei, was bedeutete, dass er ein Recht auf ein College-Stipendium hatte und ein Bankkonto eröffnen konnte. Er versprach, die Bilder zu schicken, um die ich ihn gebeten hatte, und sagte, er habe eine Aufgabe für mich.

Ein Freund, so erzählte er, habe ihm ein Bild von einem Mädchen gezeigt, das in Conakry lebe, nicht weit von mir entfernt. Er wolle das Mädchen heiraten. Ihr Name war Benti. Amadou bat mich, Benti zu uns einzuladen und sie irgendwie dazu zu bringen, ihm zu schreiben, aber auf keinen Fall durfte ich ihr etwas von seinen Absichten erzählen.

Sie kam und trug Jeans und ein knappes, ärmelloses Top. Sie hatte volle Wangen, winzige Zöpfe auf dem Kopf und war ziemlich klein. Sie sah aus wie ich früher.

Néné ermahnte mich zur Vorsicht Es sei nicht einfach mit einem Sohn wie Amadou, meinte sie. »Er lebt in einer modernen Welt, wo er deine Erlaubnis eigentlich nicht braucht«, sagte sie, »und doch möchte er dir Respekt zollen. Er möchte, dass du ihm hilfst, eine Frau auszusuchen.«

Ich war mir nicht sicher. »Ich kenne Amadou. Er ist schüchtern«, sagte ich.

Er rief am Samstag, den 30. Januar an, um mir von seinen Verlobungsplänen mit Benti zu erzählen. Sie hatten nun jeder einen Brief geschrieben.

Am nächsten Tag sprachen wir wieder miteinander. Er sagte, er wolle Nike-Turnschuhe für Ibrahim und Abdoul schicken.

»Am Anfang war es ziemlich hart, aber jetzt bin ich glücklich«, rief er ins Telefon. »Ich habe genügend Geld gespart, um in die Schule gehen zu können. Ich glaube, ich kann nächstes Jahr anfangen. Ich brauche nur noch deine Einwilligung.«

»Du weißt, dass du meinen Segen hast«, sagte ich.

»Mom, ich werde dich in ein paar Tagen wieder anrufen. Heute Abend findet ein wichtiges Footballspiel statt, wir werden uns das Spiel in einem Restaurant in Manhattan ansehen.«

Am nächsten Tag rief Amadou Oury an. Er erzählte ihm alles über das Spiel, obwohl Oury überhaupt keine Ahnung von Football hatte.

»Ihr hattet wohl viel Spaß gestern«, sagte Oury.

»Ja. Wir waren im All Star Café und haben uns das Spiel auf einem Großbildschirm angesehen. Das war gut. Und jetzt freue ich mich auf die Basketballsaison.«

Amadou erzählte Oury auch von Benti und seinen College-Plänen.

»Jetzt kann ich sie umsetzen.«

»Lass uns nächste Woche darüber sprechen«, sagte Oury.

»Ich werde dir alles erzählen«, sagte Amadou.

»Auf Wiederhören, Amadou.«

»Auf Wiederhören.«

## KAPITEL 15

# *Ich verliere Amadou*

Amadou arbeitete am Montag zehn Stunden. Am Dienstag ging er nicht arbeiten. Am Mittwoch fing er um elf Uhr vormittags an. Es war ungewöhnlich mild für Februar, aber Amadou war für alle Wetterlagen gerüstet. Unter seiner schwarzen Tommy-Hilfiger-Hose trug er ein Paar lange Unterhosen. Über die zwei T-Shirts, eines schwarz, das andere blau, hatte er einen weißen Wintermantel mit Kapuze gezogen, aber er setzte die Kapuze nicht auf. Auf dem Kopf trug er eine rote Mütze der New-York-Yankees.

In der 14. Straße herrschte den ganzen Tag über bis in den Abend hinein geschäftiges Treiben. Amadou hatte am Ende des Tages guten Umsatz gemacht, mehr als hundert Dollar. Gegen elf Uhr an diesem Abend fuhr Mamadou Alfa mit dem Bus durch die 14. Straße zur U-Bahn-Station Union Square und sah dabei Amadou, der gerade seine Waren zusammenpackte. Ein paar Minuten danach machte sich auch Amadou auf den Weg zum Union Square. Er kam um zehn Minuten vor Mitternacht nach Hause und ging gleich hinauf zu Mamadou Alfa. Die Tür stand auf. Der Fernseher im Wohnzimmer lief.

Aissatou war nicht zu Hause, sie besuchte gerade ihre Schwester in Atlanta, und es war einer der wenigen Abende, an dem kein Topf mit Reis und Soße für die Männer auf dem Herd stand. Amadou legte sich aufs Sofa. Mamadou Alfa hatte sich bereits ausgezogen und ein Handtuch um die Hüften geschlungen, er wollte gleich duschen gehen. Kujabi kam dazu und setzte sich neben Amadou. Er fragte Amadou, wann er vorhabe, die Rechnungen beim Western-Union-Büro zu begleichen, und Amadou antwortete, dass er es am nächsten Morgen auf dem Weg zur Arbeit tun wolle.

Ein Sprecher im Fernsehen berichtete, dass die Basketballsaison nun endgültig am Freitag beginnen werde, und Amadou erzählte Kujabi, dass er es gar nicht mehr erwarten könne. Er sagte, er sei hungrig. Aber er war auch müde und nickte auf dem Sofa schon beinahe ein.

Alle waren müde. Kujabi ging in seine Wohnung nach nebenan, Abdou Rahmane schlief unten in seinem Zimmer. Mamadou Alfa stellte sich unter die Dusche und bemühte sich, leise zu sein, er wollte Amadou nicht wecken.

Zehn Minuten später kam Mamadou Alfa aus der Dusche. Er sah Amadou nicht mehr auf dem Sofa liegen und dachte, er sei hinunter in seine eigene Wohnung gegangen. Mamadou Alfa bereitete sich im Wohnzimmer auf sein Abendgebet vor. Es war kurz nach halb ein Uhr nachts.

Amadou ging jedoch nicht in seine eigene Wohnung. Er stieg die Treppe hinunter ins Erdgeschoss, durchquerte den Vorraum und trat auf die Stufen vor der Tür. Vielleicht überlegte er, hinüber zur Westchester Avenue zu gehen. Dort kannte er ein chinesisches Restaurant, das bis spät in die Nacht geöffnet hatte. Vielleicht fand er aber auch nur keine Ruhe nach dem langen Arbeitstag und wollte noch etwas frische Luft schnappen. Er hatte den Reißverschluss seiner Jacke nicht zugezogen.

Die Straße war ruhig.

Nur noch wenige Fenster waren erleuchtet. Hie und da flackerte das blaue Licht eines Fernsehers.

Aus der Westchester Avenue bog ein rotes Auto in die

Wheeler Avenue ein. Amadou schaute nach links. Das Auto fuhr langsam. Amadou beobachtete es. Vier Menschen saßen in dem Auto, zwei vorn, zwei hinten. Das Auto fuhr an Amadou vorbei, etwa vier Häuser weiter, dann blieb es stehen und setzte zurück. Vier Männer blickten Amadou aus dem Auto heraus an.

Amadou wandte sich zur Tür. Sie stand offen, und er ging in den Flur. Seine Schlüssel befanden sich in der vorderen rechten Hosentasche.

Zwei Männer sprangen aus dem Auto. Der Erste trug eine dunkle Winterjacke über einem grauen Kapuzensweatshirt, blaue Jeans und schwarze, hohe Turnschuhe. Der zweite Mann hatte Jeans und ein dunkles Sweatshirt an. Dann stieg ein Dritter hinten aus dem Auto. Er trug ebenfalls Jeans und einen dunklen Pullover. Als Letzter sprang der Fahrer von seinem Sitz.

Die ersten beiden Männer liefen die wenigen Stufen zum Eingang des Hauses hinauf. Sie standen keine zwei Meter mehr von Amadou entfernt. Sie waren groß. Der dritte Mann blieb auf dem Gehweg stehen. Der Fahrer hielt auf der Straße inne. Amadou stand nun an der zweiten Tür.

Der Mann, der am weitesten vorgedrungen war, zog seine Waffe und begann zu schießen. Kurz darauf zog der Zweite ebenfalls seine Waffe und feuerte auf Amadou.

Amadou sackte zusamen.

Weitere Kugeln trafen ihn. Der Mann auf dem Gehweg feuerte auf ihn, der Vierte auf der Straße begann kurz darauf zu schießen.

Die ersten beiden Männer feuerten jeweils sechzehn Kugeln ab, womit sie ihre Waffen vollständig entleerten. Der Mann auf dem Gehweg schoss viermal, der auf der Straße fünfmal. Einundvierzig Schuss insgesamt.

Neunzehn Kugeln trafen Amadou. Einige Kugeln trafen die Treppe hinter dem Vorraum, eine davon bohrte sich durch die Treppe und in die Wand dahinter und blieb dort stecken.

Es war sechzehn Minuten vor ein Uhr am Morgen des 4. Februar 1999.

Die vier Polizeibeamten, allesamt Angehörige einer Spezialeinheit für Straßenkriminalität des New York City Police Departments, wurden abgeführt, sie beklagten sich über ein Dröhnen in den Ohren.

Mamadou Alfa, der am Boden kniete, schreckte aus seinem Gebet auf. Er ging ins Schlafzimmer. Er hörte einen Mann brüllen: »*Fuck. Fuck. Fuck. Fuck.*« Er schob den Vorhang zur Seite und schaute auf die Straße. Dort stand ein rotes Auto, das in zweiter Reihe parkte, und dahinter ein Mann. Ein weiterer Mann stand auf der gegenüberliegenden Straßenseite neben einem geparkten Auto und schlug auf dieses Auto ein, als würde er durchdrehen. Diesen Eindruck hatte Mamadou Alfa wenigstens. Er sah ein Polizeiauto links am Ende der Straße. Mamadou Alfa wandte sich vom Fenster ab, er wollte sein Gebet beenden.

Abdou Rahmane wachte auf, als jemand heftig an seine Tür pochte. Nur mit Unterwäsche bekleidet, öffnete er und sah sich mehreren Polizeibeamten gegenüber. Sie sagten, sie müssten mit ihm sprechen.

»Ziehen Sie sich an und kommen Sie mit uns hinaus«, forderten sie ihn auf.

Abdou Rahmane dachte, Amadou wäre nach Hause gekommen und zu Bett gegangen. Erst sah er nur das Gedränge im Flur, aber dann erblickte er etwas auf dem Boden, das ihn hochgradig beunruhigte.

Er rannte zurück in die Wohnung, um Kujabi zu wecken,

dessen Schlafzimmer hinaus zur Wheeler Avenue ging. Kujabi war seltsamerweise durch den Lärm nicht aufgewacht.

»Was ist los?«, fragte Kujabi. Er war nur halb angezogen.

»Im Flur liegt ein Mann. Ich glaube, er wurde erschossen.«

»Wovon redest du? Ich habe nichts gehört.«

»Ich weiß nicht«, antwortete Abdou Rahmane. »Ich glaube, er ist tot.«

Kujabi zog sich rasch ein Hemd über und rannte hinaus. Im Gang blitzten die roten und weißen Polizeilichter auf. Überall im Flur und im Vorraum standen Polizeibeamte. Kujabi ging zu ihnen.

»Kennen Sie diesen Mann?«, fragte einer.

Kujabi trat näher. Er sah, dass die Jacke des Toten offen stand. Er sah Blut auf der Brust des Mannes. Er wandte sich ab und schaute dann erneut hin. Er blickte dem Mann in die Augen. Nun wusste er es. Er fiel auf die Knie und begann zu schluchzen.

Mamadou Alfa hörte ein Klopfen an seiner Tür. Es war ein Kriminalbeamter, der ihm einige Fragen stellen wollte.

»Wie ist Ihr Name?«

»Haben Sie etwas gehört?«

»Wo waren Sie?«

»Wie lange dauerte es? Wie viele Schüsse?«

Mamadou Alfa erklärte, dass die Schüsse zu schnell hintereinander gefallen seien, sodass er sie nicht habe zählen können. Er war müde.

Der Beamte ging die Treppe hinunter und kam einige Minuten später mit einer New Yorker Kennkarte zurück.

»Kennen Sie diesen Mann?«, fragte der Beamte. Es war Amadous Kennkarte mit seinem Foto darauf.

»Das ist mein Bruder«, antwortete Mamadou Alfa, und er fühlte, wie es ihm die Kehle zuschnürte. »Was hat er damit zu tun? Ist ihm etwas passiert?«

Der Kriminalbeamte senkte nur den Blick und ging die Treppe hinunter.

Mamadou Alfa versuchte sich zu beruhigen. »Gut«, dachte er. »Was auch immer passiert sein mag, es ist bereits geschehen.«

Er ging ebenfalls hinunter. Er sah, dass jemand auf dem Fußboden lag. Dann entdeckte er Kujabi.

»Wo ist Amadou?«

Kujabi streckte den Arm aus.

»Das da am Boden ist Amadou.«

Kujabi fragte: »War er denn nicht oben und hat geschlafen?«

Sie waren umringt von Menschen in Uniformen, im Gang, im Treppenhaus, im ersten Stock, auf dem Bürgersteig und überall in der Wheeler Avenue standen sie und hörten nicht auf zu fragen.

»Besitzt er eine Waffe?«

»Raucht er?«

»Wo arbeitet er?«

»Was macht er sonst?«

Sie gingen in Amadous Zimmer. Sie hoben die Matratze hoch und rissen alle Kleider aus den Schubladen und warfen sie auf den Boden. Sie räumten den Schrank aus und blätterten seine Bücher durch, dann schalteten sie seinen Computer ein.

Als sie fertig waren, fuhren sie mit Kujabi und Abdou Rahmane zur Polizeiwache, es war mitten in der Nacht.

»Wer könnte das getan haben?«, fragten sie.

»Hatte er Feinde?«

Sie fragten weiter, bis die Sonne aufging, fest entschlossen, die zweite, geheime Identität des Mannes aufzudecken, den sie umgebracht hatten.

In dieser Nacht wurde meine Familie von unruhigen Träumen heimgesucht. Néné träumte, dass das Kalb Milch von der Kuh trinken wollte, aber es war keine Milch da. Die Mutter konnte ihr Junges nicht füttern, ihm nicht helfen. Laoura träumte, dass Amadou in einem Boot saß und ruderte und sagte, er sei tot und sie könne sein Brot haben, das er nun nicht mehr brauche. Sie erzählte mir, sie habe Kopfschmerzen. Ich brachte ihr eine Tablette und eine Flasche Wasser. Ich zog die Bettdecke über uns, und wir schliefen Arm in Arm ein.

Ibrahim sah eine Hand, die sich ihm entgegenstreckte. »Wer war das?«, fragte er mich am nächsten Morgen. »Ich habe seine Hand genommen, aber ich konnte ihn nicht retten.«

Irgendetwas bahnte sich an. Auch ich schlief unruhig in diesen Tagen und wachte oft schweißgebadet auf. Ich hatte meine Augen im Spiegel gesehen, hohl und müde flehten sie um Gnade.

Das Telefon klingelte früh am Morgen, es kam ein Anruf nach dem anderen. Die Anrufer waren höflich, wollten jedoch nicht mit mir sprechen. Sie sagten, es habe jemand aus Amerika angerufen, und dass sie mit dem Mann im Haus sprechen wollten.

Wo war Amadou? Sollte er nicht im Bett sein? Warum rief jemand aus Amerika an? Hier war es früh am Morgen, und in Amerika mitten in der Nacht. Amadou schlief doch sicherlich. Wie sollte ihm im Schlaf etwas zustoßen? Nein. Nein. Doch, es könnte etwas passiert sein. Warum sollte sonst nachts jemand aus New York anrufen? Er war verletzt. Er lag im Krankenhaus und brauchte mich. Sicher war er nur krank. Auch die Menschen in Amerika wurden krank. Aber es gab gute Ärzte dort. Nein. Nein. Sie fragten nach dem Mann im Haus. So ist es immer. Niemals wollen sie einer Frau eine schlechte Nachricht überbringen. Amadou hatte einen Verkehrsunfall. Er war schwer verletzt. Vielleicht lag er im Sterben. Nein. Denk nicht so etwas, wenn man so etwas denkt, dann stimmt es am Ende auch noch. Weine, dann wird es gleich vorbei sein. Das Gefühl wird schon vorbeigehen. Nein. Weine nicht. Alles ist gut. Es ist nichts passiert.

»Was ist los, Mom?«, fragte Laoura. Sie hatte noch immer Kopfschmerzen.

»Es ist etwas mit Amadou.«

»Was?«

»Ich weiß es nicht. Ich kann es dir nicht sagen.«

Laoura zog mich an sich. Das Telefon klingelte erneut, wie erwartet.

Mein Kind. Mein Kind. Hattest du Hunger? Wolltest du dir etwas zu essen holen? Warst du müde von der Arbeit? Wolltest du die frische Luft auf deiner Haut spüren? War dir kalt? Im Februar musste es in New York sehr kalt sein. Wolltest du mit mir sprechen? Bist du deshalb hinausgegangen? Wie sahen sie aus, als du sie erblicktest? Hast du mit ihnen gesprochen? Haben sie dich verstanden? Hast du gestottert? Sie haben dich vielleicht nicht verstanden, weil du gestottert hast, und dabei wolltest du ihnen doch nur sagen, wer du bist. Du wolltest sagen: »Ich heiße Amadou.« Aber das ›A‹ verhedderte sich.

»Das ist meine Wohnungstür, hier ist der Eingang«, wolltest du sagen.

Vier Männer sprangen auf dich zu. Sie waren dunkel gekleidet. Wer waren sie? Wusstest du es? Hatten sie Gesichter?

Einer musste dein Gesicht gesehen haben. Wie lächerlich, musste dieser eine gedacht haben. Er hatte den anderen noch sagen wollen, dass keine Gefahr bestand, es stand doch ein Engel da vor ihnen. Gab es nicht genauso einen Engel, der Frieden brachte? Hätte nur einer dieser Männer sich zu den anderen umgedreht und ihnen gesagt, sie seien zu weit gegangen. Diesen Mann bräuchten sie nicht zu belästigen. Nach einem wie ihm suchten sie nicht. Lasst uns weiterfahren. Hier gibt es nichts zu tun für uns.

Ich höre nicht die Stimmen dieser Männer. Ich bin es selbst, ich höre meine eigene Stimme. Ich möchte den Planeten umdrehen. Allah wird es mir erlauben. Er hat mir die starken Arme meiner Mutter gegeben. Was hat es auf sich mit diesen einundvierzig Schüssen?

»Mama«, sagt Laoura, »Mama, ich bin für dich da.« Sie wischt meine Tränen aus dem Gesicht. Sie hält mich, bewahrt mich vor dem Fallen.

Nein, Allah. Tu das nicht. Bitte hilf mir, damit ich stehen bleiben kann. Ich bin die Mutter. Lass mich nicht so zurück. Ich kämpfe. Ich kämpfe, schlage wie wild um mich. Siehst du das nicht? Mach nicht wieder ein Kind aus mir.

Der erste Rettungssanitäter war schon vier Minuten nach Beginn und Ende der Schießerei bei Amadou, fand aber nicht viel Blut. Er kniete sich neben ihn, schnitt die zwei T-Shirts auf und sah die Wunde mitten in Amadous Brust, das Herz. Aber Amadou blutete nicht richtig, es war nur ein kleiner Fleck zu sehen. Der Sanitäter stellte zwei weitere Einschüsse in Amadous linker Brustseite fest, auch dort entdeckte er kein Blut, wusste jedoch sofort, dass jeder Wiederbelebungsversuch sinnlos war.

Amadou lehnte leicht aufgerichtet an der hinteren Wand, die Beine in Richtung Vorraum ausgestreckt, als der Rettungssanitäter eintraf. Die stumpfen, braunen Hülsen der verbrauchten Kugeln lagen um ihn herum verstreut.

Amadou lag viele Stunden im Flur. Fotos wurden gemacht und ein Video angefertigt. Um etwa sieben Uhr morgens betteten sie ihn endlich in einen weißen Leichensack und brachten ihn ins Jacobi Medical Center. Dort wurde er im Keller in eine von fünfzig gekühlten Schubladen gelegt und in die Dunkelheit geschoben. Er bekam die Aktennummer BX9900498 und einen Zettel mit der Aufschrift: ›Schießerei mit Polizei. Mehrere Einschüsse‹.

Um neun Uhr dreißig traf Dr. Joseph Cohen mit Amadou zusammen, den man auf einen Edelstahltisch in einem kleinen Zimmer gelegt hatte, beleuchtet von einigen wenigen runden Neonlampen an der Decke. Dieser Raum wurde Autopsie-Suite genannt. Das Auffälligste an ihm war die Tischplatte aus Metall, die mit einem Ausguss, Saugschläuchen und einer Schneidevorrichtung versehen war. Amadou wurde fotografiert, zuerst bekleidet, dann nackt. Um ihn auszuziehen, entfernte ein Assistent zuerst vorsichtig den Leichensack und dann die einzelnen Kleidungsstücke. Kugelteile fielen aus Kleidung und Leichensack und schepperten auf dem Metalltisch.

Ein Fall wie dieser, das war für Dr. Cohen klar, konnte kein Versehen, sondern musste Vorsatz gewesen sein. Überall auf Amadous Körper fand er Einschüsse, manche schienen nur kleine Dellen zu sein, andere waren von Blutgerinnseln eingekreist. Die linke Körperseite war blutiger, aber es waren keine großen Öffnungen festzustellen, und im Gesicht oder am Kopf fanden sich überhaupt keine Wunden, wenngleich Dr. Cohen zwei Löcher in Amadous Yankee-Mütze auffielen, ein Loch, durch das die Kugel hineingelangt, und ein anderes, durch das sie wieder ausgetreten sein musste.

Er umkreiste den Tisch, das tat er immer, bevor er mit einer Obduktion begann. »Ihn kennen lernen«, nannte er das. Er stellte fest, dass Amadou nicht sonderlich groß und auch nicht sehr kräftig war, aber auch nicht besonders dünn, und dass sein Körper in sportlicher Verfassung zu sein schien. Sein Blick verweilte ein wenig auf Amadous Gesicht, es wirkte nett und freundlich, und er fand, dass Amadou selbst im Tod noch intelligent wirkte.

Er sprach mit Amadou. Das hatte er mit anderen Toten

zwar auch schon getan, aber doch eher selten. »Es wird schon nicht so schlimm werden«, sagte er. »Du bist ein gut aussehender, junger Mann.«

Sie verbrachten einige Stunden miteinander. Bis in den Abend hinein waren Amadou und dieser freundliche Mann zusammen.

Dr. Cohen fand neunzehn Schusswunden. Drei davon versah er mit der Bezeichnung ›Einschuss‹, was bedeutete, dass die Kugeln in Amadous Körper verblieben. Sechzehn identifizierte er als ›Durchschuss‹, das hieß, sie waren in den Körper eingedrungen und an anderer Stelle wieder ausgetreten.

Dr. Cohen hatte nun die schwierige Aufgabe, die Wege der Kugeln zu verfolgen, die kreuz und quer durch Amadous Körper verliefen. Einige hatten in der Körpermitte eingeschlagen und waren an höherer Stelle wieder ausgetreten. Andere hatten einen flacheren Verlauf genommen. Von den neunzehn Kugeln waren fünfzehn am Rücken oder an der Seite eingetreten. Nur vier hatten ihn frontal getroffen, drei hatten seine Beine durchbohrt und eine die Brust, wobei diese das Herz zwar knapp verfehlt, aber der Aorta einen zweieinhalb Zentimeter langen Riss zugefügt und diese praktisch durchtrennt hatte. In Amadous Brustkorb hatten sich etwa zweieinhalb Liter Blut angesammelt, fast die Hälfte seiner gesamten Blutmenge.

Deshalb hätten die anderen Wunden auch fast nicht geblutet, erklärte Dr. Cohen. Es war einfach nicht mehr genug Blut vorhanden gewesen, was Dr. Cohen zu dem Schluss führte, dass die Kugel in der Brust die erste gewesen sein musste, die Amadou getroffen hatte. Wenn es anders gewesen wäre, hätten die anderen Wunden größere Blutverluste verursacht. Diese erste Kugel hatte auch Amadous linken Lungenflügel durchschlagen, bevor sie seine Wirbelsäule getroffen und ihn augenblicklich gelähmt hatte.

Dr. Cohens Aufgabe bestand darin, einige Sekunden des Chaos in eine vernünftige, vorstellbare Reihenfolge zu bringen. Wenn diese Kugel wirklich die erste gewesen war, die Amadou getroffen und ihn gelähmt hatte, bedeutete das, dass Amadou sofort wehrlos zu Boden gestürzt und sein Körper der Gnade der Erdanziehungskraft preisgegeben war.

Das würde zumindest teilweise erklären, warum so viele Kugeln wahllos seinen Rücken und die Seite durchlöchert hatten. Die Schüsse hatten ihn im Fallen getroffen und auch noch, als er bereits am Boden lag. Dr. Cohen stellte fest, dass vier Kugeln in Amadous Füße eingedrungen waren, eine davon durch die Sohle seines rechten Fußes.

Eine Kugel hatte Amadous Zwerchfell und seine Milz durchwandert, seine linke Niere gestreift und mehrere Windungen des Dünndarms abgetrennt. Einige Knochen waren gebrochen: rechter Ellbogen, rechtes Bein, rechter Arm, Beckenknochen und eine Rippe.

Dr. Cohen brauchte einen zweiten Tag, um die Autopsie zu Ende zu führen und noch tiefer in Amadous Körper vorzudringen. »Jetzt sind wir fertig«, sagte er dann zu Amadou. »Ich bedaure diese tragische Geschichte zutiefst.«

Insgesamt verbrachte Dr. Cohen siebzehn Stunden in der Autopsie-Suite, und es dauerte einige Wochen, um wissenschaftlich festzustellen, was Amadous untröstliche Mutter und seine schmerzerfüllten Verwandten bereits gewusst hatten: Er hatte niemals auch nur den Hauch einer Chance gehabt.

# KAPITEL 16

## *Sein Leben*

Fünf Tage später traf ich in New York ein.

Das Flugzeug setzte an einem Dienstagnachmittag um halb zwei auf dem Rollfeld auf. Schneeregen prasselte gegen die Fenster, und auf dem Flugplatz standen unzählige Polizeiautos mit blinkenden Lichtern. Wahrscheinlich wurde eine wichtige Persönlichkeit erwartet, dachte ich. Man hatte uns versichert, dass uns jemand aus der guineischen Botschaft abholen würde, aber es war ein Polizist, der an Bord kam und nach Frau Diallo fragte. Er sagte, er sei mit der Aufgabe betraut worden, mich aus dem Flugzeug zu eskortieren. Ich stieg die Gangway hinunter und wurde augenblicklich von einer Menschenmenge verschluckt, Leute mit den verschiedensten Titeln redeten auf mich ein, ein Botschafter, eine Frau aus dem Büro des Bürgermeisters, ein leitender Irgendwer, ein Anwalt. Ihre Gesichter drangen nicht bis zu mir durch. Eine große Frau schloss mich in ihre Arme. Ich kannte ihr Gesicht aus Conakry. Ihr Name war Mahawa Bangoura von der guineischen Botschaft.

»Wir können sie nicht einfach mit ihnen gehen lassen«, hörte ich die Frau aus dem Büro des Bürgermeisters sagen. Ich fühlte, wie ich in die Menschenmenge gezogen wurde.

Ich griff nach Mahawa Bangouras Arm.

»Machen Sie sich keine Sorgen. Ich bin direkt hinter Ihnen«, flüsterte sie mir ins Ohr. »Seien Sie vorsichtig. Sprechen Sie nicht mit ihnen.«

Sie setzten mich in einen großen Wagen. Mein Ehemann Sank war bei mir, und mein Onkel Korka, ein Bruder von Baba. Die Frau aus dem Bürgermeisterbüro saß vorn. Sie telefonierte mit ihrem Handy. Sie erzählte jemandem, dass ich gelandet und nun bei ihr sei. Der Anwalt saß ebenfalls bei uns im Auto. Er hatte kurz geschorene Haare, wahrscheinlich kam er gerade vom Friseur. Er telefonierte ebenfalls mit seinem Handy. Er sagte, er sei *mein* Anwalt. Ich sah ihn an. Er sagte, mein Mann habe aus Vietnam angerufen und ihn beauftragt.

»Er hat was getan?«, fragte ich.

»Ich bin Ihr Anwalt.«

»Aha.«

Wir bogen in einen Highway ein. Dann fuhren wir durch kleinere Straßen, und jemand sagte, wir seien gleich da. Die Scheiben des Wagens waren dunkel getönt, aber ich konnte Wände mit Graffiti-Schmierereien erkennen, vergitterte Läden und Häuser, deren Fenster mit Brettern vernagelt waren. Ich spürte das Rumpeln eines Zuges über meinem Kopf, und wir schlüpften zwischen düsteren Stahlträgern hindurch, die die Gleise hoch hielten und wie die Füße eines Riesen auf die Fahrbahn genagelt waren. Mir war, als würde ich in einen düsteren Traum schauen. Amadou hatte mir nie erzählt, wie es hier aussah.

Die Wagentür öffnete sich und ich stieg aus. Wieder stürzte eine Menschenmenge auf mich zu, überall Köpfe, Hände, die nach mir griffen, alle waren in dicke Winterkleidung gepackt, kein Platz, sich zu bewegen, kalte Luft und heißer Atem, Kameras, hoch über den Köpfen, blitzten mich an, silberne Mikrofone wurden mir entgegengestreckt. Mahawa Bangoura war verschwunden. Alles verschwamm vor meinen Augen, ich nahm nur noch vage Umrisse und undeutliche Gesichter um mich herum wahr, bis plötzlich einer hervorstach, ein junger Mann, dessen Stimme durch die Menge drang.

»Schauen Sie mich an. Sehen Sie mir ins Gesicht. Ich bin Ihr Freund. Ich bin Ihr Sohn. Mein Name ist Frankie«, rief er. Eine Sekunde lang sah ich ein klares Gesicht, das nichts Aufdringliches an sich hatte, ich sah Amadou.

Die Woge drückte mich die Stufen hinauf. Ich hörte mich rufen: *»Amadou. Amadou. Ich bin es, deine Mutter. Deine Mutter ist hier.«* Dann sagte jemand zu mir: »Frau Diallo, hier an dieser Stelle lag er.« Ich stand im Flur der Wheeler Avenue 1157. Ich sank nieder, kauerte mich zusammen.

»Lassen Sie mich allein«, wimmerte ich. Aber sie gingen nicht fort. Ich wurde weiter gedrängt, einen dunklen Flur entlang und in die Wohnung meines Sohnes.

Sie zeigten mir sein Schlafzimmer. Amadou hatte mir nie erzählt, wie klein das Zimmer war, in dem er lebte. Die zwei schmalen Betten waren nur durch einen winzigen Spalt getrennt. Jemand hatte ein paar von Amadous Kleidern aufs Bett gelegt. Ich erkannte ein olivgrünes T-Shirt, das er schon in Thailand getragen hatte. Ich roch daran und spürte Amadou neben mir. Ich drückte ein Paar Jeans an mein Gesicht, sein Hemd. Ich nahm einen Pullover in die Hand.

Viele Leute gingen im Zimmer ein und aus. Ich lernte Mamadou Alfa und Abdou Rahmane kennen. Ihre Augen waren gerötet und müde. Gesichter beobachteten mich von der Tür aus. Ich öffnete Amadous Koffer, der auf dem Boden stand, und nahm einige Bücher und einen Gebetsteppich heraus. Eine schwarze Lederjacke hing in seinem Schrank neben einer blauen Windjacke. Ein Paar braune Wildlederschuhe und abgetragene Turnschuhe standen in der Ecke. Ich fand Fotos von ihm, einige davon waren gerade in der vorangegangenen Woche geschossen worden, er hatte sie nicht mehr selbst zum Fotoladen bringen können. Es war Mamadou Alfa zugefallen, dies für ihn zu erledigen. Auf einem Bild trug Amadou eine Krawatte. Auf einem anderen, es war am Tag des Super-Bowl-Endspiels aufgenommen worden, lachte er strahlend. Ich fand auch einen Umschlag, in dem Amadou sein Geld aufbewahrte. Er enthielt dreitausend Dollar.

Andere junge Männer kamen herein. »Hast du Amadou gekannt?«, fragte ich.

»Ja, ich habe Amadou gekannt«, erklärten sie. Ich weinte über die Schlichtheit der Worte. *Ich habe Amadou gekannt.* Durch solche Worte lebte ich weiter.

Menschen mit Handys brachten mich zurück zum Auto, und zwei Männer in Anzügen begleiteten uns. Es waren Polizisten. Sie brachten mich in ein Hotel, schleusten mich an den Kameras vorbei und fuhren mit mir in den zehnten Stock. Sie sagten, die Stadt würde meinen Aufenthalt bezahlen. Ein Mann bat mich, im Flur zu warten, denn sie müssten erst das Zimmer überprüfen. Wie gelähmt stand ich da. Erst als ich in meinem Zimmer in einem Stuhl saß, meine Beine langsam schwer wurden und mein Körper dem Zusammenbruch nahe war, fiel mir ein, dass die Männer vielleicht etwas in meinem Zimmer deponiert haben könnten.

Dann kam ein Besucher nach dem anderen. Viele Guineer hatten sich in New York niedergelassen, und obwohl ich sie nicht kannte, sprachen sie mit mir über so vertraute Orte wie Conakry, Labé und die Dörfer und Straßen dazwischen. Mohammed Diallo, der Präsident der Guinean Association in New York, sagte mir, dass die guineische Gemeinschaft geschlossen hinter mir stünde. Ich sagte ihm, dass ich sehr froh über diese Gemeinschaft sei, und er lächelte.

Ich wurde Reverend Al Sharpton vorgestellt, und man sagte mir, dass er eines der einflussreichsten Mitglieder der afroamerikanischen Gemeinde sei. Ich hatte seinen Namen noch nie gehört, aber es beeindruckte mich, dass eine so hoch geschätzte Persönlichkeit mich treffen wollte. »Sie haben meine volle Unterstützung«, versicherte er mir. Das bedeutete für mich, dass er das geschehene Unrecht erkannt hatte und er mir, einer Fremden in Not, helfen würde. Er sagte, er komme gerade von einer Kundgebung, die zur Unterstützung des Falls Amadou abgehalten worden war. Reverend Sharpton rief in Chicago an und übergab mir den Hörer mit den Worten: »Jesse Jackson möchte Ihnen sein Beileid aussprechen.« Auch er sicherte mir seine Unterstützung zu.

Ich war völlig erschöpft, durchnässt vom Regen und nervös nach all den Händen, die am Flughafen nach mir gegriffen hatten. »Es geht mir nicht gut«, sagte ich zu Sank. »Ich fühle mich wie eine Geisel hier.«

»Wir tun, was immer du willst«, antwortete Sank darauf.

Reverend Sharpton war noch immer bei mir, als der Mann aus dem Wagen mit den kurz geschorenen Haaren und dem Handy ins Zimmer kam.

»Sie sind mein Anwalt?«, fragte ich. Ich erinnerte mich nur noch dunkel an das, was er gesagt hatte.

»Ihr Mann rief aus Vietnam an und beauftragte mich«, sagte er.

Ich hatte seit Tagen nicht geschlafen. Die Reise über Mali und Brüssel hatte fünfzehn Stunden gedauert. Ich hatte das Gefühl, meine Gelenke würden nachgeben und unter mir zusammenklappen, sobald ich aufstand. Ich erhob mich mühsam aus dem Stuhl und konnte mich nur gebückt wie eine alte Frau hinstellen. Ich sammelte alle Kraft, um mich zu strecken und deutete mit dem Finger auf den Anwalt. Die Stimme, die aus meinem Mund kam, erschreckte mich selbst, ich hatte schon viel geschrien und gekämpft in meinem Leben, aber ich hätte nie geahnt, dass meine Stimme einmal wie vom Teufel besessen klingen könnte.

»Sie sind nicht mein Anwalt! Ich werde mir einen eigenen Anwalt nehmen. Niemand schreibt mir vor, was ich zu tun habe. Mein Mann? Mein Ehemann? Mein Ehemann ist hier bei mir. Ich bin zwar nur die Mutter, aber ich kann sehr gut meine eigenen Entscheidungen treffen. Gehen Sie! Sofort!«

Ich fühlte, wie meine Muskeln sich zusammenzogen und zu zucken begannen. Geht jetzt alle. Bitte. Seht ihr nicht, was aus mir geworden ist? Seid ihr blind?

Einige Menschen, die es gut mit mir meinten, gingen jedoch weiterhin in meinem Zimmer aus und ein. Eine Person blieb die ganze Zeit über bei mir; ihr Name war Delores Blakely. Sie erzählte, sie habe ihr gesamtes Leben damit verbracht, für Menschen wie Amadou zu kämpfen. Sie sagte, die afrikanische Gemeinde stünde hinter mir. Sie hatte mich in den Fernsehnachrichten weinen sehen.

»Es ist eine Schande, dass das gesendet wurde«, sagte sie. Ich saß mit ihr auf dem Sofa und drückte Amadous Foto an mich.

»Ich möchte Sie jetzt nicht allein lassen«, sagte Delores Blakely. »Wenn diese Menschen Ihnen etwas antun, werden alle denken, dass das nur passieren konnte, weil Sie sich nicht von Ihrem Schock erholen konnten. Niemand würde je erfahren, was Ihnen wirklich zugestoßen ist.« Sie nahm alle Telefonanrufe entgegen. Sie bestellte einen Teller Reis mit Hühnchen und bestand darauf, dass ich etwas davon aß.

Ich sagte zu Sank, dass Delores Blakely den Verdacht habe, man wolle uns etwas antun. Sie blieb die ganze Nacht bei uns. Wir saßen zusammen auf dem Sofa. Ich weinte an ihrer Schulter. Ich wünschte, Néné würde ins Hotelzimmer kommen, Seite an Seite mit Baba.

Delores Blakely streichelte mein Haar und meinen Rücken. »Ich bin Ihnen so dankbar«, schluchzte ich. Sie erzählte mir, dass alle in der Gemeinde sie Queen Mother nennen würden. Das brachte mich zum Lächeln. Sie nannte mich Mama.

»Solange ich hier bin, wird Ihnen niemand etwas tun«, versicherte sie mir.

Ich erzählte ihr von den beiden Polizisten, die das Zimmer durchsucht hatten. Ich sagte ihr, ich hätte Angst in diesem Hotel. Das war gegen zwei Uhr morgens. Daraufhin rief sie Reverend Sharpton an. »Mama möchte hier weg«, sagte sie.

»Wer wird das bezahlen?«, fragte ich.

»Die Gemeinde«, antwortete sie.

Ich hatte Angst, und ich war müde. Ich fühlte mich unwohl an diesem Ort. Ich sagte, ja, bringt mich in ein anderes Hotel.

Lärm, verschwinde.

Es wurde Zeit, zu meinem Sohn zu gehen.

Er lag auf einem silbernen Tisch, ein weißes Tuch bedeckte seinen Körper. In dem Raum brannte eine Weihrauchkerze. Seine Lippen waren geschlossen. Es waren wunderschöne Lippen. Ich berührte sie, und meine Finger weinten. Die langen Wimpern, um die ihn seine Schwester immer beneidet hatte, schliefen. Sein Kopf war weit zurückgestreckt. Ich sah winzige Härchen um seinen Mund und auf dem Kinn. Dieser stille Körper hatte viel durchgemacht, dachte ich. Tränen liefen, aber die Laute wurden verschluckt, als würde ich in ein Kissen weinen.

Meine Familie füllte den Raum des Bestattungsunternehmens. Es war Donnerstag, der 11. Februar, eine Woche war seit den tödlichen Schüssen vergangen. Saikou und Amadous Halbbruder Alfa waren inzwischen ebenfalls angekommen. Ich wünschte, ich hätte allein sein können, aber ich war auch dankbar dafür, dass ich Amadou noch einmal sehen durfte. Alfa, inzwischen neunundzwanzig Jahre alt, bot mir seine Schulter zum Anlehnen an.

»Ich habe meinen Bruder gesehen«, sagte er voller Ehrfurcht vor der Wahrheit. »Er ist hier.«

Ich legte meine Hände auf Amadous Gesicht, als würde ich ihm mit einer warmen Kompresse Linderung verschaffen. Ich sah die winzige Narbe auf seiner Stirn, die er sich als kleiner Junge bei einem Sturz zugezogen hatte. Ich legte meine Hand darauf. Er war kalt. Ich blickte ihn durch einen Tränenschleier an. Es ist so schön, dich zu sehen.

Das Tuch bedeckte den gesamten Körper bis zum Hals. Ich hätte es am liebsten weggezogen, um ihn anzusehen, aber bei all der Gewalt, die in ihn eingedrungen war, hätte ich den Anblick vermutlich nicht ertragen.

Wenn ein guter Mensch stirbt, so steht es im Koran geschrieben, kommen die Engel, um die Seele zu bergen und sie in den Himmel zu geleiten. Ich betete für Amadou, und wünschte mir, dass die Engel in jener Nacht rasch gekommen und mit ihm fortgerast waren, noch bevor er den Schmerz gefühlt hatte.

Wir gingen in das Geschäft in der 14. Straße. Der Tag war in Wolken gehüllt. Herr Choudhury, der Eigentümer, bat uns freundlich herein. Viele Menschen, die von sich behaupteten, sie wären Amadous Freunde, standen in einem Wärme spendenden Halbkreis um uns herum.

»Das hier hat er verkauft«, sagte Herr Choudhury und hielt ein Tablett mit Videokassetten, Batterien und anderen in Plastik verpackten Waren hoch. Ich war umgeben von voll gestopften Regalen, die bis zur Decke reichten.

»Das ist sein Gebetsteppich, und da hinten ist das Zimmer, in dem er betete. Da draußen vor der Tür war sein Stammplatz, dort verkaufte er.«

Ich schwankte und griff nach Saikou, der mich vor dem Fallen bewahren sollte.

»Er ist es, von dem sie alle reden«, weinte ich. »Amadou, mein Baby.«

Im Bestattungsunternehmen war mein Schluchzen erstickt worden, aber nun brach es laut aus mir hervor. Ich klammerte mich an Amadous Gebetsteppich.

»Was hat er hier gemacht? Was versuchte er hier mit allen Mitteln zu erreichen?«, fragte ich. »Das wäre nicht notwendig gewesen. Er musste uns nicht ernähren.«

Am nächsten Nachmittag gingen wir zum Islamischen Kulturzentrum, um dort das Freitagnachmittagsgebet, *Salat al-Jumah,* zu sprechen. Ich saß oben auf dem Balkon der Moschee zusammen mit Dutzenden von anderen Frauen, wie immer getrennt von den Männern. Es gab keinen freien Platz mehr in der Halle unter uns, und kaum noch Luft zum Atmen. Amadous Holzsarg wurde hereingetragen und im vorderen Bereich der Moschee abgestellt. Der Imam betete für den Verstorbenen und bekräftigte unseren Glauben an Allah. Ich war froh, dass ich für ein paar Augenblicke Allah mein Leiden überlassen durfte. Die Frauen neben mir tuschelten, dass der Bürgermeister und der Polizeipräsident durch eine Seitentür hereingekommen wären. »Wer hat sie eingeladen?«, fragte jemand.

Saikou stand neben dem Podium und schüttelte Reverend Sharpton und dem Imam die Hand. Ich war froh, dass ich bei den Frauen sein konnte.

Eine private Trauer war in New York nicht möglich.

Nach der Trauerfeier sagte Reverend Sharpton zu mir: »Sie müssen zu einer Kundgebung.«

»Zu welcher Kundgebung?«, fragte ich.

»In unserem Gemeindesaal.«

»Wann?«

»Jetzt.«

Ich betrat einen kleinen Saal und wurde mit lauten Rufen begrüßt: »A-ma-dou! A-ma-dou!« Als die Leute mich und Saikou erblickten, klatschten sie und stampften mit den Füßen. Reverend Sharpton versprach, er werde für Amadou und für alle anderen jungen Schwarzen, die von der Polizei angegriffen würden, kämpfen. Dann sagte er: »Nun sollten wir aber die Mutter zu Wort kommen lassen.« Ich war nicht darauf vorbereitet gewesen, vor all den Menschen zu sprechen, deshalb zitterten meine Hände und Knie, als ich aufstand.

»Ich stehe hier vor Ihnen«, fing ich an. Ich sah hauptsächlich schwarze Menschen, aber auch einige Weiße waren gekommen. Ich sah Kinder und viele junge Männer in Amadous Alter, aber überwiegend Frauen, die auch Mütter waren. »Ich stehe hier vor Ihnen, weil Sie mir den Mut dazu gegeben haben. Alle hier haben für Amadou gebetet und um ihn getrauert. Dafür möchte ich Ihnen danken.«

Ich holte tief Luft. »Wir müssen alle zusammenarbeiten, damit wir unsere Kinder schützen können«, sagte ich.

Woher ich diese Worte nahm, wusste ich nicht. Ich wandte mich an Delores Blakely, die Queen Mother, die neben mir stand. Ich hatte ihr einige von Amadous Bücher gegeben, die ich in meiner Nähe haben wollte.

»Hier«, sagte ich. Ich hielt seinen Koran und ein Buch über Computer hoch, ein Buch von Martin Luther King und *Wege zum christlich-islamischen Dialog*.

»Diese Bücher hier können Ihnen ein wenig Aufschluss darüber geben, wer mein Sohn eigentlich war«, sagte ich.

Meine Benommenheit wich plötzlich einem Moment der Klarheit, als ich alle in dem Saal daran erinnerte, dass in der Mitte unseres Strebens nach Gerechtigkeit ein Junge stand, dessen Leben zu kennen sich lohnte.

Stets hörte ich gedämpfte Stimmen um mich herum. »Sie sollte vor der Presse sprechen.«

»Sie sollte gar nichts sagen.«

»Sie muss hingehen und sprechen.«

»Sie ist zu müde, um zu sprechen.«

Immer stand ein Wagen vor dem Hotel bereit, um mich zu irgendeiner Veranstaltung zu fahren, von der ich immer erst kurz vorher erfuhr.

Mein Hotelzimmer lag im zweiunddreißigsten Stock, Saikous im zehnten. Am Sonntag nach unserer Ankunft fand in seinem Zimmer eine Besprechung mit Reverend Sharpton und etwa einem Dutzend Berater und Anwälten statt, die anscheinend alle von irgendjemandem einbestellt worden waren, allerdings nicht von mir.

Es tröstete mich, dass Johnnie Cochran einer von ihnen war. Ich kannte ihn aus dem Fernsehen, ich hatte ihn in Bangkok gelegentlich in den Nachrichten gesehen, wenn es um den O.-J.-Simpson-Prozess ging. Er war eine Berühmtheit, einer der besten Anwälte in den Vereinigten Staaten. Er trug einen dunklen Anzug und überreichte mir ein signiertes Buch, das er selbst verfasst hatte. Er sagte: »Ich werde für Sie kämpfen.«

Bald war ein heftiger Streit entbrannt. Der Anwalt, den Saikou als Erstes kontaktiert hatte, meinte, er habe das Recht, sich als führender Anwalt zu bezeichnen. Cochran sagte, das sei für ihn inakzeptabel. Andere Anwälte mischten sich ein, jeder versuchte, sich seinen Anteil zu sichern. Ein Nachlassverwalter sollte bestimmt werden für den Fall, dass eine Klage eingereicht würde. Saikou legte mir einige Dokumente vor und sagte, ich solle unterschreiben.

»Was ist das?«, fragte ich.

»Ich habe einen Nachlassverwalter für Amadous Sachen bestimmt.«

»Wie kannst du das so schnell tun? Und ohne mich zu fragen?«

»Über unseren Anwalt werden wir uns einigen müssen, aber den Verwalter werde *ich* bestimmen.«

»Ich lasse mir von dir nichts befehlen«, weigerte ich mich. »Ich habe meine eigenen Vorstellungen.« Ich stand auf und wollte gehen, doch da fühlte ich plötzlich Saikous schwere Hand auf meinem Arm. Er zog mich zurück.

»Immer willst du der große Macher sein und die Entscheidungen fällen«, warf ich Saikou vor. Cochran und die anderen Anwälte waren in ihr Gespräch vertieft. Vermutlich hörten sie uns nicht. »Du hast Amadou noch nicht einmal gesehen. Er ist dir eigentlich egal. Du kommst einfach hierher und willst alles an dich reißen.«

Saikou sagte, er wolle einen Vetter zum Verwalter ernennen.

»Ich will Bobo«, sagte ich.

»Nein, Bobo ist dein Bruder. Er kann meine Interessen nicht vertreten.«

»Er kann deine Interessen nicht vertreten?«, erwiderte ich verwundert. »Bobo vertritt deine Interessen schon seit Jahren. Er hat sich um deine Kinder gekümmert, als du nicht da warst, und ihnen den Vater ersetzt.« Am Ende einigten wir uns auf einen Dritten, Reverend Wyatt Tee Walker, ein Wegbereiter der Bürgerrechtsbewegung, der eng mit Martin Luther King zusammengearbeitet hatte. Unser offizieller Hauptanwalt wurde Johnnie Cochran.

Noch in derselben Nacht flog ich nach Guinea zurück, zusammen mit meinem Ehemann Sank, meinem früheren Ehemann Saikou, Reverend Sharpton und Delores Blakely. Ich war froh um den Platz in der ersten Klasse, der mich vor den mehr als fünfzig Journalisten und vielen guineischen Funktionären rettete, die ebenfalls die Reise nach Guinea angetreten hatten. Ich fand Zuflucht im Lärm der Flugzeugmotoren, konzentrierte mich völlig auf das Geräusch, legte mich zurück und dachte nur noch an Amadou, der unter mir im Bauch des Flugzeugs ruhte. Ich schloss die Augen und flog mit ihm den weiten Weg nach Hause.

# KAPITEL 17

## *»Ich bin die Mutter«*

Ganz Conakry war gekommen, um den *Setté* zu empfangen. Die Menschenmenge füllte die Rollbahn des Flughafens, sie rief seinen Namen und wollte seine Mutter in die Arme schließen. Der bescheidene Amadou kehrte als Held nach Hause zurück. Ich stieg aus dem Flugzeug und stand wieder mitten in einer Menschenmenge, die sich auf mich stürzte, um mir ihr Mitgefühl auszudrücken. Es war mein Schicksal geworden, von Menschenmassen empfangen, angefasst und fast erstickt zu werden. In Conakry war es wie immer heiß, und mir wurde schwarz vor Augen. Irgendwo in der Menge vernahm ich vertraute Frauenstimmen. Ich hörte Néné sagen: »Mein Kind ist müde. Helft ihr. Helft ihr.« Und Hadiatou sagte: »Ich möchte sie nur berühren.« Doch ich konnte niemanden sehen.

Ich spürte und hörte nichts, bis ich Laouras Stimme vernahm. »Mom, verlass mich nicht. Verlass mich nicht.« Sie stand zwischen Ibrahim und Abdoul, die beide einen Arm um sie gelegt hatten.

*Meine Kinder. Meine Kinder.*

*Gott möge sie schützen und sie so lassen, wie sie jetzt sind, einträchtig nebeneinander.*

Die Menge wollte nicht zurückweichen, und ich befürchtete schon, ich würde zu Tode getrampelt werden.

Die Minister der Regierung, die sich in ihren besten Kleidern in einer Reihe aufgestellt hatten, riefen: »Ordner. Ordner.« Sie waren gekommen, weil sie sich die Gelegenheit nicht entgehen lassen wollten, mir offiziell die Hand zu schütteln. Aber auch sie wurden überwältigt. Ich stand kurz davor, umzufallen, als ich Ourys Arme um mich fühlte. Ich legte meine Arme um seinen Hals, und dann bewegte ich mich rückwärts, ich wurde getragen, das tat mir gut. Ich sah meinen Bruder an, und ich wusste, was er dachte.

»Ja, du hast ihn verabschiedet«, sagte ich zu ihm. »Du warst der Letzte, der ihn hier gesehen hat, und nun ist er zurückgekommen.«

Um vier Uhr morgens traten wir die Reise nach Hollandé Bouru an, das Heimatdorf seines Vaters, wo Amadou begraben werden sollte. Zuerst fuhren wir zum Leichenschauhaus. Wir saßen in den Autos, die uns der guineische Präsident zur Verfügung gestellt hatte, die gesamte Familie wartete zusammen mit vielen anderen darauf, dass Amadous Sarg herausgetragen wurde.

Mitten in der Nacht schaute ich zu, wie mein Sohn in den langen, grauen Leichenwagen gelegt wurde. Wenn Gott ein noch größeres Leid als dieses kennt, dann fesselt mich und stecht mir die Augen aus, damit ich es niemals sehen muss. Wenn irgendjemand eine schlimmere Folter weiß, als mitten in der Nacht hinter dem eigenen toten Sohn durch den Fouta Djalon herzukriechen, dann probiert es zuerst an mir aus, und schaut, ob ich noch zusammenzucke.

Ich mache mir Sorgen um Amadou. Man kann nicht erkennen, ob er auf der schlechten, kurvenreichen Bergstraße in seinem Sarg herumgeschleudert wird. Wenn dem so ist, dann lasst meine Tür aufgehen und mich in den Abgrund stürzen.

Im Morgengrauen bildeten sich an der Straße lange Menschenketten, die die Karawane sehen und Amadou noch einmal zuwinken wollten. Wir kamen an einer Grundschule in Mamou vorbei und sahen reihenweise Kindergesichter in den Fenstern. Sie riefen: »Whuuuuuuuuu. Whuuuuuuuuu.« Sie ahmten damit Sirenen nach und erwiesen so dem Verstorbenen die letzte Ehre.

Hier, fast genau an dieser Stelle, war ich als junge Braut mit meinem neuen Ehemann vom Motorrad gestürzt und hatte meine Flucht geplant. Heute weiß ich, wie weit hergeholt diese Ideen waren. Überhaupt alle meine törichten Fluchtpläne waren einem anmaßenden Glauben daran entsprungen, dass ich irgendeinen Einfluss auf die Geschehnisse hätte. Ich bin in meinem Leben viel und weit gereist, und diese Reise hat mich schließlich zurückgeführt an die Stelle, wo ich einst zu Boden gefallen war.

Wir holten Baba ab. Er hatte in Labé auf uns gewartet, um von dort aus mit uns ins Dorf zu fahren. Er trug ein langes, dunkles Gewand. Ich stürzte auf ihn zu und weinte, ich hoffte, er würde seine Arme um mich schlingen, mich drücken, mein Gesicht küssen und mir zeigen, dass er seine Schüchternheit endlich überwunden hatte. Ich wollte Baba anschreien: »Bitte, umarme mich!«

Ich tat es nicht. Ich weinte leise: »Baba. Baba.«

»Weine nicht«, tröstete er mich. »Bete zu Allah.«

Der nächste Wagen hielt an, und als Oury ausstieg, brauchte mein Vater nur einen Blick auf ihn zu werfen, und schon begann er zu weinen. Ich sah es ohne Zorn, jedoch mit Befremden. Dann entdeckte ich Koto; er hatte schon früh gelernt, allein zu sein. Wir umarmten uns so fest, dass nichts auf der Welt uns hätte trennen können.

Wir fuhren in Richtung Norden nach Popodara und von dort aus nach Nordosten in Saikous Heimatdorf. Wir ließen die Autos vor Hollandé Bouru stehen und folgten dem Sarg in einem langen Zug. Das Dorf bot einen unwirklichen Anblick mit seinen riesigen Satellitenschüsseln und

Antennen auf den Hütten und großen Häusern, die Saikou hier gebaut hatte. Es waren mindestens hundert Journalisten da. Die Dorfbewohner hatten sich bereits versammelt. Das mussten dieselben Menschen sein, die bei meiner Hochzeit um mich herum getanzt hatten. Die Kinder waren nun Mütter, und die Frauen und Männer, die mich hatten unter meinem Schleier hervorlugen sehen, waren zu den alten Menschen geworden, die mich nun umringten, um mir die Hand zu schütteln.

Ich sah Ibrahim und Abdoul in der Ferne und hätte am liebsten geweint, weil ich Amadous Brüder auf seiner Beerdigung sehen musste, aber beide legten einen Finger an die Lippen und schüttelten den Kopf, als wollten sie sagen: »Nein, Mama. Weine nicht.«

Die Menschen versammelten sich zur Trauerfeier. Viele waren aus den umliegenden Dörfern gekommen und saßen im Gras neben Amadous schlichtem Grab. Man hatte es an einer Lichtung ausgehoben, nicht weit entfernt von der Stelle, an der Saikous Vater begraben lag, im Schatten von Frucht tragenden Pflaumenbäumen. Die Äste berührten sich und hielten sich über Amadou an den Händen.

»Ich danke allen, die gekommen sind und ihr Mitgefühl und ihre Gebete mitgebracht haben«, sagte Baba. »Wenn ein Kind gesegnet ist, dann sind Mutter und Vater die Quelle dieses Segens. Daran möchte ich euch erinnern. Als mein Enkel mich das letzte Mal besuchte, beteten wir zusammen, und das erfüllte mich mit tiefem Stolz.«

Abdoul erzählte vor allen, dass Amadou der liebenswürdigste Mensch gewesen sei, den er kannte. Ibrahim sagte, Amadou sei sein Lehrer gewesen.

Ich bekam von all dem nichts mit, weil ich zusammen mit Néné und Laoura in Saikous Haus warten musste. Oury berichtete mir später, was die Männer gesprochen hatten. Die Tradition schrieb vor, dass ich nicht am Begräbnis meines Sohnes teilnehmen durfte. Das war früher einmal anders gewesen. Irgendwann war eine Frau jedoch einmal derart von ihrer Trauer übermannt worden, dass sie sich in das offene Grab ihres geliebten Verwandten gestürzt hatte. Aus diesem Grund wurden die Frauen von da an fern gehalten.

Als die Zeremonie vorüber war, sah ich, wie Saikou einen Strom von Menschen begrüßte, fünfhundert, vielleicht auch mehr. Von all diesen Menschen hatte nur eine Hand voll Amadou wirklich gekannt, aber Saikou war schließlich der Enkel jenes Mannes, der Hollandé Bouru gegründet hatte, und der reichste Mann, den die Menschen hier kannten. Lächelnd schüttelte er unzählige Hände, während sein Gewand im Wind flatterte. Als er damit fertig war, sagte Saikou, er hätte gern, dass Laoura, Ibrahim und Abdoul bei ihm in Hollandé Bouru blieben. Laoura, die auf keinen Fall auch nur eine einzige Nacht in dem Dorf verbringen wollte, sagte, dass sie unbedingt nach Labé zurück müsse, weil sie ihre Medizin brauche. Ibrahim und Abdoul blieben bei ihm. Drei Tage lang erzählte Saikou ihnen, wie sein Großvater das Dorf mit dem Gewinn aus dem Viehhandel aufgebaut hatte. Saikou schritt mit seinen Söhnen das gesamte Dorf ab, und sie halfen ihm, das Land zu vermessen.

Ich fuhr mit dem Auto zurück und überlegte mir während der Fahrt, was ich gesagt hätte, wenn ich die Gelegenheit bekommen hätte, an Amadous Grab zu sprechen. Ich hätte nur zu ihm gesprochen. Ich hätte gesagt: »Leb wohl« und »Ich liebe dich.« Ich hätte es getan, um den Menschen zu zeigen, dass man mit seinen Kindern behutsam umgehen musste, auch mit dem ältesten Sohn.

Amadou wurde der ›unbewaffnete westafrikanische Straßenhändler‹.

*Amadou Diallo, der unbewaffnete westafrikanische Straßenhändler.*

*Kadiatou Diallo, die Mutter des unbewaffneten westafrikanischen Straßenhändlers.*

Wer waren diese Menschen? Ich erkannte sie nicht wieder, denn sie hatten neue Etiketten erhalten, die Ordnung in das Unglaubliche und Unerklärliche bringen sollten.

*Polizisten erschossen einen Mann vor seinem eigenen Hauseingang.*

Um diesem Satz einen Sinn zu geben, muss man entweder normales Verhalten neu definieren, oder das Geschehene so erzählen, dass es irgendwie vertraut wird und beinahe logisch erscheint. Man stelle den afrikanischen Immigranten Amadou so dar, wie die Leser es erwarten, und gehe davon aus, dass die Polizei gewisse Regeln einhielt – und schon verliert die Geschichte an Grausamkeit.

Von Beginn an wurde behauptet, dass Amadou seiner Familie Geld nach Hause geschickt habe. Wir wurden als arme Dorfbewohner beschrieben. Überall las man, dass Amadou keine richtige Schulbildung besaß und nicht sehr gut Englisch sprach.

Einzelheiten, die namenlose Polizeibeamte ausgesagt hatten, wurden als die absolute Wahrheit akzeptiert und in keinster Weise hinterfragt. In fast allen Artikeln wurde behauptet, dass die Polizisten Amadous Brieftasche für eine Pistole gehalten hätten. Sie sagten, sein Piepser und die Brieftasche wären neben seinem Körper gefunden worden, aber natürlich konnte niemand mehr feststellen, ob das wirklich stimmte.

Die Polizeibeamten waren angeblich auf der Suche nach einem Verbrecher gewesen, der eine Serie von Vergewaltigungen in der Bronx begangen hatte, aber nirgends wurde erwähnt, dass die letzte dieser Vergewaltigungen schon neun Monate zurücklag. Die Polizei behauptete, dass Amadou sich ›verdächtig‹ verhalten habe, ›aufrührerisch‹, wie sie es auch nannten, eine Darstellung, die den nachhaltigen Eindruck hinterließ, Amadou habe die Polizisten aus der Fassung gebracht, weil er sich unvorhersehbar verhielt.

Warum wurde der Spieß nicht einmal umgedreht und die Geschichte aus Amadous Perspektive erzählt? Er hatte vor seiner eigenen Haustür gestanden und zugesehen, wie vier Männer in Jeans, Turnschuhen und Kapuzensweatshirts aus ihrem roten Wagen gesprungen und auf ihn zugerannt waren. *Sie* waren diejenigen gewesen, die sich unvorhersehbar verhalten hatten.

Aber nichts verletzte mich mehr als *unbewaffneter westafrikanischer Straßenhändler.* Diese Brandmarkung stahl ihm seine Geschichte. Ihn als westafrikanisch zu bezeichnen, sagte rein gar nichts über ihn aus. Er war in drei verschiedenen westafrikanischen Ländern und dort in fünf unterschiedlichen Städten aufgewachsen, deren Eigenarten sie zu sehr ungleichen Orten machten. Er hatte in zwei Städten Asiens gelebt, dort die besten Schulen besucht und fast zweieinhalb Jahre in New York gewohnt. Er hatte dort gearbeitet, gegessen und geschlafen, seine Lieblingsmannschaften angefeuert, mit anderen Fußball gespielt und war ins Kino gegangen. Konnte er da nicht den leisen Anspruch erheben, auch New Yorker zu sein, und nicht nur Westafrikaner?

Die Geschichten, die über diesen Vorfall erzählt wurden, passten nicht zu dem Bild des jungen Mannes, der einen kleinen Verkaufsstand an der Straße betrieb und darauf hoffte, es irgendwann einmal zu etwas Besserem bringen zu können. Der gesichtslose, gebeugte, Cola verkaufende *Straßenhändler,* der bei gutem wie schlechtem Wetter wie angewurzelt auf dem Gehweg gestanden hatte, war wesentlich entbehrlicher als der junge Mann, der aufs College gehen und die Welt bereisen wollte. Bei so jemandem hätte man innegehalten und nachgedacht.

Aber am irreführendsten von allem war das Wort *unbewaffnet*. Amadou als *unbewaffnet* zu bezeichnen implizierte, dass das Gegenteil, nämlich eine Waffe zu tragen, der normale Zustand war. Die Medien würden einen ausgeraubten Konditor niemals als einen *unbewaffneten Kuchenbäcker* oder auch einen Kassierer in der Bank niemals als *unbewaffneten Bankangestellten* bezeichnen. Aber warum Amadou? Warum versah man ihn mit diesem Etikett? Dafür konnte es nur einen einzigen Grund geben: Weil die Polizei *angenommen* hatte, er sei bewaffnet bewesen. Mit anderen Worten, die Polizei zeichnete durch ihr Verhalten – *nicht durch seines* – ein Bild von Amadou, das nichts mit ihm zu tun hatte.

Ich versuchte mir vorzustellen, wie die Menschen die Situation wahrgenommen hätten, wenn mir erlaubt worden wäre, Amadou aus meiner Sicht zu beschreiben. Ich hätte ihn als *gutherzigen, von seiner Mutter geliebten jungen Mann, der nur noch einmal kurz frische Luft schnappen wollte* bezeichnet.

Wenn man diese Worte liest, erscheint das Vorgehen der Polizisten, die auf die Straße gesprungen waren und um sich geschossen hatten, schon weit weniger stimmig. Zumindest fragt man sich, was in ihnen vorgegangen sein musste, *bevor* sie den Mann vor dem Haus in der Wheeler Avenue entdeckt und den Wagen gewendet hatten – und ob ein weißer Mann vor demselben Haus wohl auch ein solches Ende gefunden hätte.

Ich konnte mich jedoch nicht vollends mit der schwarzen Gemeinschaft in New York identifizieren. Delores Blakely erzählte mir, dass sie viele Jahre mit Queen Mother Moore zusammengearbeitet habe, einer Legende in Harlem, die jahrelang gegen die Vereinigten Staaten für eine

Wiedergutmachung der Sklaverei gekämpft hatte. Der Großvater von Queen Mother Moore war gelyncht und ihre Großmutter, eine Sklavin, von einem Weißen vergewaltigt worden. Die Wut, die die Menschen bei den verschiedenen Kundgebungen zu Amadous Fall zum Ausdruck brachten, basierte auf einer Vergangenheit, die ich nicht mit ihnen teilte und die ich auch nicht kannte. Genauso wenig wie die Menschen in New York die Angst kannten, die man verspürte, wenn man sich in einer Grube verstecken musste und jeden Augenblick mit Soldaten, Gewehren und Macheten rechnete. Aber die Unterschiede unserer Leidensgeschichten lagen im Schicksal begründet, in nichts anderem sonst. Ihre Vorfahren waren verschleppt worden und hatten den Horror der Sklaverei durchmachen müssen, und meine blieben durch nichts anderes als einen Zufall in der Geografie freie Menschen und mussten die Härte Afrikas durchleben.

Unsere Vergangenheiten und die Zukunft kreuzten sich nun durch Amadous Tod. Als Eltern, Großeltern, Brüder und Schwestern von Schwarzen teilten wir denselben Zorn und dieselben Ängste. Meine Trauer war unmittelbarer Natur, ihre dauerte schon seit Generationen an und war zu einem Gefährten geworden, der stets an ihrer Seite lebte. Ich lernte Mütter kennen, die ihre Söhne ebenfalls in Schießereien mit der Polizei verloren hatten, oder durch Drogen oder andere Arten von Gewalt. Ich erfuhr, dass es nichts Ungewöhnliches war, wenn schwarze Menschen in New York einfach niedergeschossen wurden, und es erschütterte mich, als ich erfuhr, dass Amadou der neununddreißigste junge Guineer innerhalb fünf Jahren war, der in einem Sarg aus Amerika ausgeflogen wurde.

Die Kundgebungen dauerten an. Mehr als tausend Menschen, schwarz und weiß, wurden eingesperrt, weil sie gegen die Polizei protestierten. So traurig, verletzt und niedergeschlagen wie ich war, konnte ich mich jedoch nicht immer überwinden, zu den Demonstrationen zu gehen. Ich blieb zu Hause und weinte und betete, aber den vielen Menschen, die auf die Straße gingen und demonstrierten, war ich dankbar dafür, dass sie die Aufgabe einer Mutter übernahmen. Sechs Wochen nach Amadous Begräbnis wurden die Polizeibeamten der fahrlässigen Gefährdung und Tötung angeklagt.

Ende April bekam ich einen Brief aus Cochrans Büro. Er schrieb, dass er der Stadt eine Klage angedroht habe. Ich rief dort an und sagte: »Johnnie, warum haben Sie den Brief weggeschickt, ohne mich zu fragen?«

Seine Stimme veränderte sich schlagartig. Ich kannte das sehr gut, obwohl ich das bei einem amerikanischen Mann noch nie erlebt hatte.

»Junge Frau!«, sagte er. »Ich werde es nicht dulden, dass Sie so mit mir sprechen.«

»Moment mal, Johnnie«, entgegnete ich. »Wie können Sie es wagen, so mit mir zu sprechen? Ich bin Ihre Mandantin. Und wenn das alles hier vorbei ist, ganz gleich, wie es ausgehen wird, möchte ich Ihnen noch ins Gesicht sehen können.«

Die Monate vergingen, und ich sah ihn nur noch zwei- oder dreimal nach diesem Vorfall. Ganz selten nur rief er mich an, um mir den neuesten Stand der Dinge mitzuteilen. Vielleicht lag ich auch falsch, aber ich fühlte mich einfach beiseite geschoben, abgetan als das Mädchen aus dem afrikanischen Busch, das zurück in seine Wildnis gehen sollte. Ich sagte zu Johnnie Cochran, dass ich gern mehr zu dem Fall beitragen wolle. Ich wollte eine Stiftung für Amadou gründen, um jungen Guineern Stipendien fürs College in Amerika zu ermöglichen, davon hatte Amadou immer geträumt. Doch an dem Punkt wurde er sehr deutlich. Johnnie Cochran sagte zu mir, dass der Prozess bald beginnen würde und es am besten wäre, wenn ich noch vorher nach Afrika zurückkehrte. Erneut wollte mich ein

Mann zum Schweigen bringen, mir sagen, was gut für mich ist. Johnnie Cochran wurde von den Afroamerikanern hoch respektiert, was ich gut verstand, aber eine Wiederholung meiner Vergangenheit konnte ich nicht dulden. Ich beschloss, ohne ihn weiterzumachen.

Innerhalb weniger Monate hatte sich mein gesamtes Leben verändert. Meine Geschäfte waren zum Erliegen gekommen. Laoura, Ibrahim und Abdoul hatte ich zu mir geholt, ich wollte sie bei mir haben. Wir ließen uns in Maryland nieder, um dem New Yorker Tumult zu entgehen. Jeder Tag schien eine neue Schlagzeile zu bringen, eine neue Debatte, ein neues Gerücht, nicht enden wollende Spekulationen und Kritik.

In Guinea haben die Menschen gelernt, wie man sich am besten vor Gefahren und Krawallen versteckt. Ich hatte mich schon viele Male im Busch, in Lastwagen und hinter Häusern versteckt. Wenn es notwendig war, versteckte ich mich auch vor Wut, Trauer und Eifersucht. Als kleines Mädchen hatte ich mich vor der Dunkelheit versteckt, und manchmal hatte ich auch am Tag die Tür zu meinem Zimmer verschlossen, um mich vor dem Licht zu schützen. Jeder, den ich kannte, hatte sich schon einmal vor irgendetwas versteckt, Ehemänner vor ihren Frauen, Frauen vor ihren Männern, alle vor Tyrannen und Moskitos. Das Verstecken war Teil unserer Kultur. Ich fragte mich, ob es wohl einen Ort gab, an dem ich mich vor meiner Verzweiflung verstecken konnte.

Ich machte die Erfahrung, dass der Wunsch des Trauernden, sich von seinem Kummer zu lösen, sabotiert wird durch das verzweifelte Festhalten am Schmerz. Für mich war die Trauer nicht nur etwas Schlechtes und Bitteres, nein, Amadou lebte für mich darin weiter, das Leid war verbunden mit meinen süßesten Träumen. Ich wollte tausend Jahre entfernt von meinen Sorgen aufwachen, und gleichzeitig flehte ich darum, dass die Zeit stehen blieb, aus Angst, jede Sekunde könnte mich weiter von Amadou entfernen. In meinem Erwachsenenleben gab es keine Verstecke mehr, keine Winkel, in die ich mich flüchten konnte, keine Lichter, die während der ganzen Nacht brannten.

Der Prozess gegen die Polizisten, die Amadou erschossen hatten, begann genau ein Jahr nach seinem Tod. Es war Winter. Der Gerichtssaal befand sich in einem steingrauen Gebäude, ich nahm auf einer langen Bank Platz und hörte zu, wie die Anwälte, Angeklagten und Zeugen die technischen Details des Falles erörterten. Die Beleuchtung in der Wheeler Avenue, das Licht und die Ausmaße des Vorraums, wie schnell die Waffen der Polizisten schossen, ihr Blickfeld, die Rolle der Erdanziehungskraft. Sie konzentrierten sich auf den rein technischen Vorgang, nämlich wie einundvierzig Kugeln aus vier Waffen abgefeuert werden konnten, noch bevor das Herz einer Mutter einmal geschlagen hatte. Alles konzentrierte sich auf die kurze Zeit, in der alle Vernunft verloren gegangen zu sein schien, als die Polizisten scheinbar irgendetwas gesehen hatten, was gar nicht vorhanden gewesen war.

Sollten die Polizisten wirklich ein falsches Urteil gefällt haben, sollten sie in der Tat überreagiert haben, dann nur, weil sie sich in tödlicher Gefahr sahen. Jeder Mensch in dieser Lage hätte ähnlich reagiert, ein Akt der Selbstverteidigung. Das war der Kern der Botschaft, der sich aus all den Aussagen herauskristallisierte. Wir befanden uns nicht mehr in der Bronx. Das Gericht hatte den Prozess in den nördlichen Teil des Staates New York verlegt, nach Albany, wo weniger Presserummel um den Fall gemacht wurde, und wo, so sagte man mir, die Machtausübung der Polizei nicht als Verantwortung angesehen wurde, sondern als Recht.

Ich saß zwischen Pathé und Bobo und wunderte mich darüber, wie diese Frage von Recht oder Unrecht nur so vereinfacht werden konnte, wie sehr die ganze Sache nach Vernunft schrie. Die Ereignisse, die mit Amadous Tod endeten, hatten nicht erst in dem Moment begonnen, wo mein Junge und die Polizisten an seiner Haustür aufeinander getroffen waren.

Die Polizeibeamten waren Mitglieder einer Spezialeinheit für Straßenkriminalität, die als Eliteeinheit der New Yorker Polizei galt. Diese Polizisten haben nur eine Aufgabe: Sie sollen die Straßen New Yorks von Waffen säubern. Aber weil die Leute, die Waffen besitzen, sich für gewöhnlich nicht selbst verraten oder ihre Pistolen gar gut sichtbar am Körper tragen, gehen die Polizisten meist so vor, dass sie einfach Passanten auf der Straße anhalten und durchsuchen, genauso wie es die Grenzpolizei in Westafrika tut. Die Polizisten hier achten auf den Gesichtsausdruck der Leute, darauf, wie schnell sie gehen und wie sie sich bewegen, und versuchen dann, das Wahrgenommene zu deuten. Aber anders als die meisten Polizeibeamten der New Yorker Polizei, die jahrelang in demselben Stadtteil auf Streife gehen und dessen Tempo und Abläufe gut kennen, waren diese Polizisten fast überall, wo sie hinkamen, Fremde. Wenn sie nur etwas Ahnung von Amadous Umgebung gehabt hätten, hätten sie gewusst, dass dort junge Familien mit kleinen Kindern lebten, die mit ihren Dreirädern auf dem Gehweg fuhren. Sie hätten gewusst, dass dort viele Afrikaner wohnten und dass die Menschen nach einem langen Arbeitstag manchmal vor der Haustür einfach noch etwas frische Luft schnappen wollten.

Ihnen wäre vielleicht bewusst gewesen, dass vier Weiße, die in einem Zivilauto durch diesen Stadtteil fahren, bedrohlicher wirken als ein einzelner Schwarzer, der vor seiner Haustür steht.

Im Laufe des Prozesses erfuhr ich, dass die Polizisten schon eine turbulente Nacht hinter sich gehabt hatten, bevor sie auf Amadou getroffen waren. Sie waren einer anderen Polizeieinheit zu Hilfe geeilt, um dann am Einsatzort zu erfahren, dass sie doch nicht gebraucht wurden. Sie hatten einen Mann verfolgt, der vor einem Haus gestanden hatte. Als der Mann sie gesehen hatte, war er in einen Eingang gerannt und darin verschwunden. Im Anschluss daran hatten sie einen weiteren Verdächtigen auf der Straße nach Waffen gefilzt, die er gar nicht besessen hatte, nur Minuten später waren sie dann durch die Wheeler Avenue gefahren. Die Polizisten wollten mit diesen Schilderungen zeigen, dass sie ihrer Arbeit in jener Nacht routinemäßig nachgegangen waren, und dass Amadou eine Konfrontation hätte vermeiden können, wenn *er* sich anders verhalten hätte.

Ich sah die Vorgänge jener Nacht völlig anders. Die Polizisten hatten normal gehandelt, aber normal bedeutete, dass sie Passanten anhielten und durchsuchten, willkürlich und nur ihrem Gefühl folgend, von ihrem eigenen rasenden Puls getrieben. Die Männer fuhren durch die Straßen und mokierten sich vermutlich über das Aussehen des ein oder anderen Fußgängers, ihre Entscheidungen basierten nicht auf kriminalistischem Wissen, sondern auf Vermutungen. Als sie schließlich in die Wheeler Avenue einbogen, wandte sich laut eigener Aussage einer der Polizisten an seine Kollegen: »Ich habe da etwas auf der rechten Seite.«

Nach all den anderen Vorkommnissen jener Nacht war Amadou für sie *etwas auf der rechten Seite.*

Ihre Methode, sofern man das so nennen kann, forderte einen tödlichen Ausgang geradezu heraus. Die gesamte Vorgehensweise dieser Spezialeinheit zeigte, dass die Männer gar nicht daran interessiert waren, vernünftig und ruhig zu handeln. Sie verschanzten sich in ihrem Auto, lugten unter ihren Kapuzen hervor, und jeder, der ihnen über den Weg lief – jeder Schwarze –, war grundsätzlich verdächtig. Dass sie Amadou als eine Bedrohung wahrnahmen, kam nicht von ungefähr. Die Polizeibeamten hatten durch alles, was sie getan hatten, bevor sie Amadou entdeckten, diese Bedrohung selbst geschaffen. Es war eine Geschichte, die nur in ihren Köpfen existiert hatte, bevor sie sie lebendig werden ließen.

Doch das spielte in dem Prozess keine Rolle. Es wurde während der Verhandlung auch nicht darauf eingegangen, warum andere Polizisten in jener Nacht Amadous Zimmer auf den Kopf gestellt hatten, oder warum sie seine Mitbewohner befragt hatten, ob er eine Waffe besessen oder geraucht habe. Eine Frage wurde völlig vermieden, nämlich warum die Kriminalbeamten Amadous Mitbewohner befragt hatten, ob er irgendwelche Feinde gehabt hätte. Warum sie sich so verhalten hatten, als wollten sie die Verdächtigen jagen, obwohl sie doch genau wussten, wer die Mörder waren.

Das Ende des Prozesses nahte mit dem Gewicht des Unvermeidlichen. Die Geschworenen hatten das Haus in der Wheeler Avenue Nr. 1157 nie betreten. Sie hatten den kleinen Vorraum des Flurs niemals zu Gesicht bekommen, nie die Gelegenheit gehabt, sich einen Mann dort vorzustellen, gefangen in der Enge, ohne irgendeine Fluchtmöglichkeit.

Der Prozess mochte vielleicht durch Intrigen zu beeinflussen gewesen sein. Der Schauplatz des Mordes jedoch nicht.

Die Polizisten wurden freigesprochen.

Der Richter verkündete daraufhin Folgendes: »Die Akte ist geschlossen«, sagte er. »Sie wird für niemanden mehr geöffnet.«

Ich blieb auf meinem Platz sitzen, während sich der Gerichtssaal langsam leerte. Ich wollte aufstehen und sagen: »Hohes Gericht, Sie kennen die Zuschauer gar nicht. Darf ich mich vorstellen? Ich bin die Mutter.«

Ich hatte Angst, er würde von seinem hohen Richterstuhl zu mir herunterblicken und nur eine verwirrte schwarze Frau vorfinden. Ich rührte mich nicht von der Stelle.

## KAPITEL 18

# *Dennoch weiterreden*

Man entscheidet sich schon früh, welche Menschen man liebt. Weder Stürme noch irgendwelche Umwälzungen können etwas an der Liebe ändern. Wenn man seine Familie einmal kennt, wird man dort immer einen friedlichen Platz finden. Néné Tinkin ließ mich das wissen, als ich noch ganz klein war. Sie war auch eine Kadiatou Diallo. Sie stand mit nackten Füßen in der natürlichen Quelle, die das Dorf mit dem klarsten Wasser auf der ganzen Erde versorgte, und sagte zu mir, dass ich ein wunderschönes Mädchen sei. Sie hielt ihr Gesicht in die Sonne, und ich wusste, dass die Sonne etwas Begnadetes war. Wir aßen die Bananen direkt von den Bäumen, und sie eröffnete mir, dass sie als Großmutter in die Zukunft sehen könne und wisse, dass es mir gut gehen werde, auch wenn sie schon lange nicht mehr sei.

Ein Lehrer brachte mir einst bei, dass die besten Geschichten mit dem Ende anfangen. Das könnte stimmen, wenngleich ich auch gelernt habe, dass alles, was wir als Kinder erleben, großen Einfluss darauf hat, wer wir sind. Die Geschichte unserer Großeltern ist auch unsere Geschichte. Man kann aber auch genauso gut mit dem Anfang beginnen, weil man so alles erfährt, was man wissen muss. Am Ende ist es vielleicht gleich, wo man in die

Geschichte eintritt oder in welcher Reihenfolge man sie erzählt, solange man sie überhaupt erzählt.

Eines Tages, wir lebten noch in Bangkok und standen kurz vor der Rückkehr nach Afrika, war ich sehr müde. Ich wusste, dass ich durch Amadous Vorhaben, nach Amerika zu gehen, bald wieder von meinen Kindern getrennt sein würde. Ich ging hinauf, um mich aufs Sofa zu legen und schlief sofort ein. Ich träumte viele verschiedene Träume schnell hintereinander. Ich sah Néné, die über ein Feld von Diamanten und Topasen lief. Ich sah mich selbst hinter einem Flugzeug herlaufen. Ich sah Amadou, der auf mich zugaloppierte. Er wirkte so stattlich und stark.

Plötzlich schlug ich die Augen auf. Amadou saß zu meinen Füßen. Er hatte mich beobachtet.

»Was ist?«, fragte ich.

»Nichts.« Er wandte den Blick nicht ab. Er lächelte und sagte: »Schlaf weiter, Mama.«

Wir sprechen auch jetzt noch miteinander, und er tröstet mich oft. Meine Gebete enthalten Botschaften für Amadou, dass Allah Erbarmen mit ihm habe und dass er Amadou von seinen Sünden erlöse und Licht in sein Grab bringe. Ich habe Amadou erzählt, dass Ibrahim eines Abends in New York im Kino war und ich Angst hatte, dass ihm etwas zustieße, und dass es mich störe, der Angst Unterschlupf gewähren zu müssen. Ibrahim kam nach Hause und erzählte mir, dass ihm der Film gefallen habe, aber ein wenig Angst habe schon auf seinen Schultern gelastet, als er durch die Third Avenue nach Hause ging, doch er habe die Angst einfach abgeschüttelt. Amadou sagte mir, dass dies der richtige Weg sei. Er wollte, dass die Schultern seines Bruders frei waren.

Ibrahim, Abdoul und Laoura gehen aufs College. Alle arbeiten fleißig, und sie versorgen sich selbst in ihrer gemeinsamen Wohnung. Sie kommen und gehen, nehmen Telefonnachrichten entgegen und stellen für die anderen das Essen auf dem Herd warm. Ibrahim hat sich die Haare wachsen lassen und spricht davon, sich einen Ohrring stechen zu lassen. Abdoul hatte zu Anfang Schwierigkeiten mit seinem Studium. Er kennt sich gut mit Computern aus, genau wie Amadou. Laoura dachte eine Zeit lang darüber nach zu heiraten, entschied sich am Ende aber doch dagegen. Sie haben ganz normale Probleme, von Zeit zu Zeit ärgern sie mich, aber sie sind bei mir.

Ich weiß nun, was Amadou nach New York gezogen hat, denn auch ich lebe gern hier. Passanten halten mich auf dem Gehweg an, um mir ein paar freundliche Worte zu sagen, und ich kenne ihre Gesichter, so wie ich die Gesichter der Menschen kannte, die uns in Diontou oder Tinkin entgegenliefen, wenn wir mitten in der Nacht dort ankamen. Ihre Hände, die mir über den Kopf streichelten, um mir zu sagen, dass ich willkommen sei und verstanden werde, gehörten vielleicht zum Besten, was man als Kind bekam, wenn man in Afrika aufwuchs. Ich spreche mit den Leuten über Amadou. Ich erzähle ihnen von den jungen Männern und Frauen, die in Afrika Schlange stehen und auf ihre Nummer warten, um meinem Sohn zu folgen. Die Leute finden das richtig und gut.

Eines Nachmittags, der Prozess war schon beendet, fuhr ich in einem Taxi durch die Stadt. Es war Frühling.

»Zur 96. Straße Ost bitte«, sagte ich.

»Kein Problem«, antwortete der Fahrer.

Mir fiel sein Akzent auf, er klang vertraut. Vielleicht stammte der Fahrer aus Afrika. Ich sah aus dem Fenster. Ich wünschte, Amadou und ich hätten den Frühling in New York einmal gemeinsam erleben können.

Ich legte den Kopf zurück und mein Blick fiel auf die Lizenz, die hinten auf dem Fahrersitz angebracht war. *Mein Herz! Mein Herz! Was soll nur aus meinem Herzen werden?*

Der Name des Fahrers war Amadou Diallo.

Er war älter als mein Amadou. Er war stämmiger. Ich fragte ihn, woher er stammte.

»Labé«, antwortete er.

Ich weinte.

»Verzeihen Sie bitte«, sagte ich.

»Ich weiß, wer Sie sind«, meinte er. »Sie sind die Mutter. Eine Mutter muss sich nicht entschuldigen.«

Amadou Diallo ist ein häufiger Name, ganze Generationen von westafrikanischen Männern tragen diesen Namen. In Amerika hätte Amadou Diallo John Doe geheißen, ein anderer Name für ›Jedermann‹.

## *Anmerkung der Autoren*

Die Vorbereitungen für dieses Buches waren eine Übung in Erinnern, ein Aufwühlen der Seele, das weit entfernt geglaubte Gedanken zurück ins Gedächtnis rief, Gespräche und Ideen, Stille, die einhergeht mit Lauten. Ein Familienleben hält die Fäden der Vorfahren zusammen und ist verwoben mit dem Erbe der Dörfer, Städte, Länder und einzelnen Zeitabschnitten. Den Autoren fiel die Aufgabe zu, sich nicht nur auf die Macht der Erinnerung zu verlassen. Wir fanden es wichtig, zu Detektiven zu werden, um unseren Platz in den Fußstapfen der Großmütter und Großväter, Brüder, Schwestern, Tanten, Onkel, Cousins und Kusinen, Freunde, Kollegen und Mentoren so gut wie möglich zu finden.

Die Straßen, Häuser, Wege, Klassenzimmer, Hütten, Wälder, Märkte und Krankenhäuser, die in diesem Buch vorkommen, wurden alle von den Autoren aufgesucht. Unsere Suche begann und endete in der Wheeler Avenue 1157 in der Bronx, und dazwischen fuhren wir, mit unseren Notizbüchern im Gepäck, nach Conakry, in die Berge des Fouta Djalon und von Labé aus in die Dörfer Diontou, Tinkin und Hollandé Bouru. Wir fuhren nach Paris, um dort Freunde und Verwandte zu treffen, deren Erinnerungen die unseren ergänzten. Wir reisten nach Maryland und besichtigten auch die Orte, die Amadou in New York kennen gelernt hatte.

Während der Recherche über Amadous Aufenthalt in New York hätten wir Zugang zu Bergen von Zeitungsartikeln, Aufsätzen und Kommentaren gehabt, aber wir widerstanden der Versuchung, sie alle zu lesen, zumindest am Anfang. Zum einen, weil diese Berichte natürlich nur seinen Tod behandelten, was auf Kosten einer detaillierten Beschreibung seines Lebens ging; zum anderen, weil sie voller Klischees steckten. Wir wollten unseren eigenen Bericht darüber schreiben, selbst nachforschen und Amadou neu entdecken. Wir suchten die Orte auf, an denen er gearbeitet, eingekauft und gespielt hatte, wo er kochen gelernt hatte, wo er mit der U-Bahn gefahren war, wo er gebetet hatte.

Wir führten mehr als zweihundert Interviews und werteten Tagebücher, Briefe und Fotos aus, die aus den Jahren zwischen 1920 und 1999 stammten, was uns in viele Teile Westafrikas, Asiens und der Vereinigten Staaten führte. Wir untersuchten die ineinander verflochtenen geschichtlichen Zusammenhänge zwischen der westafrikanischen, der Stammes- und der islamischen Kultur.

Dieses Buch ist das Ergebnis eigenständiger Nachforschungen, aber wir konnten auch von vielen Arbeiten, die vor diesem Buch entstanden sind, profitieren. Darunter waren: *A History of Islam in West Africa* von J. Spencer Trimmingham; *Ambiguous Adventure*[1] von Cheikh Hamidou Kane; *So Long a Letter*[2] von Mariama Ba; *Doctrine and Methods of the Democratic Party of Guinea* von Sékou Touré; *Strategy and Tactics of the Revolution* von Sékou Touré sowie viele Schriften von Martin Luther King und James Baldwin.

[1] dt.: Der Zwiespalt des Samba Diallo

[2] dt.: Ein so langer Brief. Ein afrikanisches Frauenschicksal.

Aber vor allem waren Herz und Verstand die wichtigsten Quellen für *Mein afrikanischer Himmel*. Alles andere soll die Welt nur daran erinnern, dass diese Geschichte nicht meiner Fantasie entsprungen, sondern wirklichen Menschen passiert ist und sich an Orten abgespielt hat, die man auf einer Landkarte finden kann.

# *Danksagung*

Unser größtes Glück ist es, von so vielen klugen und teilnahmsvollen Menschen umgeben zu sein, die die Bedeutung dieses Buches erkannt und mit uns die Mission dahinter weitergetragen haben. Ihre Arbeit und Unterstützung und ihr Verständnis schlugen den Weg durch das Dickicht der Tränen und Zweifel frei. Unsere Überzeugung wurde auch die ihre. Ihr Vertrauen wurde unseres.

Elisabeth Kallick Dyssegaard, unsere Lektorin, ist eine wahre Visionärin, die wusste, dass diese Geschichte auf neue Art erzählt werden konnte. Sie war stets freundlich und geduldig mit ihren Autoren und ging behutsam und weise mit dem Stoff um. Vor ihr hatte Anita Diggs das Potenzial der Geschichte erkannt, auch ihr möchten wir Dank und Bewunderung aussprechen. Christy Fletcher ist unsere Literaturagentin, im wahrsten Sinne des Wortes. Sie ist eine hervorragende Agentin mit echtem literarischem Auge. Sie und Carlisle & Company waren die Leitsterne für dieses Projekt. Außerdem danken wir Liza Bolitzer, die sich aufmerksam und unermüdlich für uns einsetzte. Christian Red, Vivian Liao, Carla Sapsford, Matthew Strozier, Benjamin Lowe und Miriam Tribble haben uns bei der Recherche und mit ihrem journalistischen Instinkt sehr geholfen.

Caren Sanger unterstützte uns als Leserin und Zuhörerin mit ihrem exzellenten Gespür für Rhythmus und Kontext bei der Bearbeitung des Textes.

Carla Baranauckas stellte uns ihr ausgereiftes Redigiertalent und ihren leidenschaftlichen, inspirierenden Geist zur Verfügung.

Amy Karafin teilte ihr umfangreiches Wissen über die Länder und Menschen Westafrikas mit uns. Und Julia Cheiffetz war eine unschätzbare Hilfe bei der Beförderung des Manuskripts durch die Lektorats- und Verlags-Pipeline.

Wir schätzen die beruhigende Freundschaft und fundierten Fachkenntnisse von zwei wunderbaren Schriftstellern: George James und Lili Wright.

Unsere Freunde von der Columbia Graduate School für Journalismus unterstützten uns ebenfalls, indem sie uns ihre Zeit und ihre Begeisterung für dieses Projekt schenkten.

Überall auf unserem Weg fanden wir Unterstützung durch Reporter und Redakteure der unabhängigen guineischen Zeitung *La Lance*. Die Guineische Botschaft in New York und die Botschaft der Vereinigten Staaten in Conakry ermöglichten uns hier wie dort eine sichere Reise. Das Amerikanische Kulturzentrum in Conakry wies uns großzügig auf neue Ideen und Quellen hin.

Alte Freunde, Nachbarn, Schullehrer in Labé, Tinkin, Diontou, Hollandé Bouru, Paris und New York öffneten uns ihre Türen, teilten freudig ihre Mahlzeiten mit uns und unterstützen unser Vorhaben mit ihren Gebeten.

Wir wollen auch Bob Conason, Tony Gair und Howard Hershenhorn für ihren Rat und ihre Freundschaft danken.

Dieses Buch konnte nur mit der Liebe unserer Familien wachsen und gedeihen, die unserer Abwesenheit mit Toleranz und unserem einseitigen Streben mit Verständnis begegneten. Sie nährten uns mit einfachen Worten: *Du kannst das. Erzähl einfach die Geschichte.* Martha, Jonah und Rosa versorgten uns mit Licht.

Laoura, Ibrahim und Abdoul taten dasselbe, sie durchstöberten ihre Erinnerungen und beschworen ihre Träume neu herauf, während sie ihren Bruder vermissten und sich nach ihm sehnten. Das wird sie für alle Zeit zu Helden machen.

## *Über die Autoren*

KADIATOU DIALLO, eine gewandte und beliebte Rednerin, ist die Gründerin der Amadou Diallo Foundation (www.amadoudiallo.org), die es sich zur Aufgabe gemacht hat, durch Erziehungs- und Ausbildungsmaßnahmen Verständnis zwischen den Rassen zu schaffen. Geboren in Guinea im Jahr 1959, pendelt sie nun zwischen New York City und Rockville, Maryland, wo ihre drei Kinder zur Schule gehen.

CRAIG WOLFF ist Assistant Professor an der Columbia University School of Journalism und ehemaliger Reporter der *New York Times,* wo er Mitarbeiter des Teams war, das im Jahr 1993 den Pulitzer-Preis für die Berichterstattung über den Bombenanschlag auf das World Trade Center erhielt. Er schrieb ebenfalls für *New York Times Magazine,* GQ, *Rolling Stone* und *Daily News* (New York).